Nordwärts

Nordatlantik
Spitzbergen
Nordkapp
Tromsø
Murmansk
Fulufjället
Irkutsk
Transsibirische Eisenbahn
Moskau

Winter

BARBARA
SCHAEFER

Winter

Eine Liebeserklärung

Mit Illustrationen von
Gloria Rech

Edel Books
Ein Verlag der Edel Germany GmbH

Projektkoordination: Dr. Marten Brandt
Lektorat: Tillmann Courth
Abbildungen im Innenteil: Gloria Rech | www.gloriarech.com
Layout: schaefermueller publishing GmbH | Nina Maria Küchler
Satz: Datagrafix GSP GmbH
Umschlaggestaltung: Groothuis. Gesellschaft der Ideen und Passionen mbH | www.groothuis.de
Druck und Bindung: optimal media GmbH, Glienholzweg 7, 17207 Röbel / Müritz

Printed in Germany

ISBN 978-3-8419-0573-4

» *Quest' è 'l verno, mà tal, che gioja apporte.*
So ist der Winter. Dennoch – welche Freude bringt er.

Antonio Vivaldi: Sonette zu den *Vier Jahreszeiten*

Winter

Eine Liebeserklärung

Inhaltsverzeichnis

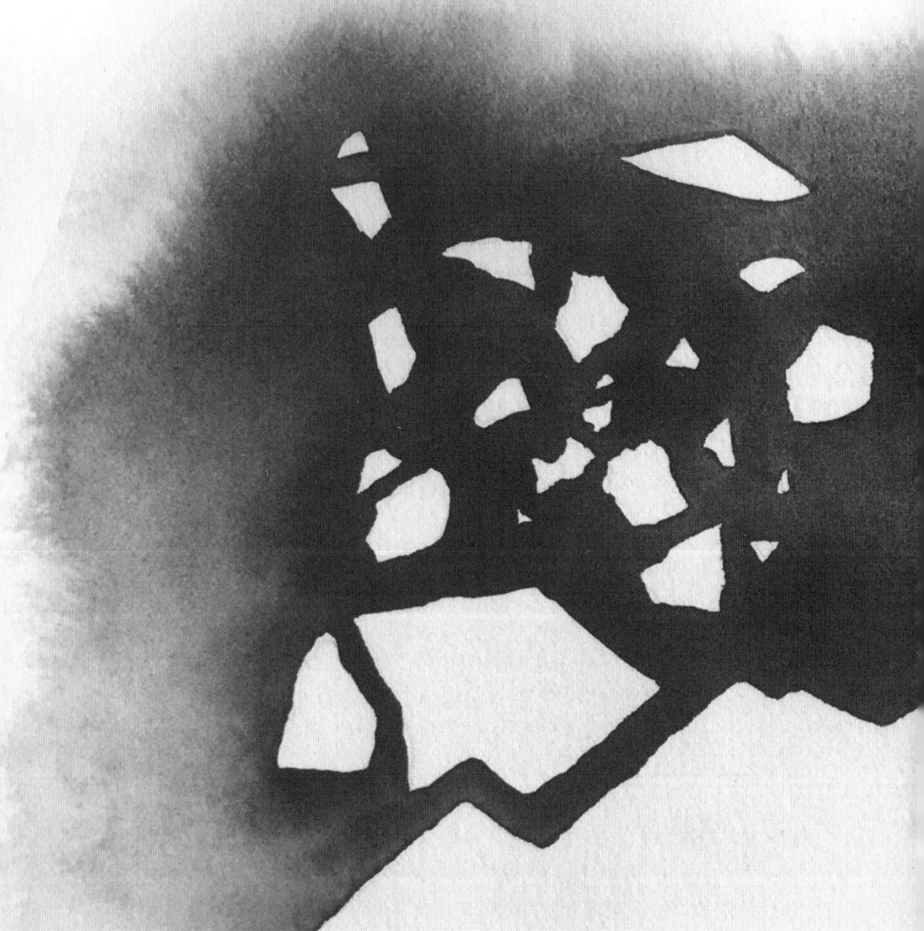

1
Winterliebe

Winterliebe

Ode an eine verschwindende Jahreszeit

Ich sitze im Flieger, auf dem Weg nach Grönland. Ich bin eingenickt, mein Kopf lehnt am Fenster. Ich wache auf, weil mir kalt ist, suche nach der Decke, die mir von den Knien gerutscht ist, finde sie nicht und schiebe die Fensterblende nach oben. Draußen ist es gleißend, blendend hell. Unter uns liegt endlos weit der Nordatlantik. Das Meer ist erstarrt. Packeisschollen breiten sich darauf aus, von oben sieht es aus wie eine frisch zugefrorene Pfütze. Nur in weltenweit groß. Das Eis ist von matter, grau-weißer Farbe. Darin eingepackt liegen wie verankert strahlend weiße Eisberge. Von der tiefstehenden Sonne beschienen, werfen sie lange Schatten auf das Eis. Am liebsten würde ich alle Passagiere aufwecken, alle Blenden nach oben schieben und laut rufen: „Seht euch das an! Gibt es Schöneres auf der Welt als den Winter?"

*

Frühling, Sommer und Herbst ähneln einander. Nur der Winter steht für sich. Die Welt gerät in einen anderen Aggregatzustand: Wasser gefriert. Die Landschaft wird erst kahl, dann weiß. Was macht das mit den Menschen? Und warum lieben manche gerade dies?

Wie lebt man, wenn viele Monate lang Schnee liegt? In manchen Weltgegenden ist Eiseskälte nicht nur schön, sondern praktisch: So am Baikalsee, der im Winter meterdick zufriert und dann zur Transitstrecke wird zwischen Irkutsk und Ulan-Ude. Auch in Nunavut, dem Inuit-Territorium im äußersten Norden Kanadas, sind Hunderte Kilometer Eisstraßen nur im Winter befahrbar.

Die grönländischen Jäger bewegen sich vorrangig mit Hundeschlitten – und mit Schneemobilen – fort.

Doch die Auswirkungen des Klimawandels verändern das Leben in hohen Breiten dramatisch. Das bekommen Menschen in diesen Regionen so deutlich zu spüren wie Inselbewohner in Äquatornähe. Nur wird darüber weniger berichtet.

Seit Jahrzehnten führen mich Reisen in den Winter; für dieses Buch konnte ich mich erneut eine ganze Saison lang intensiv mit allen Freuden und allen Fragen dieser Jahreszeit beschäftigen. Schon im November, dem Vorfreudemonat der Winterliebhaber, machte ich mich auf die Suche nach Schnee und nach Kälte. Ich fuhr hoch hinauf, eine Reise ans Nordkap gab mir tiefe Einblicke in die schier unerschöpfliche Kreativität der Menschheit. Als könnten wir uns an jede Art von Lebensbedingungen anpassen. Kalt – na und? Dunkel – na und?

Ein Busfahrer auf Magerøy erklärte mir, wie Dieselkraftstoff und Motoren bei Kälte funktionieren und wo mit Spikes gefahren wird. Ein Maurermeister in Bodø erzählte, wie Baustellen geheizt werden, damit der Beton hart wird. Und ein Psychologe forscht seit Jahrzehnten in Tromsø nach der Winterdepression – und findet sie nicht.

Alle Nordlandbewohner erzählen davon, wie sie es sich im Winter koselig, hyggelig, mysiga machen – verschiedene skandinavische Wörter für einen wohligen Zustand: helle Lichter in die Fenster stellen, Nachbarn zum Essen einladen und sich schon im November zu Weihnachtsfeiern treffen. Auch wenn manche zwischendurch für zwei Wochen zum Sonnetanken auf die Kanaren ausbüchsen.

Die allermeisten aber gehen mit großem Optimismus und Vorfreude in den Winter, jedes Jahr wieder. Mit einem Erfindungsgeist, der sich seit Jahrhunderten bewährt und der sie im rauen Klima bestehen lässt.

Die Faszination für Kälte, für Leben in extremen Bedingungen, zog Polarforscher an und hinaus in diese Welten. Ihnen folgten als Reisende im Kopf die Leser ihrer Bücher. Einige von ihnen standen auf aus dem gemütlichen Lehnstuhl, stellten eine Ausrüstung und ein Team zusammen, zogen ihrerseits los und schrieben wieder neue Bücher.

Auch meine Polar-Initiation hing mit einem Buch zusammen, mit Sten Nadolnys *Die Entdeckung der Langsamkeit*. Damit entdeckte ich für mich den Norden und die Sehnsucht. Woran liegt es, dass der eisige Norden so eine Faszination ausüben kann? Abenteurern und Extremsportlern wird gern Todessehnsucht oder zumindest eine gewisse Lebensverachtung unterstellt. Ich bin überzeugt, das Gegenteil stimmt.

Reisen in extreme Gegenden, unter extremen Bedingungen, lassen einen das Leben in einer Intensität spüren, die verlockend sein und süchtig machen kann. Ein rauschhafter Zustand, eine Reise wie ein Trip. Wenn auch oft erst im Nachhinein, denn den Expeditionsalltag prägt meist grässliche Langeweile. Monatelanges Ausharren auf einem Schiff, wochenlanges Gehen im Eis. Nur um dann – vielleicht als erster – an einem Punkt anzulangen, der sich zwar messen lässt, aber unsichtbar bleibt. Imaginär. „Land in Sicht!", konnte der Maat von Columbus nach langen Wochen auf See ausrufen. „Nordpol in Sicht!", das rief nie einer. Da waren nur Eis und Kälte.

Doch bei aller Faszination für den Winter und die Menschen, denen es gelingt, noch in der unwirtlichsten Umgebung zu überleben – die Jahreszeit behält ihren archaischen Schrecken für diejenigen, die dem Winter schutzlos ausgesetzt sind. Winter und Krieg sind eine tödliche Kombination, das war so auf Napoleons Rückzug aus Russland, beim „Gebirgskrieg" 1915-1918 in den Dolomiten und 1942 bei der Schlacht um Stalingrad.

*

Wer den Winter, den Schnee und die Berge liebt, der wird irgendwann mit Ski losziehen. Sei es auf einsamen Unternehmungen mit Tourenski, im Getümmel von Skipisten oder in Langlaufloipen. Wintersport war und ist ein Segen für abgelegene Bergtäler. Aber er kann ökologisch betrachtet auch ein Fluch sein. Manche Regionen in den Alpen versuchen, einen Mittelweg zu finden zwischen Ski-Halligalli wie in Ischgl und Abwanderung und Armut wie in einigen italienischen Alpenregionen.

So fuhr ich im Hochwinter ins Villgratental in Osttirol, dort möchte man den Wintertourismus neu denken, ohne großen Skizirkus, und warb sogar mit dem Spruch: „Kommen Sie zu uns, wir haben nichts." Was unterhaltsam klingt und aus der Ferne einen geruhsamen Urlaub im Schnee verspricht, erhitzt vor Ort die Gemüter. Skilift – ja oder nein? Darüber können sich Dörfer und Dörfler böse zerstreiten.

Das Leichte und das Schwere – im Winter liegt das nah beieinander. Schnee ist ein besonderer Stoff. Eine einzelne Schneeflocke wiegt etwa vier Milligramm. Nahezu nichts. Doch Lawinen schieben tonnenschwere Schneemassen zu Tal.

Um vieles davon geht es in diesem Buch. In meiner Erinnerung waren die Winter früher länger, kälter, schöner. Aber stimmt das auch? Die Prognosen jedenfalls sind nicht gut, aufgrund des Klimawandels verschieben sich die Jahreszeiten und die Winter werden dramatisch kürzer. Werden wir Schnee bald nur noch an wenigen Tagen im Jahr erleben?

Winter hat mich schon als Kind fasziniert, als ich heimlich, weil verboten, Eiszapfen auf dem Nachhauseweg von der Schule schleckte. Ich liebe die Atemwölkchen, die wir im Winter vor uns hertragen als Sichtbarmachung unseres Lebendigseins. Es ist wie es ist und wie so oft bei der Liebe: Erklären kann man es nicht. Aber davon erzählen. Von den Facetten des Winters, von den dunklen und den hellen Tagen. Von der Winterliebe.

Winterliebe

Crystal Myths – Eis und Schnee

Das ganze Jahr über ist es in der kargen Landschaft der Schwäbischen Alb etwas kälter als unten im Donautal, als entlang des Neckars oder gar drüben im Breisgau. Dass es in Deutschland Regionen geben soll, in denen Weintrauben wachsen, wo sogar Aprikosen geerntet werden, das erschien mir als Kind praktisch unvorstellbar. Bei uns auf der Rauhen Alb gab es Skilifte, minus zwanzig Grad im Januar und geerntet wurden Kartoffeln und Karotten. Aber wie ich es liebte!

Wenn zu Beginn der kalten Jahreszeit die ersten Schneeflocken vom Himmel tanzten, vielleicht liegen blieben, wenn sich Pfützen überzogen mit dieser so speziellen, feinen Schicht, wie ich sie später bei Crème brûlée wiederfand. Dieses Knacken, wenn man mit dem Absatz des Schuhs auf die Eisschicht kickt, so hell und fein und klirrend wie das Geräusch des Löffelchens auf der Kruste der Süßspeise.

*

Schnee und Eis: Was ist das, wo gibt's das heute noch? Darum soll es hier gehen. Crystal Myths. Der Stoff, der Winterfreunde high macht. Wie jeder weiß: Grönländer kennen über hundert Wörter für Schnee. Aber wie das so ist mit den Dingen, die jeder weiß: Oft stimmen sie nicht. Der Irrtum liegt darin, dass Eskimosprachen – tatsächlich gibt es verschiedene rund um den Nordpol – polysynthetisch sind, das bedeutet, dass sie viele Details in einem Wort enthalten, die etwa im Deutschen in längeren Phrasen erklärt werden müssen.

Ich habe vor einigen Jahren einen halben Winter in Ostgrönland verbracht. Ein paar Schneewörter habe ich mir gemerkt: „qiqumaaq" – Schnee, dessen

Oberfläche gefroren ist, „katakatanaq" – harte Kruste von Schnee, die unter Fußstapfen nachgibt, „maujaq" – weicher Schnee auf dem Boden. Die deutschen Übersetzungen sind umständlich, ja, aber man kann auch hierzulande einfach sagen: Harsch, Bruchharsch, Matsch.

Denn tatsächlich kennt auch das Deutsche jede Menge Wörter für Schnee: Locker-, Neu- und Pappschnee. Reif, Harsch, Firn, Sulz. Pulverschnee, Schwimmschnee, Schneebretter. Wechten, Altschnee, Bruchharsch. Büßerschnee, Faulschnee. Es gibt sogar ein Wort für den schneelosen Zustand: aper. Und weiter: Graupel, Griesel, Hagel. Gut, Hagel zählt nicht. Aber warum eigentlich nicht? Und dann wäre da noch das Eis. Glatteis, Blitzeis, gefrorene Wasserfälle, Packeis, Inlandeis, Gletschereis, Eisberge, Schwarzeis, Speiseeis.

*

Was genau ist Schnee? Wie sehen Schneekristalle aus? Auf jeden Fall wunderschön. Auf dunklen Winterjacken lassen sich die Sternchen bewundern. Eine kleine Exkursion zur Kristallbildung: Ist es in den Wolken kälter als minus 12 Grad, gefrieren Tröpfchen an festen Teilchen, das können Blütenstaub-Partikel sein, Schmutzteilchen oder Vulkanasche. Schneeflocken sind also keine gefrorenen Regentropfen, sondern Eiskristalle.

Das Eis beginnt zu fallen. Lawinenähnlich sammelt der winzige Eiskristall bei seinem Weg durch die Wolken weiteres Material, verbrüdert sich mit Gleichgesinnten, mehrere Kristalle verhaken sich, werden schließlich zur Schneeflocke.

Frische Schneeflocken sind immer – immer – sechseckig. Das hat mit Chemie und der Struktur von Wassermolekülen zu tun. Was also so poetisch-leicht zur Erde schwebt, wird durch knallharte Naturgesetze gebildet: Aufgrund der Struktur der Wassermoleküle sind im Schneekristall nur Winkel von exakt 60° beziehungsweise 120° möglich. Zumindest in der Entstehungsphase.

Denn erstaunlicherweise heizen wachsende Schneekristalle: Sie geben beim Gefrieren Wärme ab. Wenn sie dann wieder schmelzen, zum Beispiel in wärmeren Luftschichten, können beim Herumwirbeln Zacken aus dem Sechseck brechen. Ihre Formenvielfalt übertrifft die weltweite Anzahl an Schneewörtern um ein Vielfaches.

*

Als einer der ersten beschäftigte sich Johannes Kepler wissenschaftlich mit dem Phänomen Schneeflocken. Kepler war Mathematiker, Naturphilosoph, Theologe – ein Universalgenie. Bis heute kennt man ihn als Astronomen, der die Planetenbahnen um die Sonne beobachtete und neu berechnete. Doch er blickte nicht nur ins Universum, sondern auch durchs Mikroskop aufs gemeinhin Unsichtbare. 1611 veröffentlichte er ein Büchlein über die Entstehung der Schneeflocke, er vermutete richtig, dass deren Gestalt mit der Kälte zu tun habe, konnte dies aber noch nicht hinreichend begründen.

Weitere Fragen tauchten auf, als sich die Kryologie, die Wissenschaft von Schnee und Eis, allmählich zu formen begann und erforschte, warum etwa ein Schneeball zusammenpappt. Als Kontrahenten zweier verschiedener Meinungen traten in der Schneeballschlacht an: Michael Faraday, der sich mit elektrischer Spannung auskannte (der Faradaysche Käfig ist nach ihm benannt), sowie William Thomson, der spätere 1. Baron Kelvin, nach ihm heißt das Kelvin der thermodynamischen Temperaturskala.

Faraday vertrat die Ansicht, auf jedem Schneekristall liege ein dünner Film ungefrorener Materie, der zusammenfriere und den Schneeball auf diese Weise zusammenhalte, anders als bei einem Klumpen nassen Sandes. Thomson/Kelvin führte das Zusammenpappen hingegen auf sogenannte Druckaufschmelzung zurück: Unter Druck – dem Zusammenpressen des Schneeballs – schmelze der Schnee ein kleines bisschen, lasse der Druck nach, friere die Masse wieder ganz zusammen. Die These des Barons erwies sich als richtig. Lange meinte man, dass auch Schlittschuhlaufen auf diese Weise funktioniere: Durch den Druck der Kufen schmelze das Eis, wodurch ein Wassergleitfilm entstehe. Das allerdings ist nicht richtig, tatsächlich bringt die Reibungswärme der Kufen das Eis minimal zum Schmelzen.

Was den Schneeball betrifft, hätten sich die streitenden Physiker auch von den Linguisten inspirieren lassen können. Denn alle uns vertrauten Wörter für Schnee – vom althochdeutschen *sneo* übers altnordische *snœr* übers russische *sneg* – haben eine gemeinsame Wurzel: das indoeuropäische Wort sneigh*, und das bedeutet: sich zusammenballen, zusammenkleben.

Der Forscher Johann Heinrich Flögel (1834-1918) war wohl einer der ersten, die Schneeflocken fotografierten. In einem Haus in Ahrensburg bei Hamburg fand man in den 1970er-Jahren historische Aufnahmen, bei denen sich erst 2010 herausstellte, dass sie unter dem Mikroskop fotografierte Schneekristalle (sowie aufgeschnittene Insektenhirne) zeigten. Auf einer der Aufnahmen hatte Flöge vermerkt, dass die fotografierte Flocke am 1. Februar 1879 gefallen sei und er, Flögel, die Aufnahme mit 46-facher Vergrößerung gemacht habe.

Um 1885 fotografiert Wilson Bentley 5000 Schneekristalle. Gibt es zwei Sandkörner, die identisch sind? Gibt es zwei Schneekristalle, die identisch sind? Eine kaum zu beantwortende, ins Philosophische ragende Frage.

Ich habe mir den Bildband des Schneeforschers Bentley besorgt, ich könnte stundenlang darin blättern, er hat etwas geradezu Meditatives, das ist Stoff für Süchtige wie mich: 226 Seiten mit Porträtaufnahmen nur von Schneekristallen und Eisblumen. Das Fotoalbum beginnt mit eher einfachen Sechsecken, geht über zu strukturierteren Formen und fein ziselierten, filigranen Kristallen und endet auf den letzten Seiten mit Eisblumen, wahren Winterschönheiten.

Das Erblühen dieser vergänglichen Kunstwerke erklärt W.J. Humphreys, der Herausgeber der Bentley-Fotos, ganz nüchtern wie folgt: Beim Fensterputzen entstehen feinste Kratzer, entlang derer die Frostblumen wachsen. Wissenschaft und Feldforschung zeigen sich am Winterfenster als Poesie.

Auf der ersten Seite des Buches ist der Fotograf selbst zu sehen, W.A. Bentley aus Jericho, Vermont. Er steht im Freien, vor einem weißen Holzhaus, vor sich aufgebaut eine Plattenkamera, die mit einem gestreiften Wolltuch abgedeckt ist. Er trägt einen hellen Hut und einen dunklen Wintermantel, auf dem sich einige Schneeflocken niedergelassen haben. Unverkennbar: sein buschiger Schnauzbart. Unter ihm lächelt Bentley still in sich hinein. Bestimmt hat er gerade wieder ein besonders hübsches Schneekristall vor die Linse bekommen.

Das wäre ein schöner Märchenstoff: Die böse Königstochter, die jeden köpfen lässt, der sie heiraten will, aber nicht in der Lage ist, ihr zwei identische Schneeflocken ins Schloss zu bringen. Ich hätte aber gerne ein Happy-End, eines, das in Gelächter und einer Schneeballschlacht des ganzen Hofstaats endet.

Aber Schnee sieht nicht nur verschieden aus, er fühlt sich auch immer wieder anders an. Der fluffige Pulverschnee in großer Kälte, der sich nicht komprimieren lässt, aus dem man keine Schneebälle formen kann, der sich mit dem Handschuh vom Autodach wischen lässt. Und am anderen Ende der Skala nasser Pappschnee, der das Schneeschippen zur Plackerei werden lässt, sich schwer auf Bäume legt, Hecken in die Knie zwingt. Sich aber fantastisch zum Schneemannbauen eignet.

Was ist der Unterschied zwischen Schnee und Eis? Das ist keine Scherzfrage, sondern ein Versuch, diese Materie des Winters zu ergründen. Dafür bin ich in die Schweiz gefahren, nach Interlaken. Die Stadt ist umgeben von Schnee und Eis; rund ums Jungfraujoch habe ich mich mit Menschen unterhalten, die eine besondere Nähe zum Eis in ihrem Leben haben.

Die Reise beginnt mit der spektakulären Fahrt der Jungfraujochbahn, 1912 eröffnet, eine touristische Attraktion. Auf der auf gut 2000 Meter gelegenen Kleinen Scheidegg gibt es eine Pause zum Umsteigen, umgeben von eisiger Kälte, eingeschüchtert durch den Blick auf die Eiger-Nordwand, ein schwarzes Monstrum, das sich hier in den Himmel streckt.

Die Bahn fährt wahrhaftig durch den Eiger hindurch, aufs 3454 Meter hohe Jungfraujoch. Ich hatte Glück, weil ich noch mit dem alten Zug fahren konnte; seit 2016 hält die Bahn nicht mehr an der Zwischenstation Eismeer. Manchmal verstehe ich die Welt der Touristiker nicht: Der Blick aus den riesigen Panoramascheiben, aus der Eiger-Nordwand heraus in die Bergwelt, war für mich atemberaubend. Allein schon deswegen hätte sich die – recht teure – Fahrt gelohnt. Doch nun wird da nicht mehr gehalten, um ein paar Minuten Zeit einzusparen.

Als ersten frage ich Martin Fischer, Betriebsleiter in der Forschungsstation Sphinx-Observatorium auf dem Jungfraujoch, nach dem Unterschied zwischen Schnee und Eis, den beiden Varianten gefrorenen Wassers. Fischer fasst es so zusammen: „Schnee hat Luft drin, Eis nicht“, und er muss es wissen, schließlich lebt er im ewigen Eis. Aber was heißt heute schon ewig? Fischer arbeitet seit 13 Jahren auf 3571 Meter überm Meer. In der Forschungsstation „wettert“ er fünfmal am Tag, übermittelt meteorologische Daten, und sieht dabei dem Aletsch-Gletscher beim Schmelzen zu, mit 22 Kilometern Länge der längste Eisstrom der Alpen und UNESCO-Weltnaturerbe.

Das Eis wird weniger, sagt der Forscher Fischer. „Ob es wärmer wird, darüber kann man nicht mehr diskutieren.“ In den ersten Jahren „regnete es höchstens einmal im Sommer. Jetzt hat es mehrere Tage Regen im Jahr!“ Dann schwemmt es einen halben Meter Schnee davon, der Gletscher verhungert. Vier bis fünf Meter Schnee fallen im Jahr aufs Jungfraujoch, früher waren es bis zu 16 Meter, weiß Fischer.

Und wie wird Schnee zu Eis? Vier Metamorphosen wandeln Wasser zu Gletschereis: Feuchtigkeit steigt auf, fällt als Schnee, wandelt sich durch Schmelzen und Wiedergefrieren in grobkörnigen Firn, durchzogen von Luftkanälen. Erst wenn einlaufendes und gefrierendes Wasser diese Adern schließt, ist der Zustand Gletschereis erreicht. Eis ist, im Gegensatz zu Schnee, praktisch wasserundurchlässig. Weiß erscheint der Gletscher durch Lufteinschlüsse, Blaueis hingegen zeigt sich in Spalten beim Blick in die Tiefe, dort, wo das Eigengewicht die letzte Luft aus dem Eis quetschte.

*

Gletscher sind Eisberge an Land: Münden Gletscher ins Meer, wie in der Bucht von Ilulissat auf Grönland, brechen Stücke ab und ziehen als Eisberge davon. Nur Packeis ist ein anderer Stoff: Es ist platt, flächig und besteht aus Meereis, also aus Salzwasser. Treibeis hingegen heißt alles, was auf großen Wasserflächen herumschwimmt, das können Packeis-Schollen sein oder Stücke von Eisbergen.

Als 1894 der Schweizer Unternehmer Adolf Guyer-Zeller die Konzession für den Bau der Bahn aufs Jungfraujoch bekam, musste er sich verpflichten, eine Forschungsstation zu errichten. Bis zu 5000 Besucher am Tag zahlen die fast 200 Franken und kommen für ein paar Stunden aufs Joch, drei Viertel von ihnen sind Asiaten.

Alle besuchen den *Eispalast*, künstliche Höhlengänge im Bauch des Gletschers. In den 1930er-Jahren hatten Bergführer begonnen, mit Eispickel und Säge diese Gänge aus dem Gletschereis zu schneiden. Blau mäandernde Bänder bilden die Wände, eine klare Kälte herrscht da unten. Die Jahresringe des Gletschers führen in die Vergangenheit. Der Faszination der Gletscherhöhle allein wollte man wohl nicht trauen. In Nischen sitzen kitschige Figuren, Hirsche, Vögel, aus glasklarem Eis geschnitzt. Das kommt aus einer Eisfabrik in Interlaken.

Was die Wissenschaftler im Sphinx-Labor erforschen, ist im Bauch des Gletschers wie in einem Bilderbuch aufgeblättert. Braune Adern durchziehen das Blau: Saharasand. Der kommt etwa einmal im Jahr, sagt Fischer. Sie untersuchen, wo genau aus Nordafrika die mineralischen Staube und biologisches Material herangeweht werden. Der Ausbruch des isländischen Vulkans Eyjafjallajökull wird theoretisch noch in Hunderten von Jahren zu sehen sein. Doch praktisch wird es den Gletscher da vielleicht nicht mehr geben. Um bis auf Weiteres den Eispalast zu erhalten, schieben Schneeraupen vom Kühlauenen-Gletscher immer wieder Eis von oben nach.

Es gibt einen Foto-Point, im Inneren des Gletschers an dem sich alle knipsen lassen. Darüber hat sich im Eis ein Gewölbe gebildet, der Atem der Besucher bringt den Eispalast zum Schmelzen, Schicht für Schicht. Als wäre es eine politische Kunstinstallation, die den Klimawandel erklärt.

*

Ich fahre zurück ins Tal, durch den Eiger, ich bekomme erneut Gänsehaut bei der Vorstellung, durch diesen in Bergsteigerkreisen weltberühmten Berg hindurchzufahren. Hauptsächlich zwischen den beiden Eisfeldern der Nordwand spielten sich die Dramen der Ersteigungsversuche ab. Und auf der Kleinen Scheidegg saßen die Zuschauer, richteten ihre Fernrohre in die Wand, wurden Zeugen der Abstürze und schließlich auch des Triumphes von vier deutschen Bergsteigern.

Ein Triumph, der politisch gewollt und gemeint war, es war 1938, die Durchsteigung wurde als „Zeugnis des unbeugsamen Siegeswillens unserer Jugend" propagandistisch ausgeschlachtet. Wie lange sich die „Weiße Spinne", das Eisfeld in der Nordwand, noch wird halten können, kann derzeit niemand sagen.

*

Nicht unter, sondern auf Eis bewegt sich der Winterangler Beat Bührer, den ich am nächsten Tag treffe. Vor zehn Jahren stapfte er auf einen gefrorenen See und rammte mit seinem Eispickel ein Loch in die Oberfläche. „Das war eher gefährlich", sagt der heute 34-Jährige. Nun steht er auf dem Hinterstockensee oberhalb Interlakens und setzt einen rasiermesserscharfen Eisbohrer an. „Beim Eisangeln bist du in der Natur, machst ein Loch, fischst, lauschst, fernab von allem. Mich fasziniert das Eis am Anfang des Winters. Wenn der ganze See auf vier Grad abgekühlt ist, ist er schwarzgefroren. Wenn es draufregnet, wird er wie ein Spiegel."

All das verdankt Beat Bührer, und natürlich nicht nur er, der Dichte-Anomalie des Wassers, noch so eine Absonderlichkeit von H^2O. Während sich normalerweise Stoffe bei sinkenden Temperaturen zusammenziehen, dehnt Wasser sich aus. Das weiß jeder, der mal eine Sektflasche im Eisfach vergessen hat. Eis hat also eine geringere Dichte als Wasser und schwimmt deshalb oben. Genauer gesagt: Ein See friert von oben her zu, ganz unten am See ruht das dichteste, vier Grad warme Wasser.

Eine See-Eisfläche baut sich aus Schichten auf. Die unterste, tragende Lage, ist durchsichtig wie Eiswürfel. Schnee isoliert, wenn es draufschneit, wird die Eisfläche nicht mehr dicker. Eis ziehe die Menschen an, sagt Bührer, „es hat etwas Mystisches.“ Bergseen haben oft keinen natürlichen Abfluss, das Wasser versickert allmählich. Im Winter sinkt der Wasserspiegel und das Eis sackt ab. Dann gebe es Entlastungsbrüche, am Rand, am Ufer, erzählt Bührer, „manchmal rumort es, das Eis arbeitet, es setzt sich. Das ist ein unheimliches Knarren. Beim ersten Mal habe ich gedacht: Oh Mann, jetzt muss ich sterben. Die meisten Menschen haben dieses Geräusch noch nie gehört, das hat etwas Exklusives.“

*

Ina Jegher treffe ich unten in Interlaken. Sie zieht elegante Kreise auf dem Eis – *IceMagic* nennt sich Interlakens Schlittschuhbahn auf dem Bödeli. Jeghers Ansprüche an Eis sind anderer Art, schmucklos soll es sein, so glatt wie möglich. Die Eiskunstläuferin und ehemalige Seglerin trainiert Mädchen in Interlaken. Dem Segeln und Eislaufen gemeinsam sei das Gleiten, so Jegher, „nur der Aggregatzustand des Wassers ist verschieden.“

Vor der Eröffnung von *IceMagic* regnete es zwei Tage durch, „das ist die schönste Sprinkleranlage, so gleichmäßig.“ Für Hockey produziert man weniger, dafür härteres Eis. „Weicheres Eis greift besser. Wenn Schnee liegt, wird es klebrig. Natureis ist hubbelig. Am schönsten gleitest du, wenn eine feine Wasserschicht drüberliegt, du hast wenig Widerstand, das Spiegeleis glitzert.“

Faszinierend am Eislaufen sei die Leichtigkeit in der Perfektion. Als Kind habe sie einmal erlebt, wie der Zürichsee schwarzgefroren war. „Da siehst du die Fische, so klar ist das. Aber es gibt ja eh keine Winter mehr, im Dezember sitzen die Leute im Straßencafé.“

Genau das stört Sandra Riceputi und Beat Berger nun gar nicht. Sie, Italienerin aus Rimini, ist Informatikerin, er, Schweizer, ein Süßwassermatrose. Doch nun rühren sie schon die achte Saison in ihrer *Gelateria Azzurra* in Interlaken Eis an. „Unser Fruchteis machen wir mit Wasser, aber es wird gerührt und deswegen wird es nicht kristallig. Gletschereis ist kristallisiert, unser Eis hat keine Kristalle.“

Dabei war Gletschereis das erste Speiseeis. „Die alten Römer haben Granita gemacht!“, ruft Riceputi. Läufer brachten den römischen Kaisern Schnee und

Eis vom Apennin nach Rom, darüber wurden Früchte, Honig, Zitronensaft oder Rosenwasser drapiert. „Ob ich als Kind an Eiszapfen gelutscht habe? Na sowieso, welches Kind macht das nicht?!“

*

Hano Tschabold habe ich vergessen, dasselbe zu fragen. Tschabold beschäftigt sich mit sehr großen Eiszapfen, für ihn sind sie ein Sportgerät. Denn der Bergführer klettert ganzjährig an Eiswänden, im Winter an gefrorenen Wasserfällen, im Sommer im Gletscherbruch. Er schwärmt vom Eis im Gletscher, wunderschön blau sei es, wie im Eispalast auf dem Jungfraujoch. „In einer neuen Spalte zu klettern, mit dieser Farbe von Hustenbonbonblau, ein Traum. Und das Eis ist nicht so hart wie im Winter, es ist plastisch, die Geräte beißen, also halten gut.“

Er habe sich gefragt, wie schnell der Gletscher eigentlich schmelze. Und deshalb eigene Messungen durchgeführt, nicht so wissenschaftlich wie auf der Forschungsstation Sphinx-Observatorium, aber ziemlich effektiv: „Ich habe auf dem Aletschgletscher auf 2500 Meter einen Holzstecken reingesteckt, mit Isolierband markiert und immer am Abend nachgeschaut. Nach meiner Beobachtung schmilzt das Eis einen Zentimeter am Tag!“ Es schneie viel zu wenig.

Tschabold arbeitete als junger Mensch auf dem Jungfraujoch und fragte den Betriebsleiter, ob es dort oben regne. „Der hat mich angeschaut, als wär ich nicht ganz gescheit und gesagt: ‚Auf dem Jungfraujoch regnet es nie!‘“ Doch heute regne es da oben manchmal tagelang. „Dann schmilzt der Schnee weg, bevor er überhaupt zu Firn und dann zu Eis werden kann.“ Wer heute zu ihm sage, er würde auch so gerne mal Eisklettern, dem rate er, sich zu beeilen. „Bevor wir keine Gletscher mehr haben.“

Im Winter herrschten wiederum andere Bedingungen für die Kletterer. „Beim Wasserfallklettern sollte es nicht zu kalt sein, sonst splittert das Eis und springt dir ins Gesicht, es kann scharfkantig sein wie Glas. Wenn du reinhaust, gibt es Risse, die sich wie ein Spinnennetz ausbreiten, dann weißt du schon: Uaaah, das hält nicht.“

Besonders schlecht fürs Eisklettern sind schnelle Temperaturwechsel. Wenn ein Südwind kommt, der Föhn, rinnt Schmelzwasser auch zwischen Fall und Fels, „dann löst sich das ganze Ding von der Wand.“ Wenn hingegen die Bise kommt, der Nordwind, und es auf einen Schlag um zehn Grad kälter wird, dehnt sich das Eis. „Da kann über Nacht die Hälfte der Eiszapfen abbrechen. Wenn du irgendwo kletterst und am nächsten Morgen ist der Eisfall weg, dann hast du definitiv etwas falsch gemacht – und riesiges Glück gehabt."

*

Aber Eis kann noch viel mehr, als man in der Natur beobachten kann. Im Labor ist es gelungen, Wasser auf minus 40 Grad zu kühlen, ohne dass es friert. Allerdings funktioniert das nur mit lupenreinem Wasser. Ihm fehlen die winzigen Teilchen, an denen es kristallisieren könnte. Fügt man ihm jedoch ein Staubkorn hinzu oder schüttelt den Behälter mit dem superkalten Wasser, friert es sofort.

Wasser leistet sich ohnehin gerne allerlei Eskapaden, die noch immer nicht vollständig erforscht sind. Da gibt es etwa den Mpemba-Effekt, der in Tansania von einem Schüler beobachtet wurde. Nun steht zwar der Kilimandscharo in Tansania und dort oben gibt es einen kleinen Gletscher, doch der Schüler Erasto B. Mpemba entdeckte das paradoxe Verhalten von Wasser, als er Speiseeis herstellen wollte: Heißes Wasser gefriert schneller als kaltes Wasser, wenn auch unter sehr speziellen Bedingungen. Das Schleckermäulchen Mpemba erkannte das vor über 50 Jahren, bis heute sind die Zusammenhänge zum Großteil rätselhaft.

*

Eisklettern sei einfach eine weitere Spielart des Kletterns, sagt der sportliche Schweizer Tschabold. „Der Reiz daran ist, etwas zu klettern, was einmalig ist, kombiniert mit der Faszination des Eises, das zu Figuren, zu Zapfen oder Säulen gefriert. Und es ist, wie alles im Winter, vergänglich."

So ist genau dies ein Aspekt des Winters, der ihn von den anderen Jahreszeiten unterscheidet: Weiße Flecken auf der Landkarte sind rar geworden. Aber weiße Flecken in der Landschaft beschert uns der Winter alle Jahre wieder. Wer durch den Schnee stapft oder an Eis klettert, betritt Neuland. Immer wieder. Eine weitere Faszination des Winters, die noch genauer zu untersuchen sein wird.

2
Nordwärts

Nordwärts

Oslo: Die Eiszapfen im Bart des Malers

Diese Reise, meine Reise, ist eine Flucht in den Schnee. Von Oslo aus geht es mit dem Zug, dem Bus, dem Schiff nach Norden, bis hinauf, ans Nordkap. Ich will Schnee sehen, mit Einheimischen darüber reden, wie sie die Mørketid, die Dunkelzeit überstehen, und warum sie den Winter lieben, so es denn so ist.

Beim Landeanflug auf Oslo zeigt sich die Umgebung als schwarz-weiße Patchworkdecke. Kleine Felder mit einer dünnen Schneeschicht, dazwischen immer mal wieder Waldstücke. Einzeln stehende Bäume in der hügeligen Landschaft werfen lange Schatten, als sei es später Nachmittag, aber es ist mittags halb zwölf Uhr und Mitte November. Auf der kurzen Zugfahrt vom Flughafen in die Innenstadt von Oslo wirbelt Schnee auf. Mein Herz hüpft. Abenteurer in Alaska riefen an ihren Glückstagen: „Gold! Gold! Gold!" Und ich rufe jedes Jahr, wenn der erste grisselige Niederschlag fällt: „Schnee! Schnee! Schnee!" Jedes Jahr.

Dann stupse ich Bürokollegen an, sie sollen aus dem Fenster blicken. Eine Freundin hat mir mal ein Video aus Südtirol geschickt, auf dem es anfängt zu schneien. Ein Mann liegt in einer Garageneinfahrt, auf kaum einem Hauch Schnee, und macht seinen ersten Schneeengel der Saison. Völlig irre. Ich verstehe ihn gut.

Oslo 59°54'45" N

Der Mann mit dem schwarzen Hut und dem leicht ergrauten, dicken Nietzsche-Schnauzbart betrat den Farbenladen durch den Haupteingang in der Skippergata. Eilfertig begrüßte Farbenhändler Bjercke den Stammkunden, was es denn heute sein dürfe? „Pack mir zehn Tuben Zinkweiß ein und noch was vom Bleiweiß, und dieses Lithopone ist auch ganz gut, davon eine große Packung." Das Paket solle wie üblich nach Ekely gebracht werden.

Alf Bjercke wunderte sich nicht, Edvard Munch malte also draußen in seinem Studio weiter an seinen Winterbildern. Wenn er nicht zu lange im Grand Café sitzen blieb zwischen Damen mit großen Hüten und Männern mit Zylinder. Das riesige Wandgemälde im historischen Café zeigt noch heute alle Geistesgrößen der vorigen Jahrhundertwende, auch Munch sitzt da.

„Munch kaufte oft bei *Alf Bjerckes Farvehandel* ein", weiß Petra Pettersen, die 2012 im Osloer Munch-Museum eine Ausstellung mit Edvard Munchs Winterbildern kuratierte, sie hieß „Fornemmelser for snø – Gespür für Schnee".

Edvard Munch, geboren 1863, begann als Jugendlicher zu malen. Eines seiner ersten Bilder heißt „Die alte Aker Kirche". Noch recht traditionell malte er einen Straßenzug und darüber, auf einem Hügel, eine gedrungene Kirche. Es liegt nur wenig Schnee, viel strohfarbenes Gras schaut heraus. Der Maler Frits Thaulow erkannte Munchs Talent und überredete dessen Vater mit einer Geldspritze, Munch nach Paris zu schicken. Nach seinem Frankreich-Aufenthalt lebte er einige Jahre in Deutschland, erst in Berlin, dann in Thüringen und Warnemünde.

In Berlin kam es zu einem Skandal. Munchs dramatische Malweise – man denke an sein berühmtestes Bild „Der Schrei" – missfiel den Zeitgenossen. Seine Bilder sähen aus wie Fischbrei mit Hummersoße, hieß es. Man stieß sich an seinem Stil und seiner Arbeitsweise, denn Munch übermalte die Leinwand wieder und wieder, kratze ab, legte wieder eine Schicht darauf. Der Norweger allerdings ergriff die Gunst der Stunde und nutzte den Skandal, indem er sich Kunsthändler suchte und mit diesen Exklusivverträge abschloss.

1909 zog er schließlich zurück nach Norwegen, nun als berühmter Mann. In einem Brief aus diesem Jahr schreibt er: „Das ist das erste Mal in zehn Jahren, dass ich den Winter in Norwegen verbringe. Hübsch viel Schnee liegt hier. Ich freue mich darauf, den Winter zu malen."

In Paris haben ihn die Impressionisten beeinflusst, sagt die Kuratorin Pettersen, die aus Tschechien stammt und in Oslo Kunstgeschichte studiert hat. „Sie wollten das Licht malen", und Schnee sei eine gute Substanz, „um Licht in seinen Brechungen zu sehen."

Munch malte in Ekely, einem Vorort von Kristiania, wie Oslo damals hieß. „Sein Winter-Studio hatte eine elektrische Heizung." Er habe generell selten draußen gemalt, im Winter schon gar nicht. „Ich weiß auch nicht, wie das gehen sollte, da frieren einem ja die Finger ein." Es gebe zwar Fotos, die ihn im Schnee an der Staffelei zeigen. „Aber er trägt elegante Stadtkleidung, einen edlen Hut, also ich glaube, das war zum Angeben, er hat sich nur für die Fotos kurz in den Garten gestellt."

Munch malte viel und vermachte seiner Heimatstadt 1200 Bilder, darunter viele Landschaften. Den Winter hielt er in Holzschnitten, Lithographien, Zeichnungen und Gemälden fest, „80 Winterdarstellungen besitzen wir, er scheint ihn intensiv beschäftigt zu haben." Besonders melancholisch könne man Munchs Winterbilder nicht nennen. „Er hat auch Düsteres im Sommer gemalt. Da kam es nicht auf die Jahreszeiten an."

Als 22-Jähriger notierte Munch in seinem Tagebuch folgende Zeilen über den Winter, sie lesen sich wie ein Gedicht.

Große Schneeflocken fielen
endlos endlos.
(…) zum Boden, wo sie sich alle so sanft gesammelt haben,
eine Flocke über der anderen.
Der Schnee lag dort wie eine
Decke, lag so weiß und sauber
auf Dächern und draußen vor dem Fenster,
den ganzen Weg bis zum Feld
lag er so weich und weiß.

*

Pettersen zeigt auf Skizzen, die sie in den Katalog aufgenommen hat. Mit dem Zeichenstift Schnee zu malen, sei eine Herausforderung. „Weil der Schnee ja eben nicht gemalt wird, sondern man lässt die Fläche einfach weiß. Und trotzdem muss es aussehen wie Schnee, und nicht wie ein nicht bemaltes Stück Papier."

Ganz anders bei seinen Ölbildern. Pettersen blättert um zum Bild „Schneesturm" und zeigt auf die pastose Struktur: „Da hat er wohl die weiße Farbe direkt auf die Leinwand gedrückt, fett steht sie auf der Leinwand." Und der Neuschnee – Ny snø – muss bei recht warmen Wintertemperaturen gefallen sein. Kompakter Schnee liegt am Boden, ein grau-schneeiger Himmel lässt auf weiteren Niederschlag schließen, die Nadelbäume sind fast grafisch reduziert zu schwarzen Linien, auf den Ästen hockt der Schnee wie gepresste Pakete, zieht sie schwer nach unten.

Auch eine *Sternennacht* gibt es von Munch – vor einigen Jahren hing das Bild in einer Doppelausstellung im Osloer Munch-Museum, gemeinsam mit dem gleichnamigen, berühmten Gemälde von Van Gogh. Während sich bei dem Niederländer, zehn Jahre älter als Munch, der in Sternenkreisen explodierende Himmel über einer sommerlich-grünen Landschaft austobt, zeigt Munch eine winterliche Nacht: Nur ein paar Sternentupfer stehen am Himmel, darunter eine schneebedeckte Szenerie. Es ist der Blick aus Munchs Winterstudio in Ekely, der Schatten des Meisters fällt dunkel auf den Schnee.

*

Petra Pettersen wunderte sich bei ihrer Recherche: „Warum malten die anderen norwegischen Künstler so selten den Winter? Das hätte doch eigentlich nahe gelegen, oder?"

Da musste erst ein Franzose kommen. Frits Thaulow, der Munchs Vater überredet hatte, den Jungen nach Paris zu schicken, war befreundet mit Claude Monet und lud ihn ein, doch mal den Winter in Norwegen zu malen.

Was Monet tat. Und er erwischte es richtig gut, jedenfalls für jemanden, der Winter suchte. Monet erlebte 1895 einen außergewöhnlich harten Winter, wie der Zürcher Feuilletonist Aldo Keel recherchierte: Die Norweger hätten nur eines im Sinn – ihre Ski, zitiert er Monets Brief an seine Frau: „Sie ziehen Tag und Nacht in die Berge, nachts mit Fackeln."

Im Gegensatz zu Munch scheint Monet trotz der Kälte die Freilichtmalerei bevorzugt zu haben. „Bereits um 8 Uhr früh pflegte sich Monet mit seinen Malutensilien im Freien zu installieren", schreibt Keel. „In Monets mächtigem Bart bildeten sich Eiszapfen." Der Franzose war begeistert, zu Hause ahne man nicht, „mit welchen Effekten der Schnee hier aufwartet, es ist fabelhaft."

Seit Monets Tirade über die Skibegeisterung der Norweger scheint sich nicht viel geändert zu haben. Das Museum laufe gut, sagt Petterson, „aber tatsächlich interessieren sich die Leute hier mehr für Sport als für Kunst."

*

Ich spaziere zurück in die Innenstadt, durch den Park des Naturkundemuseums, die Nachmittagssonne lässt die letzten Blätter auf den Pappeln in grellem Gold erstrahlen. Ich schlittere leicht bergab und in der nächsten Straße trägt tatsächlich jemand nagelneue Langlaufski aus einem Sportgeschäft heraus, der Schneefall hat ihn wohl zum Kauf animiert.

Am Ufer bei der Oper erklingt Gelächter, ein tiefer Bariton, volltönend. Aber nicht von der Bühne, sondern von draußen. Erwachsene Männer bewerfen sich mit Schneebällen. Auch das Opernhaus strahlt in Weiß, liegt wie ein auf Grund gelaufener Eisberg in der Bucht, 2008 erbaut vom Architekturbüro Snøhetta, was übersetzt „Schneekappe" heißt.

Davor ragt aus dem Wasser die Skulptur „Hun ligger" („Sie liegt") von Monica Bonvicini – eine 3-D-Version von Caspar David Friedrichs Eismeer-Gemälde. Als sollte sich hier alles zusammenfügen, was mit dem Winter und der Kunst zu tun hat.

Drumherum bilden sich erste, zartdünne Eisschollen, Schwäne dümpeln kopfüber, als wären sie festgefroren.

Los geht's, ich breche auf nach Norden, in den richtigen Winter.

Nordwärts

Im Binnenland: Vom Glück des Gehens

Am nächsten Morgen startet der Zug um 8 Uhr in Richtung Trondheim. Der Himmel ist lange rosa. Dann lange „blausa“, ein Wort, das Tucholsky erfand, als er über das schwedische Schloss Gripsholm schrieb. Denn die Sonne geht im Norden langsam auf und unter (anders in Äquatornähe, wo sie abends um sechs Uhr ins Meer plumpst und sofortige Dunkelheit nach sich zieht). Das führt zu langen Dämmerungen in zarten Farben.

Eine Frau mit Teleskop-Wanderstöcken steigt zu, sie schraubt die Stöcke zusammen und verstaut sie in einem Rucksack, hängt ihre dicke hellblaue Daunenjacke an den Haken. Sie hat kurze graue Locken, zart wie Eiderentenkükenbauchflaum. Sie packt ihr Strickzeug aus, mehrere blaue und rote Knäuel, und werkelt am Ärmel eines Norwegerpullovers – wirklich und tatsächlich strickt sie ein Norwegermuster.

Die Zugstrecke führt übers norwegische Inland, Richtung Küste. Meine Gedanken springen zu einer Reise mit der berühmten Bergenbahn, die die Hardangervidda, eine unwirtliche und deshalb schöne Gegend, durchquert.

*

Ich hatte einmal Gelegenheit, über diese Region mit der berühmtesten Outdoor-Winter-Freundin Norwegens zu plaudern: mit Königin Sonja. Es war zugegebenermaßen ein sehr kurzes Gespräch. In Oslo wurde ein norwegischer Tourismus-Preis verliehen, dazu wurden ausgewählte Journalisten aus Europa eingeladen.

Meine Einladung fußte auf meiner langjährigen Norwegen-Publikations-Expertise, oder genauer gesagt: auf Losglück. Also stand ich da im Nobel-

Friedenszentrum und war ziemlich aufgeregt. Einleitend sollte es einen Foto-Vortrag geben über Friluftsliv, wie die Norweger alles nennen, was vor der Haustüre stattfindet. Da sich dort auch die Königin gerne aufhält, würde Ihre Majestät dero Bilder zeigen und von den Reisen erzählen.

Sonja von Norwegen, eine zierlichen Dame mit ondulierten hellbraunen Haaren, ist eine Bürgerliche, 1937 in Oslo geboren. 1959 lernte sie Harald kennen, der war damals Kronprinz von Norwegen – und sein Vater gegen die Heirat. Neun Jahre dauerte es, bis der alte Herr einknickte. Sie war die erste Königin überhaupt, die den Boden der Antarktis betreten hat; in Schnee und Eis fühlt sie sich wohl, der Winter sei „ihr Favorit" sagte sie, während sie ihre Fotos von Ski-Ausflügen zeigt. Im Plauderton führt die Königin mit ihren Bildern durchs Land, zu Aufnahmen der Landschaft um Lillehamer erklingt Griegs Peer-Gynt-Suite, und ein Foto, auf dem sie von oben bis unten eingemummelt ist, kommentiert sie lakonisch: „Das Wetter kann unangenehm sein."

Zusammen mit Freundinnen trifft sich Sonja von Norwegen nicht zum Bridge, sondern zum Skilaufen, sogar in der Stadt. Da staksen die Damen in Oslo am königlichen Palast bergauf, im Vigeland Skulpturenpark postieren sie sich vor dem Sinnataggen, dem zornigen kleinen Nackedei. Ein „unglaublicher Spielplatz" sei die Natur, wir sehen sogar die gestürzte Monarchin, lachend liegt sie im Schnee. Als ihr liebstes Ski-Abenteuer bezeichnet sie eine Tour im Hardangerfjord, vom Meer auf den Berg hinauf.

Der Vortrag ist zu Ende, der Preis überreicht. Die Königin und ihr Hofstaat verlassen den Saal, alle stehen auf. Dann geht es nach nebenan, eine paar handverlesene Journalisten – mitsamt mir – dürfen nun mit Ihrer Majestät plaudern. Alle warten geduldig, ich wische mir die Handinnenflächen trocken am schwarzen Kleid.

„Keine hohen Absätze, kein auffälliger Schmuck, nicht zu viel Haut", hatte es im Vorfeld geheißen. Jetzt nahen Männer mit Knopf im Ohr, und mit routiniertem Smalltalk arbeitet die Königin die Presse ab. Sie rückt immer näher und dann fühle ich die königliche Hand in meiner.

Wohin ich denn meine Leser schicken würde, fragt sie. „Im Winter auf die Hardangervidda." „Oh, der Schnee", sagt Ihre Majestät Königin Sonja von Norwegen, „ich kann es kaum erwarten, bis der Winter richtig losgeht." Wir stehen uns halt doch nahe, die Königin und ich.

Bei mir hatte es allerdings eine Weile gedauert, bis ich das erste Mal über die Hardangervidda ziehen konnte. Mein erster Anlauf war im Frühling, ich wollte von Hütte zu Hütte wandern. Ich war Studentin in München, es gab das Internet noch nicht und Norwegen war so exotisch wie Thailand. Ich sammelte an Informationen, was ich bekommen konnte, und flog los. Es war Anfang Mai und beim Landeanflug am nächstgelegenen Flughafen sah ich mit Verwunderung linkerhand eine riesige weiße Fläche: Die Hardangervidda, noch tief verschneit. Darauf waren ich und meine zusammengeliehene Wanderausrüstung nicht eingestellt, ich verbrachte also eine Woche in einer zugegeben zauberhaften Hütte an einem See.

Erst Jahre später sollte ich die tief verschneite Hardangervidda wirklich erkunden, diesmal besser ausgerüstet und auf Telemarkski. Diese Ski sind breiter als Langlaufski, ihre Fersenbindung ist lose, so dass man den Fuß anheben und damit auch außerhalb von Loipen querfeldein laufen kann.

Um den größten Nationalpark Norwegens zu durchqueren, braucht man etwa eine Woche. Man geht von Hütte zu Hütte und sieht erst nach gut 160 Kilometern wieder Autos und Steinhäuser. Dazwischen ist alles weiß. Ich war mit einer Gruppe unterwegs und auf dieser Durchquerung schneite es jeden Tag, in meiner Erinnerung verdichtet sich die Woche zu einem einzigen Tag in Weiß.

Los ging es in Finse, der Bahnstation der Bergenbahn. Anfangs bewegten wir uns unbeholfen und unkoordiniert. Grobmotorisches Staken und Schieben entfuhr den Großstadtgliedern, Skistöcke fuchtelten durch die Luft, Ski kreuzten sich. Manchmal lag man im Schnee, hilflos wie ein Käfer mit dem schweren Gepäck auf dem Rücken. Den einen ging es zu schnell, sie hechelten hinterher, den andern war es zu langsam, sie zogen voraus wie einsame Polarforscher.

Am zweiten Tag schneite es stärker, doch allmählich formierte sich der Haufen zu einer Gruppe, fand zu einem Rhythmus. Orientierung im konturlosen Weiß gaben die „Kvister". Mit diesen Reisigbesen war die gesamte Strecke markiert, so trägt im Winter die kahle Hardangervidda Bäume. Man mag sich in Vorfreude vorstellen, wie wundervoll eine solche Tour den Kopf leert, und über was man dabei alles nachdenken könnte. Das stellt sich aber selten ein.

Durch den Kopf zieht vor allem das Geräusch des Vordermanns, das Quietschen seiner Bindung, das Tappen seiner Schritte. Und man selbst ist mit Elementen und Elementarem beschäftigt: Wind. Kälte. Essen. Trinken. Gehen. Schlafen.

Vielleicht war es neben Forscherdrang und Heldentum auch das, die Konzentration auf das Wesentliche, was Männer wie Fridtjof Nansen hinaustrieb aus den Städten. Auf den Polarforscher stieß ich auf meinen Winterreisen oft. Über die Hardangervidda ist er auch gegangen – für ihn war es kaum mehr als eine Trainingstour.

1884 lief er von Voss in der Nähe von Bergen nach Oslo, um an einem Skirennen teilzunehmen, und dieselbe Strecke wieder zurück. Vier Jahre später durchquerte er Grönlands Inlandeis. „Gestern endlich sind wir von unserem Lagerplatz fortgekommen. Trotz des Wetters, das so schlecht wie nur irgend möglich war, und des wütenden Schneesturms aus Osten freuten wir uns, unsere Wanderung wieder aufzunehmen", schreibt Nansen in *In Nacht und Eis*.

Auf der Hardangervidda kehrten wir abends in Hütten ein, die Gesichter glühten, vor Freude und aufgeschmirgelt vom Wind, wie Eulen sahen alle aus – mit hellen Gletscherbrillenrändern um die Augen. Bald verkrochen wir uns in die dicken Schlafsäcke, die allein den halben Rucksack füllten. Wer zum Abendessen den Durst des Tages löschte, hatte später ein Problem: Raus aus dem Schlafsack, rein in die Skischuhe, Nachtwanderung. Das Häusl steht immer abseits, immer im Windkanal, immer schneit und bläst es nachts noch mehr als am Tag.

Am letzten Tag unserer Tour schien plötzlich die Sonne. Euphorisch schrieb ich in mein Reisetagebuch: „War bislang Landschaft nur das, was unter den Ski lag, so weiten sich nun Blick und Herz. Wie frisch geschlagene Sahnehäubchen präsentiert sich die Hügelwelt rundum. Jetzt erst merkt man, wie das Schneetreiben beengte. Wie man immer nur auf den Rucksack des Vordermanns starrte, wie sich der Horizont auf diese Gruppe beschränkte.

Plötzlich ist da Welt, ist da Gegend, ist da etwas, durch das man seit Tagen schon läuft. Dies ist ja das entscheidend Schöne: Sich nicht in einer Hütte einzurichten, kein Nest zu bauen, sondern: reisen. Jeden Tag brechen wir erneut auf, packen unser ganzes Hab und Gut ein, und sei es auch nur das Hab und Gut dieser Reise, und ziehen weiter. Dabei legt man eine beachtliche Strecke zurück. Man kann sich danach die Hardangervidda-Karte über das Sofa hängen. Wenn Gäste kommen, darf man sagen: Da bin ich gelaufen. Im Winter. Ja, die ganze Strecke!"

Das Gehen in der tief verschneiten Landschaft war wirklich kräftezehrend, stündlich mussten wir uns beim Spuren, beim Vorausgehen abwechseln, damit die Nachfolgenden Energie sparen konnten. Vorne zu gehen war am anstrengendsten – und am schönsten. Nur wer vorausschnürt, fühlt sich allein in dieser Unendlichkeit. Und fühlt sich, ja doch, wie Nansen. Nur wer als erster geht, geht in der Bilder Flut. Nur wer als erster geht und vergisst, dass jeden Abend eine geheizte Hütte die Gruppe beherbergt.

Nur wer als erster geht und nur nach vorne schaut, in den Schnee, auf die weiße Leinwand und dorthin sein Kopfkino Bilder projizieren lässt, der kann verstehen, was Nansen und Amundsen und all die anderen immer wieder hinaus- und immer weiter in den Norden trieb.

Auch ich kann davon nicht genug bekommen. Ja, es ist eine unglaubliche Schinderei, aber Glück ist es auch.

*

Die Eisenbahn von Oslo in Richtung Norden heißt Hovedbane (Hauptbahn), sie war 1854 Norwegens erste Zugstrecke. Bald sind wir in Lillehammer, hier stehen schon Berge, olympisches Gebiet, an einem Flussufer liegen schwarze Felsen mit einer dünnen Schneeschicht, wie Brocken von Luftschokolade mit Puderzucker bestäubt. Im Grönländischen wäre das vermutlich ein einziges Wort …

Nebel zieht auf. Der sorgt für Raureif, der sich als Kristallschmuck an die Äste hängt. Ich erinnere mich an Weihnachtsspaziergänge auf der Schwäbischen Alb, alles um uns herum glitzerte schöner als der Weihnachtsschmuck am Baum. Ich war immer davon ausgegangen, dass die Bezeichnung Raureif etwas mit den Raunächten zu tun habe. Weil um diese Jahreszeit der Wald oft so mystisch aussieht.

Die Wahrheit ist profaner. Auch das, was sich im Eisfach des Kühlschranks gerne ansammelt, ist im Grunde genommen Raureif: ein fester Niederschlag, der sich aus Nebel oder Luftfeuchtigkeit bildet. Resublimation wird dieser physikalische Vorgang genannt, was mich versöhnt, weil darin immerhin das Sublime, das Erhabene dieser Wintererscheinung steckt. Der Vorgang an sich ist bemerkenswert genug: Nadelförmige Eiskristalle bilden sich entgegen der Windrichtung. Sieht man so einen Ast oder einen Pfeiler, der diese Eisnadeln alle in eine Richtung streckt, zeigen diese also in den Wind. Auch wenn man das Gegenteil vermuten könnte.

Dies hängt mit der Luftfeuchtigkeit zusammen, sie ist im Wind höher als im Lee. Auf diese Art kann sich einiges an Gewicht auf den Zweigen ansammeln – sogar Bäume können dadurch zu Schaden kommen, und das wird – noch ein ungewöhnliches Wort – als Duftbruch bezeichnet. Der Wortstamm ist althochdeutsch, da bedeutete Duft Nebel oder gefrorener Dunst.

Sind das nicht wundersame Wörter: Raureif, Resublimation, Duftbruch? Sie bereichern unsere Sprache. Wenn aber die Winter weichen, wenn wir nicht mehr hinausgehen in die Kälte, diese Schönheiten nicht mehr wahrnehmen und auch nicht mehr darüber reden, wird das Deutsche diese Wörter verlieren.

*

Wirklich beeindruckenden Raureif sah ich einmal auf einer Tour in Schweden, diesmal mit Schneeschuhen statt Ski, und wieder ging es über eine Hochebene, diese hieß Fulufjäll und ist der jüngste Nationalpark des Landes. Zusätzlich zu den großen Rucksäcken hatten wir Pulkas, eine Art Plastikwannen mit Zuggeschirr. Die waren beladen mit Schlafsäcken, Essen, Notfall-Ausrüstung. Sie wogen 40 Kilo, und wir zogen sie abwechselnd.

Am ersten Tag mussten wir erst einmal steil hinauf auf diese Hochebene, die Sonne schien durch den lichten Tannenwald, wir schwitzten. Am späten Nachmittag erreichten wir erschöpft die Tangastugan, eine Selbstversorgerhütte mit zwei Räumen, zwei Öfen, aber das Holz lag ungesägt vor der Hütte. Der einzige Mann der Gruppe fühlte sich verpflichtet, er sägte. Und beschwerte sich danach, das solle Urlaub sein?

Am zweiten Tag ging es flach übers baumlose Hochfjäll, den Pulka ziehend fühlte ich mich wie ein Wolgaschlepper. Der Wind blies schräg und eisig, statt Kvister standen hier weiß verkrustete Wegkreuze, sie trugen ebendiesen beeindruckenden Raureif und sahen aus wie mit Gips beworfen.

Vier Tage folgten wir dem südlichen Kungsleden, dem König der schwedischen Wanderwege, durch den Nationalpark. Doch am dritten Morgen war die Landschaft verschwunden. Nebel, Wolken, Schnee, der Wind blies Eiskristalle umher. Wir blieben in Sichtweite, waren vermummt mit Skibrillen, Schals bis zur Nase, dicke Handschuhe. Durchs weiße Nichts mühten wir uns voran. Ein physisch und psychisch anstrengender Tag. Zehn Kilometer, fünfzehn Kilometer, wir verloren das Gefühl für Zeit und Raum. Wir tranken Tee mit klammen Fingern, standen eng beieinander in der Kälte. Der Schnee peitschte waagrecht daher, die Brille beschlug innen und von außen gefror das Eis daran. Wir gingen weiter, nach Norden. Am späten Nachmittag schälte sich im Nebel die nächste Selbstversorgerhütte, die Rörsjönstuga, heraus.

Die Hütten haben weder Strom noch Wasser. Schnee schmelzen dauert viel zu lange. Tourguide Elke griff sich einen Wasserkessel, stapfte nach draußen.

Sie wusste, wo im Sommer der Bach fließt. Dort legte sie sich in den Schnee, hieb mit der Axt ein Loch ins Eis. Brachte Trinkwasser. Nachts wurde der Wind zum Sturm, drückte Schnee durch die Ritzen der Hütte. Elke sagte: „Keiner geht mir alleine zum Toilettenhäuschen, nicht dass mir da noch einer wegfliegt." Am Morgen stiegen wir auf kürzestem Weg ab.

Da fragt man sich am Ende: Was war das für eine Tour? Urlaub oder Schinderei? Ansichtssache. Wieder daheim wirkt das Elementare der Schneeschuhtour nach. Wie wenig man braucht zum Leben! Alles passt in einen Rucksack. Und wie lebensnotwendig das Wenige sein kann. Wie schmal der Grat zwischen Abenteuer und Gefahr sein kann. Und inwiefern genau das das Abenteuer ausmacht.

Lässt sich Abenteuer nur dort spüren, wo es zumindest nach Gefährdung riecht? Wenngleich diese Tour nicht wirklich gefährlich war. Wir hatten genügend zu essen, die Hütten liegen nicht zu weit voneinander entfernt, und hätte sich einer verletzt, wäre die Zivilisation erreichbar gewesen. Es war nur kalt und windig.

*

Als ich Mitte November in Berlin aufgebrochen war, erschienen die Stadtparks noch ungewöhnlich grün. Nun fahre ich durch Ausläufer des Rondane-Gebirges in Norwegen, hier finden sich keinerlei Anzeichen von Herbst mehr. Kein Blatt mehr an den Birken, Felder und Wiesen liegen strohfarben, Bäche tragen eine grisselige, noch lückenhafte Eishaut. Und bald darauf im Dovre-Nationalpark präsentiert sich die Landschaft wie eine Lithographie, alle Farben sind entwichen. Schwarze Felsen und Bäume, weiß der Himmel und der Schnee.

Auf dem Smartphone suche ich nach Begleitmusik, endlich reicht die Zeit, Schuberts „Winterreise" in aller Ruhe anzuhören. Bam, bam, bam, bam, die ersten Akkorde in C-Moll, „Fremd bin ich eingezogen, fremd zieh ich wieder aus." Ich höre Dietrich Fischer-Dieskau, am Klavier Alfred Brendel, allein: Es funktioniert nicht. Das ist keine Musik zum Zugfahren, das ist Musik zum Gehen, zum Wandern: „Muss selbst den Weg mir weisen, in dieser Dunkelheit." Dann eben ein andermal.

Ich schwenke um auf die Musik der Königin, Edvard Griegs Peer-Gynt-Suite, keine Wintermusik, aber mir ist gerade so romantisch und hier in den Bergen steht die Peer-Gynt-Hütte, da möchte ich auch mal hin. Denn so schön und elegisch das Zugfahren ist, ich fühle mich eingesperrt, während die allerschönste Landschaft vorüber zieht.

Weiter im Binnenland warten Wälder. Schwerer, feuchter Schnee zieht den Bäumen die Äste auf den Boden. Und doch vermittelt der Schnee ein ganz anderes Grund- und Lichtgefühl. Schnee macht den Winter hell.

Menschen in dicken Arbeitsanzügen hantieren an Traktoren, Hauslichter brennen Tag und Nacht. An der Biegung eines schwarzen Flusses steht ein rotes Häuschen, genau eins. Ich möchte hinüberstapfen durch den knietiefen Schnee, Holz hacken, aufsperren, bleiben. Für zwei Wochen.

*

In Berkåk ist es dann wirklich Winter: rote Häuser mit einer dicken Schicht Schnee auf dem Dach. Batzen von Schnee auf den Bäumen, Norden plus Höhe ist gleich früher Winter. Aber Norden minus Höhe ist auch grau: In Trondheim, am Meer angelangt, ist kein Fitzelchen Schnee zu sehen. Trübe liegt die Stadt am Fjord.

Nordwärts

Bodø: Die Magie des Winterhimmels

Die Nordlandsbanen fährt bis Bodø, dem nördlichsten Bahnhof, der von Oslo aus zu erreichen ist. Hinter Mo i Rana räuspert der Schaffner sich. Man fahre nun unterm Saltfjellet-Nationalpark hindurch, außerdem überquere der Zug hier den Polarkreis.

Polarkreis, Nordpol, Mittsommernacht, Polarnacht – vielleicht eine kurze Erklärung, was das alles ist. Es kann einen durchaus verwirren. Wie diese Besucherin am Nordkap, die mich in der Sommernacht irritiert fragte, wann denn genau diese Mitternachtssonne aufgehe?

Wohlan: Als (nördlicher) Polarkreis wird jener Breitengrad bezeichnet, auf dem mindestens an einem Tag im Jahr die Sonne nicht untergeht beziehungsweise nicht aufgeht. Je weiter nördlich man kommt, desto länger dauern Mitternachtssonne – also Tage, an denen die Sonne auch um Mitternacht zu sehen ist – und die winterliche Polarnacht, wenn die Sonne sich gar nicht zeigt. Am Pol dauert das dann je ein halbes Jahr.

Die Polarnacht ist eine Folge der Neigung der Erdachse. Die Region um die Pole ist im Winter der Sonne abgewandt und liegt somit im Dunkeln. Der nördliche Polarkreis liegt etwa auf 66° 33′ 55″, er verläuft in Europa knapp oberhalb Islands, zieht dann durch Norwegen bei Mo i Rana, in Schweden bei Jokkmokk und in Finnland bei Juoksenki. Ein Großteil der bewohnten Regionen in Grönland liegt also südlich, Bodø hingegen nördlich davon.

Im Winter sitzen im Zug fast nur Einheimische, die kümmert das ganze Polarkreis-Thema nicht, sie leben ja hier. Die Bahnstrecke hingegen bauten die

Deutschen, genauer gesagt: Kriegsgefangene aus Osteuropa. Sie verlegten die Gleise im Zweiten Weltkrieg zwangsweise.

Bodø 67°17'0"N

In Bodø geht die Sonne jetzt schon eine Stunde später auf als in Oslo. Bodø steht etwas im Schatten von Tromsø, der Universitätsstadt weiter im Norden. Doch die Stadt mausert sich, in den letzten Jahren wurde viel gebaut. Auslöser dafür war eine eigentlich schlechte Nachricht: Die Militärbasis wurde abgezogen, sie ist jetzt in Tromsø, „da waren auf einmal Arbeitsplätze und Identität futsch", erzählt ein Einheimischer.

Doch statt den Kopf in den Sand zu stecken, entwickelte sich eine Aufbruchsstimmung. Eine moderne Bibliothek und das Konzerthaus strahlen nun weiß am Fjord. Auch ein neues Rathaus wird gebaut – und da führt nun Steffen Lehmann die Bauaufsicht, ein Maurermeister aus Dahme bei Berlin.

„Die Leute hier stört die Dunkelheit einfach nicht", sagt Lehmann, der seit elf Jahren in Norwegen lebt. „Man isst früh zu Abend und danach geht man noch auf eine Skitour, mit Stirnlampe." Lehmann kam als Maurer nach Norwegen, arbeitete sich hoch und „als der Seniorchef verkaufte, bin ich einer von zehn Aktionären geworden."

Die Firma kümmere sich um die Leute im Winter, „wir verteilen Obstkörbe, nicht nur in den Büros, sondern auch in den Containern auf den Baustellen. Und die Leute bekommen Freikarten fürs Fitnessstudio."

Die größte Herausforderung für das Bauen im Winter sei der Wind. „Auf den Lofoten haben wir eine Lachsfabrik gebaut, da sagte mir einer, ich solle den Holzstapel festbinden. Ich dachte, der nimmt mich auf den Arm. Bis dann ein Vierkantholz knapp an mir vorbeigeflogen kam." Weil Beton in der Kälte nicht fest werde, wird Chemie eingerührt. „Und wir heizen die Baustelle. Erst wird mit Folie abgehängt, dann heizt ein Gebläse auf 40 Grad, damit die Decke trocknet. Bei minus 10 Grad ist Schluss, da arbeiten wir nicht mehr."

Doch weiter im Inland, in Mo i Rana, „wird noch bei minus 30 Grad auf dem Bau geschafft. Man arbeitet 15 Minuten, dann huscht man rein und wärmt sich für 15 Minuten auf. So geht es den ganzen Tag." In Gesprächen sei das Wetter immer ein Thema, aber auf eine ganz präzise Art. „Die sagen dann: Der Wind hat auf Südost gedreht, kommt heute vom Fjord. Nicht einfach nur: Es ist kalt geworden."

Am ersten Tag, wenn die Sonne wieder aufgeht, gibt es in ganz Bodø Solboller, Sonnen-Brötchen, „dit sin Pfannkuchen", sagt Lehmann. „Man will's ja nicht so zulassen, aber es ist ein emotionaler Moment, es packt dich, wenn die Sonne kurz zu sehen ist." So richtig habe er sich nie an die Dunkelheit gewöhnen können. „Also bei mir sackt die Motivation echt gegen Null. Ich nehme alle meine freien Tage im Winter am Stück. Und dann fliege ich nach Brandenburg und nach Dubai."

Abend an der Mole. Einige Jogger sind unterwegs, sie tragen Leuchtpunkte an der Laufkleidung, das sieht aus wie Bewegungsstudien für Animationsfilme. Über den tiefgefrorenen Schnee spaziert es sich holprig. So schön wie barfuß am Strand. Oder: wie im tiefsten Winter.

*

Ich stehe auf einem Felsen am Fjord. Es ist kalt, es ist dunkel. Ich stecke die Hände mit den Wollfäustlingen in die Jackentaschen, trete von einem Fuß auf den anderen. Nicht so sehr aus Ungeduld, sondern um die Blutzirkulation anzuregen. Anne-Marte steht einfach nur da. Dann sagt sie: „Schau. Über den Bergen." Sie zeigt nach Norden, Richtung Lofoten, dort erblüht ein grünlicher Schleier. Man könnte es für eine Wolke halten, von einem fahlen Licht beschienen. „Polarlys", sagt Anne-Marte: Polarlicht. Deshalb sind wir mit ihrem durchgesessenen Volvo, in dem es intensiv nach Hund riecht, rausgefahren aus der Stadt. „Aurora chasing" nennen sie das in Bodø: die Jagd auf das Nordlicht.

Der grünliche Schleier formiert sich, als würden sich seine vereinzelten Teilchen zu etwas Größerem neu zusammensetzen. So wie man es manchmal bei Vogelschwärmen beobachten kann. Die Wolke wird zu Wellen, zu einer schwingenden Bewegung, sieht aus wie eine altmodische Gardine, aber so, als würde man auf dem Wohnzimmerteppich liegen und von unten zum Vorhang hochschauen.

Es ist schwer, jemandem, der noch nie eines gesehen hat, ein Nordlicht zu beschreiben. Auf Fotos werden sie tausendfach gezeigt, doch da sind sie erstarrt. Aber hier, am Fjord und in der Kälte, bewegt sich das Licht in sanften Schwüngen. Moderne Analogien drängen sich auf. Wie eine Laser-Show sieht es aus. Wie der Auftakt zur Landung von Außerirdischen auf unserem Planeten.

Kein Wunder, dass das Nordlicht die Menschen zu Sagen und Mythen inspirierte. Bis heute wirkt es zugleich poetisch und unheimlich. Und hat trotz wissenschaftlicher Erklärungen, die wir nun kennen, nichts von seinem Zauber verloren. So soll dieses Kapitel vom Dunklen und vom Hellen des Winters erzählen. Von Licht und Nacht und von Farben jenseits von Schneeweiß.

Ausgerechnet in Nordnorwegen, wo es die Sonne im Winter zwei Monate nicht über den Horizont schafft, zeigt sich die Aurora Borealis mit schönster Regelmäßigkeit. Und wenn du glaubst, es geht nicht mehr, kommt von irgendwo ein Nordlicht her.

Als ich zum ersten Mal ein Nordlicht sah, wurde ich gleich mit der mythischen Komponente des Himmelsspektakels konfrontiert. Um es vorwegzunehmen: Ich hatte großes Glück, mein erstes Nordlicht war spektakulär. So gesehen hatte ich eher Pech, denn nie wieder konnte es mich so beeindrucken. Aber vielleicht ist das ohnehin so mit den ersten Malen im Leben.

Ich verbrachte in den 90er-Jahren einen halben Winter in Grönland, in Tasiilaq an der Ostküste. In einer mondlosen Nacht ging ich von einem Essen nach Hause. Es war klirrend kalt und somit klar. Dann ging es los. Zarte grüne Lichter stiegen am Horizont auf, wurden kräftiger, sie wehten, als würde jemand pusten. Das Licht wurde immer intensiver, schließlich mischten sich violette Töne hinein. Und alles konzentrierte sich auf den Zenit, stieg empor in die Mitte des Himmels, wie angezogen von einer fernen Macht.

Es sah auch für einen vernunftbegabten, nicht spirituellen Menschen sehr gespenstisch aus. Das fanden vor allem die Kinder, die noch unterwegs war. Kreischend rannten sie durch die Straßen der Stadt, in einer Art gespieltem Schrecken. Im Ohr die Geschichten und Mythen von Geistern, von Schamanen, von den Toten, deren Seelen so über den Himmel waberten. Die Märchen der Gebrüder Eskimo. Und auch wenn auf jedem roten oder gelben Holzhaus in dieser kleinen Siedlung eine Satelliten-Schüssel prangte – die alten Geschichten sind noch präsent.

*

Was genau das nun ist, dieses Licht am Winterhimmel, dazu später. Wofür es gehalten wurde ist weitaus spannender. Sowohl in der Mythologie als auch in der frühen Wissenschaft. Im Grunde genommen hat das Nordlicht nichts mit dem Winter zu tun. Es strahlt auch im Sommer am Himmel, nur ist da 24 Stunden

Tag und man sieht es nicht. Die Wahrscheinlichkeit, im Winter ein Nordlicht zu sehen, ist entlang eines gedachten Ovals um den Nordpol am höchsten.

Ähnliche Bedingungen gelten am Südpol, nur leben und lebten dort weitaus weniger Menschen, somit sind weniger Forschungsberichte und Legenden überliefert. Dieses Nordpol-Oval verläuft über Nordnorwegen, zieht sich nach St. Petersburg, folgt der Nordostpassage am Nordrand von Russland, meist unbewohnten Regionen, schwappt hinüber nach Alaska und Nordkanada, um dann weit in den Süden hinunter zu sacken, um die Südspitze Grönlands herum, streift Island und schließt sich im Norden Skandinaviens.

Das heißt: Wer zum Nordpol fahren würde, um Nordlicht zu sehen, ist übers Ziel hinaus geschossen. Auch Spitzbergen liegt zu weit im Norden, oberhalb des leuchtenden Kranzes. Und zur Begrifflichkeit: *Polarlicht* beschreibt das Phänomen im Allgemeinen, *Nordlicht* – oder *Aurora Borealis* – die Erscheinung auf der Nordhalbkugel, *Aurora Australis* das Licht über der Antarktis.

Wovor liefen also die Kinder in Tasiilaq davon? Legenden zum Nordlicht haben alle Völker gesponnen, die damit in Berührung kamen. In Ostgrönland aber kursiert eine besonders gruselige Variante. Dort heißt es, das Nordlicht komme zustande, wenn die Seelen totgeborener oder im Geheimen geborener Kinder mit der Nachgeburt Ball spielen. Hätte ich als Kind mit dem Begriff Nachgeburt etwas anzufangen gewusst – ich wäre auch gerannt.

Noch furchteinflößender sahen es die Inuit in Alaska: Kämen Kinder bei Nordlicht nicht schnell genug ins Haus, stiege es herab und spiele mit den Köpfen der Kinder Ball. In Grönland hieß es zudem, die Seelen Verstorbener versuchten, Kontakt mit ihren Angehörigen aufzunehmen. Wer keine Lust auf diese morbide Kommunikation hatte, suchte lieber das Weite, genauer gesagt: den Schutz im Haus. Die Sagen ums Nordlicht und die Vorschrift, wie man sich zu verhalten habe, lassen sich in zwei Arten einteilen: Die einen, es ist die Minderheit, winken das Nordlicht herbei, die anderen rennen vor ihm davon.

*

In der altnordischen Mythologie steht das Polarlicht für Bifröst, die Brücke zwischen Himmel und Erde, die einstürzt, wenn der Weltuntergang naht. Eher anheimelnd erscheint das Polarlicht in einer der wenigen Mythen von der Südhalbkugel. Die Maori Neuseelands hielten es für ein Feuer, das ihre Ahnen auf dem

Weg in Richtung Antarktis angezündet hatten, um sich an die warmen Tage in Neuseeland zu erinnern.

Wie auch Kometen und Sonnenfinsternisse galt das Nordlicht in vielen Kulturen als Unheilsverkünder: Krieg, Armageddon, Pest, Cholera und Teuerung, das waren die Schrecken des Mittelalters – auch in Mitteleuropa. Denn manchmal zeigt es sich weit im Süden, so am 17. März 1716 sogar in Halle. Ein Zeitgenosse berichtete vom überaus hellen Licht, dessen Klarheit größer gewesen sei als selbst das Licht des Mondes. Aus dem leuchtenden Bogen seien „verschiedene Strahlen heraus geschossen, nicht so schnelle als der Blitz."

In Sibirien sah man das Licht gerne. Dem Volksstamm der Tschuwaschen verhieß das Himmelsflirren eine schmerzlose Geburt. Manche Norweger erzählen heute noch, wie sie als Kinder dem Nordlicht mit weißen Tüchern oder Schals zugewunken haben. Das Licht reagiere darauf, hieß es, es werde stärker und ließe ein Knistern hören.

Anne-Marte, mit der ich am Fjord stehe und auf noch mehr Lightshow am Himmel warte, schraubt die Thermoskanne auf und schenkt Kaffee in dicke Henkelbecher. Kaffee ist so etwas wie das flüssige norwegische Grundnahrungsmittel. Ohne geht es nicht, und schon gar nicht in einer kalten Winternacht.

Anne-Marte erzählt, als Kind habe sie sich eher davor gefürchtet. „Es wurden einem ja immer die entsprechenden Geschichten erzählt. Man darf nicht fluchen und nichts Böses sagen, sonst holt einen das Nordlicht. Wie soll man sich da nicht fürchten!"

Die Vorstellung, ein bestimmtes Verhalten könne das Nordlicht beeinflussen, ist eine Volksweisheit, die natürlich genauso wenig haltbar ist wie die Blitz-Bauernregel „Buchen sollst du suchen." Wenn auch ungefährlich. Analogien zu Blitzen gibt es weitere: Manche Schweden rieten dazu, auf das Nordlicht mit einem metallenen Gegenstand zu zeigen, dann würde es verschwinden. Und auch das Gegenteil wurde empfohlen: Der Darmstädter Polarforscher Carl Weyprecht berichtete, wie auf der Nordpolexpedition der Norweger Carlsen bei Nordlicht alles Eisen von seinem Körper fernhielt, auch die Gürtelschnalle ablegte, um das Licht nicht anzuziehen.

Von Weyprecht, dem Wissenschaftler, ist eine der poetischsten Beschreibungen des Nordlichts überliefert. In sein Tagebuch schrieb er, wer die Natur wahrhaft bewundern wolle, der müsse sie in ihren Extremen beobachten. Das gelte für die Tropen „im strotzenden Sonntagskleide" genauso wie für die „Pole in ihrer Nacktheit."

Auf dem Weg zum Pol sah er 1873 das Nordlicht, und Christoph Ransmayr zitiert ihn so: „Das ganze Firmament steht in Flammen; in dichten Büscheln schießen fortwährend Tausende Blitze von allen Seiten jenem Punkte am Himmelsgewölbe zu, nach welchem die freie Magnetnadel weist; um ihn herum flimmern und flackern und wogen und lecken in wildem Durcheinand die intensiv lichtweißen Flammen mit farbigen Rändern; wie vom Winde gepeitscht jagen feurige Lichtwellen sich kreuzend und überstürzend von Ost gegen West und von West gegen Ost."

*

Bei einigen Ethnien wird dieses wilde Zucken wenig verwunderlich mit Tanz gleichgesetzt. In Westnorwegen heißt es, das Nordlicht seien alte Jungfern, die mit ihren Handschuhen winken. Ohnehin tendieren Sagen von ihrem Inhalt her zu unverheirateten Frauen, vielleicht weil beides – Nordlicht und Frauen, die ohne Männer klar kamen – den Zeitgenossen gleichermaßen rätselhaft erschien.

So heißt es auch in Finnland, „die alten Frauen schweben über Konunsuo", jenem Ort, an dem sich tote Jungfrauen aufhielten. „Merry dancers" wird das Nordlicht in Schottland genannt, hier jedoch waren es übernatürliche Wesen, die am Firmament um die Gunst einer Frau kämpften. Ebenso machte die Ahnung die Runde, das Nordlicht sei nichts anderes als Reflexionen von den Schilden der Walküren, den Jungfrauen der nordischen Mythologie.

Ähnlich, wenn auch weniger poetisch, kommt der Name „Herings-Licht" im Norwegischen zustande: als Reflexion großer Heringsschwärme. Mit Fischen wird es zudem in einer Region Sibiriens in Verbindung gebracht: Einer der Götter, der den Fischern bei ihrer Arbeit hilft, zündet das Licht an, damit sie es leichter haben. Mit einer christlichen Komponente versehen, betrachteten es Nordnorweger und Schweden: Das Licht komme von einem aktiven Vulkan, den der Schöpfer platziert habe, um die Polarnacht zu erhellen.

Das mag heute verschroben klingen, aber sogar der schwedische Astronom Anders Celsius – der mit den Graden – schrieb 1742, das Nordlicht müsse ein aktiver Vulkan am Nordpol sein.

Die fundierte wissenschaftliche Beschäftigung mit dem Nordlicht setzte relativ spät ein. Möglicherweise hing es damit zusammen, dass es so wenig vorhersehbar war und ist, im Gegensatz zu Himmelserscheinungen wie Vollmond, Sonnenfinsternis, Kometen und Venuspassage.

In einem Volksnaturlehre-Buch von 1810 wurde noch angenommen, der strahlende Schimmer sei ein schwaches elektrisches Licht, „welches vermuthlich entsteht, wenn durch das Reiben des in der Luft befindlichen feinsten Eisstaubes die Luftelektricität erregt, und in den Eistheilchen das Licht auf mannichfaltige Weise gebrochen, zurückgeworfen und dadurch in Farben verwandelt wird."

Im Zuge der Aufklärung hatten die Naturwissenschaften schon alle möglichen Fragen zum Körper und zum Kosmos geklärt, die Vermessung der Welt war weit fortgeschritten, das Nordlicht jedoch waberte noch immer wissenschaftlich unbeleuchtet herum.

*

Das konnte so nicht bleiben, und wer sonst als die Norweger wären prädestiniert gewesen, diese Aufgabe anzugehen. Sie bauten ein Nordlicht-Observatorium, auf einem Berg in Lappland, forschten so weit oben wie möglich, um dem Nordlicht näher zu sein. Es steht in der Nähe von Alta, dorthin wird mich meine Norwegenreise in drei Tagen bringen.

Dort, in der Finnmark, im Ortsteil Bossekopp, entstand das erste Foto des Nordlichts: Martin Brendel, ein deutscher Ingenieur, hatte 1892 mit sieben Sekunden Belichtungszeit die Aurora Borealis festgehalten.

Das Observatorium sollte in einer niederschlagsarmen Region gebaut werden, die möglichst wolkenlose Polarnächte bietet. Die Finnmark ist so ein Gebiet. Das Nordlicht-Observatorium wurde auf Halddetoppen errichtet, einem Berg am Altafjord, 904 Meter hoch. Halddetoppen ist ein rechter Schotterberg, buntes Gestein rutscht bei jedem Schritt davon, dazwischen liegen rein weiße Splitter mit glatter brauner Porzellan-Außenhaut, geborstene Isolatoren, die Reste der ehemaligen Stromversorgung des Observatoriums. Nebel verhüllt alle Aussicht. Unvermittelt schält sich die Silhouette des massigen Steinhauses heraus.

Kristian Birkeland war der Ideengeber dieses Observatoriums. Der 1867 geborene Physiker hatte sich eine Theorie – und einen Versuchsapparat – zum Nordlicht zusammengebastelt. In einer Vakuumkammer ließ er Kathodenstrahlen auf eine magnetisierte Kugel prallen – und siehe da: Ähnlich dem Nordlicht waberten Streifen um diese Kugel. Doch nun wollte er das Nordlicht an Ort und Stelle erforschen und nicht mehr in den Labors von Kristiania, wie Oslo damals hieß. Er wollte vor allem herausfinden, in welcher Höhe das Nordlicht über den

Himmel streicht und deshalb diesem so nahe wie möglich sein. Beim Parlament reichte er 1897 ein Gesuch um Mittel dafür ein und nutze dabei clever den Geist der Zeit.

Fridtjof Nansen hatte Grönland durchquert, er war von der Fram-Drift zurückgekehrt (und hatte dabei das Nordlicht gezeichnet). Norwegen forderte die Unabhängigkeit von Schweden und Kristian Birkeland drängte, die Nordlichtforschung könne Norwegen auch in dieser Frage voran bringen. Der Physiker ließ das Parlament wissen, Schweden und Dänemark hegten ebenfalls Pläne zur Erforschung des Nordlichts. Er bekam sein Geld.

*

1899 zog Birkeland für erste Untersuchungen auf Halddetoppen und blieb den Winter über. Ab 1912 wurde das Observatorium permanent betrieben; sein Leiter Olaf Devik schrieb, es sei Norwegens rauester Arbeitsplatz. Neben der Forschungsstation stand ein Wohnhaus, bis zu 15 Menschen lebten hier oben – und drei Kinder kamen hier zur Welt. Dabei gab es nicht einmal Trinkwasser. Schnee zu schmelzen war die einzige Möglichkeit.

Das Observatorium, ein quadratisch gemauerter Turm aus Felsbrocken, ist nur über eine rutschige Holzstiege zu erreichen. Über eine schwere Falltür gelange ich zum Ausguck, drei knarzende Türen führen in den Schlafraum. Dort war wohl lange niemand, es ist eisig kalt, doch ein Ofen, der klassische Jøtul, steht bereit. Seit 1853 baut Jøtul diese äußerst praktischen, gusseisernen Öfen. Leicht anzuheizen, herrlich wärmend. Gut möglich, dass auch Birkeland einen hatte.

Sogar in der einsamen Finnmark ist dies ein besonders abgeschiedener Platz. Niemand sonst wanderte an diesem Tag noch hinauf, es ist absolut ruhig. Ich übernachte in dem Gebäude, die Stille bleibt. Die ganze Nacht. Ich schrecke auf, weil Mäuse im Gebälk trippeln. Wenn es denn Mäuse sind.

Ein Schild außen am renovierten Observatorium verkündet nüchterne Daten. Das Nordlysobservatorium liegt auf 904 NN, war bis 1927 in Betrieb und: „Brent av Tyskerne 1944“ – die deutsche Besatzungsmacht brannte beim Rückzug aus der Finnmark sogar das Haus auf Halddetoppen nieder.

Birkelands Engagement war schon lange vorher geschwunden. Denn als ein erstes Ergebnis hatten seine Forschungen erbracht, dass die Aurora Borealis nicht wie angenommen kurz überm Erdboden erstrahlte, sondern durchschnittlich in einer Höhe von 110 Kilometern darüber. Der knappe Kilometer, den man ihr auf Halddetoppen näher war, spielte nicht wirklich eine Rolle. Das Observatorium zog um nach Tromsø.

*

Wichtiger als die Höhe war und ist die Wetterlage. Nordlicht entsteht also, wie bewiesen, in der Thermosphäre und somit oberhalb der Wolken. Was bedeutet: An kalten Wintertagen sind die Chancen, Nordlicht zu sehen, besonders gut. Denn wenn es klar ist, also wolkenfrei, ist es auch kalt.

Birkelands Nordlicht-Theorie besagte, dass Elektronen der Sonne das Gasgemisch der oberen Atmosphäre zum Leuchten anregten. Das war schon ziemlich gut, im Vergleich zur früheren Annahme, Polarlichter seien Reflexionen von Sonnenlicht an Eiskristallen. Zwischenzeitlich hatte Edmond Halley – der mit dem Kometen – einen Zusammenhang zwischen Erdmagnetfeld und Polarlichtern hergestellt. Doch eine andere seiner Nordlichttheorien hat bis heute eine große Anhängerschar – unter den Verschwörungstheoretikern. Jenes starke Polarlicht von 1716 erklärte er damit, dass die Erdkruste in nördlichen Breiten dünner sei und so das Licht aus den Hohlräumen durchscheine. Die „hohle Erde" oder „Hohlwelt" – ein Klassiker der Verschwörungstheorie.

*

Zurück zum Faktischen und den Nordlichtern. Die wissenschaftlich exakte Erklärung lautet: Polarlichter entstehen, wenn elektrisch geladene Teilchen des Sonnenwindes, also hauptsächlich Elektronen, aber auch Protonen, auf Sauerstoff- und Stickstoffatome in den oberen Schichten der Erdatmosphäre treffen und diese ionisieren. Bei der nach kurzer Zeit wieder erfolgenden Rekombination – also dem Umkehrprozess des Ionisierens – wird Licht ausgestrahlt. Das klingt logisch. Oder auch völlig unverständlich.

Auch die Farben des Polarlichts können nun erklärt werden. Am häufigsten tritt es in diesem Gelb-Grün auf, das ich schon mehrfach gesehen habe. Dieser Farbton kommt durch einen starken Anteil von atomarem Sauerstoff in der Luft zustande. Eine violette Färbung am unteren Rand lässt auf einen bestimmten Anteil an Stickstoffmolekülen schließen.

Schießt es aber in rötlichen Strahlen zum Firmament, wie mein erstes Nordlicht in Grönland, sind dafür wiederum Sauerstoff-Anteile verantwortlich. Bei besonders großen Nordlichtern tritt oft dieser Rotanteil stärker hervor. In seltenen Fällen ist das bis nach Südskandinavien und Mitteleuropa zu sehen. Als würde der Himmel brennen. Was in früheren Jahrhunderten apokalyptische Ängsten hervorrief.

Da das Wesen des Nordlichts und seine Verbindung zum Magnetfeld der Erde noch immer nicht vollständig erforscht sind, schickt das deutsche Alfred-Wegener-Institut jährlich Wissenschaftler in den allertiefsten Winter, in die Neumayer-Station in der Antarktis. Um das Erdmagnetfeld zu messen, betreiben die Üwis – wie sich die Überwinterer nennen – ein geophysikalisches Observatorium in einem Container aus nichtmagnetischen Materialien. Darin messen diverse Instrumente kontinuierlich die momentane Ausrichtung des Magnetfeldes.

Wenn magnetische Stürme toben, ist auch das Polarlicht zu sehen. Dieses Observatorium aber liegt 13 Meter tief unterm Eis. Wenn das Birkeland gewusst hätte; der Wissenschaftler, der auf einen Berg stieg, um dem Nordlicht näher zu sein.

*

Auf diesem Felsen am Fjord von Bodø stehen Anne-Marte und ich nicht lange alleine. Bald kommt ein Bus, dann ein zweiter. Ausgerüstet mit der „Aurora Forecast-App" lotsen Guides ihre Gäste zu den besten Spots. Aufgedrehte Menschen in dicken Daunenjacken und Winterhosen stolpern aus den Bussen, halten sofort ihre Smartphones und Kameras zum Himmel. Es fängt an zu blitzen, aus den Kameras. Als wenn das etwas bringen würde. „Schaut hin und kauft euch danach Postkarten", würde ich am liebsten sagen.

Der Nordlicht-Tourismus hat Nordnorwegen einen ungeahnten Winter-Boom eingebracht. Vor allem japanische Touristen strömen nun nach Bodø und Tromsø – vor allem Paare mit Kinderwunsch. Den nämlich soll das Nordlicht erfüllen. Man kann sagen, dass das Nordlicht Glück hat, dass es nicht erstochen, erschossen oder sonst wie gehäckselt werden muss, um einer Aphrodisiakum-Mythologie zu genügen. Dabei ist es für die Touristen – wie für die früheren Forscher – von Vorteil, dass Nordnorwegen in einer relativ milden Gegend liegt, dem Golfstrom sei es gedankt. Im Januar fallen die Temperaturen im Mittel auf minus fünf bis minus zehn Grad. Da wird es ja in Berlin kälter. Ganz zu schweigen von anderen Regionen, die ähnlich weit im Norden liegen. In Westgrönland werden bis zu minus dreißig Grad gemessen, vom Kälteloch Sibirien gar nicht zu reden.

Wer Pech hat und in seinem Winterurlaubswochenende doch kein Nordlicht sieht, kann in Tromsø ins Vitensenteret, ins Nordnorwegische Wissenszentrum gehen. Im Planetarium kann man sich eine Aurora-Show ansehen, ein umwerfend schönes Spektakel. Wer allerdings die Hoffnung nicht aufgeben möchte, doch eines in echt zu sehen, sollte nicht reingehen. Die Fotografen der Show verbrachten Jahre damit, derart fantastische Aufnahmen zusammen zu stellen. Die Natur kann da bei einem kurzen Besuch einfach nicht mithalten.

Man kann aber selber eines fabrizieren:. Im Museum der Universtität Tromsø können Besucher das Experiment wiederholen, das Kristian Birkeland ersonnen hatte. In einer Box, die fast ein Vakuum enthält, werden einige Sauerstoffteilchen belassen. In dieser Box hängt eine magnetisierte Stahlkugel, also eine Mini-Erde. Dazu kann ein Solarsturm aus Gas per Knopfdruck ausgelöst werden. Und schon flimmert es an den Polen der kleinen Kugel irisierend.

*

Auch Einheimische in Bodø und Tromsø, die nichts mit dem Tourismus zu tun haben, freuen sich über die Winter-Besucher, die Nordlicht-Touristen. So Leif Egil Holbak-Hanssen, den ich in einem anderen Winter auf einer Skitour traf. Die Besucher sorgten im Winter für eine Belebung der Stadt, sagt der 35jährige. Holbak-Hanssen ist von Südnorwegen nach Tromsø gezogen, der Winterberge wegen. Seit zehn Jahren lebt er hier, aber das Polarlicht sei immer noch „ein großer Wow-Faktor. Wenn ein tolles Nordlicht aufscheint, dann stehst du doch wieder mit offenem Mund da.“ Leif Egil Holbak-Hanssen liegt die Nordlicht-Begeisterung auf spezielle Weise im Blut: Sein Urgroßvater arbeitete im Observatorium, und seine Großmutter war eines der drei Kinder, die auf Halddetoppen auf die Welt kamen.

Nordwärts
Tromsø und der Winterblues

Frühmorgens geht es weiter, immer Richtung Norden, ab Bodø nun mit dem Bus. Der Busfahrer in Uniform, weißes Hemd, blaue Hose, blauer V-Ausschnitt-Pullover, blaue Krawatte, ist ein Rockabilly, die grauen Haare hat er lässig nach hinten gegelt, sie kräuseln sich leicht im Nacken. In den Pausen hängt die Zigarette im Mundwinkel, so raucht er. In einer Tankstelle gibt es Frühstück, Kaffee und Waffeln mit Brunost, braunem, karamellisiertem Ziegenkäse und Himbeermarmelade.

Er sucht einen Sender, findet Oldies, über ein halbes Jahrhundert alte Musik.

„A winter's day
In a deep and dark December
I am alone,
Gazing from my window to the streets below
On a freshly fallen silent shroud of snow.
I am a rock,
I am an island."

*

Das schönste am Busfahren sind die Fährüberfahrten! Die Fähre gleitet in den Ofotfjord und dann tauchen links, im Westen, die senkrechten, felsigen Gipfel der Lofoten auf, gleißend hell, weiß, volle Sonne, was eben drin ist. Wie Eisberge ragen sie aus dem dunkelbleigrauen Fjord auf. Um halb zwei verschwindet die Sonne hinter den Lofoten, färbt die Kulisse blau und rosa.

Der perfekte Soundtrack ist das sanfte Drängen in Kate Bushs Album „50 Words for Snow“. Der Schauspieler Stephen Fry krächzt und flüstert die Worte, während ihn Kate Bush singend auffordert: „Du hast noch 44 vor dir, es sind noch 32, es sind noch 22.“ Die Schneewörter sind absurd, aberwitzig: Es beginnt harmlos mit „drifting“, „whiteout“, „avalanche“, gleitet zu „deamondi-pavlova“, „santanyeroofdikov“, „faloop'njoompoola“, „whirlissimo“, „zhivagodamarbletash“ bis zum kryptischen *„peDtaH ‚ej chIS qo‘*“.

Kryptisch? Nein: klingonisch! Wie Bush dem *Musikexpress* in einem Interview verriet. Ein großer Spaß, geheimnisumwoben. Sie habe schon lange ein Album zum Winter im Kopf, erklärt sie. Denn für sie sei Schnee etwas Magisches. „Optisch gibt es doch nichts Schöneres als eine Winterlandschaft, alle Klänge und Stimmen verändern sich. Schnee kann sehr hartnäckig sein – oder er schmilzt gleich wieder weg. Er kann Dinge begraben – oder einfach nur wie Puderzucker auf ihnen liegen.“ Den Zauber, den man als Kind beim ersten Schnee fühlte, den spüre sie oft noch heute.

Die Fähre legt an, der Bus rumpelt an Land. Beim nächsten Halt plaudern zwei Busfahrer miteinander, ich verstehe nur: Ägypten, Pyramiden, Kamele. Da zieht es wohl einen in die Sonne.

Tromsø 69°39'N

Sonntagnachmittag in Tromsø, der größten Stadt im Norden. 69 Grad, das ist schon sehr weit nördlich. Über 300 Kilometer nördlich des Polarkreises, viel weiter oben als ganz Island, etwa auf Höhe der Mitte von Grönland. Tromsø ist die nördlichste Stadt der Welt mit mehr als 50 000 Einwohnern, sogar Inuvik, die nördlichste Stadt Kanadas, liegt weiter im Süden.

Die norwegische Universitätsstadt breitet sich auf einer Insel aus, Straßenzüge mit Holzhäusern ziehen sich die Hügel hinauf, umgeben von Bergen. Durch die Fußgängerzone schlendern Touristen aus aller Welt, nachts fahren sie mit Bussen zu unbeleuchteten Landstraßen, um auch hier das Nordlicht zu fotografieren.

Die Provinz Troms ist dünn besiedelt, hier leben sechs Einwohner auf einen Quadratkilometer. Sogar die Alpen sind zehnmal so dicht bewohnt, 57 Tiroler leben auf einem Quadratkilometer.

Martin Eisemann fährt am Kvaloyvegen am Meer entlang, überall sind Spaziergänger unterwegs, die Sonne scheint nicht, sie ist weg, lange schon untergangen. Aber wer braucht schon Sonne, wenn sich statt ihrer dieses magische Licht des Nordens ausschüttet, die „Blaue Stunde“ der Arktis. Aber wie sieht es mit der Dunkelheit aus, mit ihren negativen Auswirkungen, mit der Winterdepression?

Eisemann, gebürtiger Würzburger und Professor für Psychologie an der Universität Tromsø, lebt seit 40 Jahren in Nordskandinavien. Er müsste wissen, wie sich die Polarnacht auf die Psyche auswirkt. Wie ist das also mit der Winterdepression? „Mhm, Winterdepression, man sollte nicht leichtfertig mit dem Wort umgehen. Depressionen sind eine Krankheit. Gemeint ist wohl værsyk – wetterkrank, so etwas wie bei Föhnempfindlichen in Bayern.“

Zu Winterdepression gebe es keine empirischen Daten. Eisemann ist mit mir in die Uni gefahren, vom Fenster seines Büros sieht man auf die Berge der Umgebung, alles eingehüllt in ein fahles Winterlicht. Ein Kollege habe 40 Jahre dazu geforscht, Tromsø sei ja so etwas wie ein natürliches Labor dafür, doch er habe keine Belege für Winterdepression gefunden. „Wir reden eher von Dysphorie, also dem Gegenteil von Euphorie.“

Eine weitere Studie untersuchte, ob es einen negativen Einfluss des Winters auf psychische Störungen und Schlafprobleme in der subarktischen Region gibt. Knapp 9000 Einwohner Tromsøs wurden in Langzeituntersuchungen befragt, Eisemann zitiert daraus: „Unsere Ergebnisse stützen die Annahme, dass der negative Einfluss auf psychische Probleme für die Mehrheit der erwachsenen Bevölkerung eher ein Mythos als ein Fakt ist.“ Und wie der Würzburger noch anfügt: Je nördlicher man in Norwegen lebte, desto mehr freuten sich die Leute auf den Winter.

Tatsächlich – Eisemann zieht eine Statistik hervor – werden in Oslo doppelt so viele Selbstmorde pro 100 000 Einwohner verzeichnet wie im Norden. Die SAD – Seasonal Affective Disorder – gibt es also nicht?

„Man kann sie jedenfalls nicht wissenschaftlich belegen“, sagt Eisemann. Vielleicht handelt es sich um eine Art selbsterfüllende Prophezeiung: Wem es den ganzen Herbst über vor der Winterzeit graust, bei dem wird sich wohl auch der Winterblues einstellen.

Die Tromsøer gehen anders vor: „Man kompensiert“, sagt Eisemann. Trifft sich mit Freunden, geht essen, ins Theater, gerade im Winter überschlägt sich Tromsø mit kulturellen Angeboten. Auf das Internationale Filmfestival TIFF folgen das Nordlichtfestival mit klassischer Musik, die Woche der samischen Kultur und das „Humor-Festival“.

Und man macht es sich zuhause koselig – gemütlich. „Man zündet Kerzen an, richtet sich kuschlig ein. Und auch die Straßenlampen strahlen stärker als die Funzeln in Berlin.“ Und wenn Schnee liegt, sieht alles ohnehin anders aus. Das Weiß reflektiert noch das kleinste bisschen Licht, so ist es viel heller als bei Schmuddelwetter in Oslo oder Hamburg.

Im Haus brennen überall Lampen, auch in den Fenstern hängen Leuchten. Eisemann erzählt, seine Mutter sei zu Besuch gekommen, „und immer, wenn sie aus einem Raum rausgegangen ist, hat sie das Licht ausgeschaltet. Wir mussten ihr beibringen, dass das nicht nötig ist.“

Außerdem lebe man im Norden gesünder, esse viel Fisch, so bekomme der Körper mehr Vitamin D als beispielsweise in Oslo. Man kann Milch kaufen, der Vitamin D zugesetzt wird. „Und dann noch Dr. Möllers Tran, das gibt es in jedem Supermarkt. Es schmeckt nicht mehr so scheußlich wie der Lebertran unserer Kindheit.“ Junge Mütter, die zur Vorsorgeuntersuchungen ihrer einjährigen Kinder gehen, bekommen eine Flasche Lebertran von der Hebamme geschenkt.

*

Was allerdings stimmt: Ein Zuviel an Melatonin sorgt für Einschlafstörungen. Das „Dracula-Hormon“ wird in der Dunkelheit gebildet. Je dunkler, desto mehr Dracula. Erst wenn Licht ins Auge fällt, aktiviert sich das Netzhaut-Pigment Melanopsin, das die Produktion von Melatonin hemmt. Und wer schlecht einschläft, kommt morgens schlecht aus dem Bett. So gab es in Tromsø schon 1870 einen Dunkelzeit-Stundenplan. „Die Schule fing später an. Das wurde in den 1970ern rückgängig gemacht, weil Oslo fand, die im Norden sollten keine Extrawurst kriegen.“

Und dieselbe Studie, die ergeben hatte, dass keine Auffälligkeiten an psychischen Störungen bei den Nordbewohnern vorliegen, bestätigt auf der anderen Seite: Einschlafstörungen zur Winterzeit, also zur „mørketid“, der Dunkelzeit, sind verbreitet. Wer nun denkt: „Diese Müdigkeit im Winter, ist das nicht ein

Überbleibsel des Winterschlafs unserer Vorfahren?", der liegt einem Ammenmärchen auf.

Der Mensch hat im Winter keinen anderen Stoffwechsel als im Sommer. Doch wer die ganze Zeit drinnen sitzt, tut seinem Stoffwechsel nichts Gutes. Der Energieverbrauch sinkt und trotzdem futtert man mehr. Die Muskeln werden schlapp, der Kopf träge. Täglich an die frische Luft! Der Rat ist zu keiner Jahreszeit verkehrt.

Auch eine junge US-Amerikanerin, die Psychologin Kari Leibowitz, fuhr ein Jahr zu Forschungszwecken nach Tromsø. Sie kam zu folgendem Ergebnis: Diejenigen, die den Winter gut finden, sind oft auch diejenigen, die insgesamt mit ihrem Leben zufrieden sind. Wobei es auch umgekehrt funktioniert: „Wir können nicht mit Sicherheit sagen, ob eine positive Wintereinstellung die Ursache dafür ist, dass Menschen mit ihrem Leben zufriedener sind, oder anders herum." Die Henne und das Ei, im Nordlicht betrachtet.

*

Um in besonders dunklen Zeiten doch etwas Licht herbeizuschaffen, wird manchmal mit Spiegeln gearbeitet. Die Gemeinde Rjukan, auf der Höhe von Oslo gelegen, bekommt den ganzen Winter kein direktes Sonnenlicht, da Berge den Ort abschirmen. Von einigen Jahren wurden 450 Meter über dem Ort drei Spiegel installiert, sogenannte Heliostaten. Sie projizieren das Sonnenlicht auf einen Platz im Zentrum des Dorfes. Ein ähnliches Programm fährt die Gemeinde Viganella in Norditalien.

Und was ist mit diesen speziellen Lampen, die man sich auf den Schreibtisch stellen kann? Die schwedische Stadt Umeå hat sogar Bushaltestellen mit Lichtpaneelen ausgestattet. Die Weißlichtlampen sollen als Stimmungsaufheller dienen. Eisemann wiegt den Kopf. Bei Lichttherapie gebe es gemischte Ergebnisse, manche sagten auch, es habe keinen Effekt. „Aber wenn es nur einen Placebo-Effekt hat, ist es doch völlig in Ordnung! Wenn jemand so eine Lampe einschaltet und das Gefühl hat, es geht ihm damit besser – dann geht es ihm auch besser. Dann passt es ja."

Er sehe in Tromsø eine generell positive Grundhaltung der Winterzeit gegenüber. Wer wochenlang nur darauf hofft, dass es bald wieder heller wird, vergeude Lebenszeit. Wie in einer depressiven Phase, in der man zwar weiß, dass es wieder aufhört, man aber trotzdem nur mit halber Kraft lebt.

Kann es auch genetische Gründe dafür geben, mit der Kälte besser zurechtzukommen? Mir fällt eine Szene aus dem Roman *Harte Zeiten* ein. Karl August Tavaststjerna, geboren 1860, ist ein finnisch-schwedischer Schriftsteller und hat sich dem skandinavischen Realismus verschrieben. Die Handlung setzt im Jahr 1867 ein, als ein schier ewiger Winter das Land in seinen Fängen hält. Es kommt zu einer Hungersnot, vor allem die Armen darben.

In der kurzen Szene heißt es: „So lässt unsere arme Bevölkerung ihre Kinder während der ersten vier, fünf Jahre in einem einzigen leichten Universalkleidungsstück für das harte Leben trainieren: dem Leinenhemd. Den Überlebenden bekommt das gut." So konnten sie „die Hunger- und Kälterekorde" aushalten.

Könnte man daraus also schließen, dass in Skandinavien ein besonders robuster Menschenschlag heranwuchs, weil nur die Stärksten oder in dem Falle Kälteresistentesten überlebten?

Der Psychologieprofessor Eisemann ist skeptisch. Das würde bedeuten, dass eine Anpassung und Auslese stattgefunden habe. Ihm sei dazu nichts bekannt. Aber für so eine Untersuchung würden sich ohnehin eher die Schweden anbieten, „die haben viel homogenere Gene. Die Norweger waren ja immer Seefahrer und Fischer, da hat sich viel gemischt."

*

In Tromsø besuche ich jedes Mal das Kunstmuseum, diesmal möchte ich mir die Winterbilder ansehen. An der Kasse sitzen zwei junge Männer, denen ziemlich langweilig ist. Winterblues? „Nein", sagt Magnus Krane, 23, „und wenn erst der Januar kommt, die schönste Zeit überhaupt! Das blaue Licht ist fantastisch. Ich werde da nicht trübsinnig, im Gegenteil."

Aber kennt er vielleicht jemanden, der sich im Winter hier nicht wohlfühlt? Krane grinst und zeigt auf seinen Kollegen, Rokhman Khadisov, 24, gebürtiger Russe. Er kam als Kind mit seiner Mutter nach Norwegen, nach Oslo. Zu Tromsø sagt er: „Die Dunkelheit macht mich fertig, ich werde total trübsinnig." Also wird er zurückgehen nach Oslo? „Nein, bestimmt nicht. Es ist so wunderschön in Tromsø, die Landschaft, ich wusste nicht, wie schön Norwegen ist, bis ich hierher kam. Die Schönheit ist es wert, im Winter zu leiden." Das klingt nun reichlich russisch melancholisch.

Nordwärts

Die Recken des Eises und der Finsternis

Im Kunstmuseum von Tromsø hängt ein Winterbild von François-Auguste Biard, 1799 in Lyon geboren. Das Ölbild heißt „Laestedius predigt den Sami“. Lars Levi Laestadius, geboren 1800, war ein schwedisch-lutherischer Pfarrer und Botaniker. Das Bild zeigt ihn von meterhohen Schneewänden umgeben, in der freien Natur, um ihn versammelt eine Handvoll Samen in traditioneller Kleidung und skeptisch dreinblickend. Laestadianismus ist ein heute noch verbreiteter, streng konservativer und moralischer Pietismus. Besonders hübsch aber: Am rechten Bildrand, oben auf dem Schnee, steht ein einzelner Same, der nicht zuhört, sondern seinem Hund hinterherjagt. Und zwar auf Ski.

Genau dafür, um mit Ski unterwegs zu sein, kam ich in einem anderen Winter nach Tromsø.

*

Es ist Mitte Januar, ein klarer Wintertag, ich stehe auf dem Gipfel des Skittentind. Wir sind mit Ski aufgestiegen, Bergführer Jimmy Halvardsson und ich, von Tromsø waren es gut 1000 Höhenmeter. Und so hoch sind wir nun auch, eben 1000 Meter überm Meer. Denn Tromsø liegt am Meer. Ich fand die Idee lustig, bei einer Skitour vom Gipfel aus nicht unendlich viele Berge zu sehen, sondern nichts. Das Nichts. Ich war nicht darauf gefasst, wie ergreifend das sein würde.

Die ersten Sonnenstrahlen des Jahres schaffen es gerade auf den Gipfel. Als wir die letzten Meter aufsteigen, leuchtet der Schnee im reinsten Alpenglühen. Und dann sehe ich das Meer. Es liegt als schwarze, dumpfe Ebene da. Endlos weit. Mir zieht sich vor Sehnsucht das Herz zusammen. „In der Richtung, nach Nordosten, kommt lange nichts mehr und dann irgendwann Grönland“, sagt Jimmy, ein Südschwede, der nach Nordnorwegen auswanderte.

Zur Zeit der Polarexpeditionen war Tromsø das Tor zur Arktis, und ich verstehe sie alle, Nansen, Amundsen, Scott, Rasmussen, die es dort hin zog, in die hohen Breiten, in die Kälte; die aufbrachen in dieses scheinbare Nichts, diese unendlichen weißen Weiten. Aus Entdeckerdrang, Forscherlust, aus Egomanie, Geltungssucht, fürs Vaterland, für Ruhm und Ehre. Und auch, weil es sonst noch keiner gemacht hatte, keiner diese Ecken der Welt je gesehen hatte. Aus schierer Neugier.

Die weißen Flecken auf der Landkarte waren rar geworden. Das Zeitalter der Entdeckungen neigte sich seinem Ende entgegen. Alle Kontinente waren gefunden, die Welt umsegelt, Völker kolonialisiert, Grenzen gezogen, Pfründe verteilt. Im 19. Jahrhundert sind nur noch extravagante Kuchenstückchen übrig. David Livingstone durchquert Wüsten und findet einen Quellfluss des Kongos. Andere suchen nach den Nilquellen, nach hohen Bergen und nach fremden Völkern in den traurigen Tropen.

Zu Beginn des 20. Jahrhunderts spitzt sich der Wettlauf um die wahren weißen Flecken zu, viele Abenteurer – es sind ausschließlich Männer – wollen der erste sein am Nordpol, am Südpol und schließlich auf dem Mount Everest, oft als „dritter Pol der Erde“ bezeichnet.

Viele Reisen begannen hier, in Tromsø, zu Füßen dieses Berges, von dem aus ich mit heißem Herzen nach Norden blicke. Tromsø zog jene Männer an, die die Kälte liebten und den Ruhm suchten. Von hier starteten Roald Amundsen und Fridtjof Nansen zu ihren Polarexpeditionen, die Recken des Eises und der Finsternis.

Sei es hoch im Norden oder weit im Süden, in der Arktis oder in der Antarktis, es tauchen in diesen Jahren immer wieder dieselben Namen auf. Die heute ob ihrer Erfolge oder ihres Scheiterns berühmten Polarforscher gehören alle derselben Generation an, waren alle fast gleich alt: der Norweger Fridtjof Nansen, geb. 1861, die Amerikaner Frederick Cook und Robert Peary, beide Jahrgang 1865, der Norweger Roald Amundsen, geb. 1872, und der Ire Ernest Shackleton, 1874 geboren.

Natürlich gab es schon Vorläufer, Vorausfahrende in der Arktis. Ihre Namen blieben erhalten auf Landkarten, so der von Vitus Bering, dänischer Forscher, mit der nach ihm benannten Beringstraße, die ich schon als Kind mit dem Finger im Diercke-Weltatlas nachfuhr. Als könnte man spüren, wie nahe dort Amerika und Russland beieinander liegen.

Unvorstellbar, dass über diese Meerenge Menschen den Kontinent gewechselt haben sollten. Unvorstellbar auch deshalb, weil mein Diercke-Atlas in den 1960ern erschienen war, und da lagen die USA und die Sowjetunion so weit auseinander wie nie zuvor. Politisch gesehen.

*

Wie schon erwähnt, begann mein Faible für alles Polare mit einem Buch, mit Sten Nadolnys *Die Entdeckung der Langsamkeit.* Damit entdeckte ich für mich den Norden und die Sehnsucht.

Zunächst noch als „Armchair Traveller", wie es im Englischen so passend heißt, fuhr ich mit Nadolnys Buch los, an Bord von John Franklins Expedition, um die Nordwestpassage zu suchen. Also den Schiffsweg von Grönland aus nördlich des amerikanischen Kontinents entlang bis zur Beringstraße.

In seiner romanhaften Biografie erzählt Nadolny vom Leben und Scheitern des Briten. Den speziellen Charakter Franklins, den eines sehr langsamen Menschen, hat Nadolny erfunden, doch die dramatische Geschichte stammt vom realen Vorbild: Der Brite John Franklin zog aus, die Nordwestpassage zu finden.

Der Seeweg oben herum war heiß ersehnt, er war um ein Vielfaches kürzer als jede andere Strecke von Europa nach Asien. John Franklin ging immer wieder auf Reisen. Und kehrte immer wieder zurück in ein langweiliges England. Da verbringt er die Tage mit Haushaltsaufgaben, Landarbeiterversammlungen, mit Problemen, Fragen, Zweifeln. „Auf See gab es das nicht", schreibt Nadolny. Ein zentraler Satz aller Abenteuerbücher, die Essenz aller Abenteuer überhaupt. Eine Reise, und sei es eine Reise ins Ungewisse, hatte und hat doch diesen einen großen Vorteil gegenüber dem Alltag daheim: Es gibt ein klares Ziel – Nordpol finden, Matterhorn besteigen, Nordwestpassage durchsegeln, auf dem Mond landen – und diesem Ziel ordnet sich alles andere unter.

*

Nach diversen Seereisen soll Franklin nun also den bis dahin unerreichten Nordpol anpeilen. Genau genommen sollte er da nur vorbeisegeln und dann weiter, Richtung Beringstraße. Der Schriftsteller Sten Nadolny, am Chiemsee aufgewachsen und nicht zur See gefahren, hat die Zustände einer Seereise in den Norden wunderbar imaginiert. Natürlich reiste Franklin im arktischen Sommer. Durch klirrende Kälte. Durch Treibeis. "Die Schollen klimperten und schurrten an der Bordwand entlang. Die niedrige Sonne schien auf die weißen Segel, das Eis glänzte von Diamantkuppen und Smaragdgrotten. Die See war in cremiges Licht gehüllt. Die Robben schwammen wie in leuchtender Milch."

Alle Arktisreisenden zogen im polaren Sommer los, vor Ort war es winterlich genug – und viele überwinterten ohnehin, weil ihre Reisen mehrere Jahre dauerten. Franklins erste Fahrt in den kanadischen Norden wird zum Fiasko, sie dauert drei Jahre, die Mannschaft wandert mehr als dass sie segelt, sie ernährt sich von Flechten und Moosen, und Franklin versucht sogar, seine Lederstiefel zu verspeisen. Was ihm den Spitznamen „The man who ate his boots" eintrug. Der Mann, der seine Stiefel aß.

Als Franklin zu seiner letzten Expedition aufbricht, auf der er nun endlich die Nordwestpassage durchsegeln will, ist er fast 60 Jahre alt. 1845 fährt er in London los, schippert mit zwei Schiffen die Themse hinunter, hinaus aufs Meer, nach Westen. Von 129 Mann an Bord kehrte keiner zurück. Franklin blieb verschollen. Nach Franklins Versuch sollte es noch über ein halbes Jahrhundert dauern, bis die Nordwestpassage von einem anderen berühmten Mann das erste Mal durchfahren wird.

*

Woran waren Franklins Männer gestorben? Möglichkeiten, ums Leben zu kommen, bietet die Arktis wahrlich genug. Kälte, Hunger, Eisbären. Möglicherweise spielte Skorbut eine entscheidende Rolle; eine andere, nicht endgültig bewiesene Theorie besagt, dass die bestens ausgerüstete Expedition genau daran starb: an einem Teil der Ausrüstung.

Zur Verpflegung hatten sie das modernste dabei, was es auf dem Markt gab, dazu gehörten Konservendosen. Diese waren mit Blei verlötet. Bei einigen der später gefundenen Leichen wurde eine erhöhte Blei-Konzentration festgestellt. Die Männer könnten daran gestorben sein, denn verwirrtes Handeln kann eine der Folgen einer Bleivergiftung sein. Ein verwirrter Geisteszustand ist sicherlich nicht hilfreich, wenn es in der Arktis um Leben und Tod geht.

Erst vor kurzem, 2014, wurde eines der beiden Schiffe der Franklin-Expedition gefunden. Die *Erebus* liegt, gut konserviert, in der Victoria Strait auf Grund. Mitten im Nirgendwo, ziemlich in der Mitte der Nordwestpassage, auf halbem Weg zwischen Grönland und Sibirien. Ein verlockendes Ziel für heutige Abenteurer, denn noch immer ist Franklins Grab nicht gefunden, so es eines gibt. Sie sollten sich vorsehen: Allein die Suchexpeditionen, die Franklins Ehefrau Lady Jane ausschickte, kosteten mehr Menschenleben als die ursprüngliche Expedition.

*

Waren die Polarforscher Helden? Wer sollte diese Frage beantworten, und was ist das überhaupt – ein Held? Das jeweilige Heimatland der Abenteurer jedenfalls machte sie zu Helden, wenn es ihnen in den Kram passte.

Bei Norwegen und Fridtjof Nansen war das der Fall. Fridtjof Nansen, promovierter Zoologe und Meereswissenschaftler, durchquerte als erster Mensch Grönlands Inlandeis und kam 1895 dem Nordpol so nahe wie keiner zuvor. Nach seinen Reisen wurde er Diplomat, setzte sich für Flüchtlinge ein, erfand den Nansen-Pass für Staatenlose und bekam dafür 1922 den Friedensnobelpreis.

Fast 100 Jahre später schreibt Norwegens Außenminister Jonas Gahr Störe, Nansen habe mit „Abenteuerlust und Tatendrang" genau in der Zeit Aufsehen erregt, „als Norwegen den Platz unter den Nationen der Welt suchte und seine eigene nationale Identität entwickelte." Mit Nansens Eigenschaften habe sich der junge Staat gerne identifizieren wollen. Störe schrieb seine lobenden Worte im Katalog zu einer Ausstellung zum 150. Geburtstag des Forschers, und der Nansen-Nimbus scheint bis heute prächtig zu funktionieren.

Ich erinnere mich gut an einen Abend in einem Pub in Longyearbyen. Das ist der größte Ort von Spitzbergen, die Inselgruppe gehört zu Norwegen. Am Tresen saßen Männer, die ich fragte, was sie hier machten. Nicht in der Bar, das war offensichtlich, vor ihnen stand Arctic, das Bier in der blauen Dose.

Aber was hatte sie nach Spitzbergen gelockt? Spitzbergen liege so nahe am Nordpol, sagte einer. So weit nördlich gewesen zu sein, sei einfach ein tolles Gefühl, wie ein Traum, der wahr wird. „Die norwegische Geschichte in der Arktis bringt uns ebenfalls dazu," fuhr er fort, und bestellte noch ein Arctic. „Wir Norweger sind stolz auf Amundsen, Nansen, Johansen und die andern, hier haben wir die Möglichkeit, an sie zu denken." Deshalb arbeiteten sie im Steinkohlebergbau. Auf Spitzbergen.

In seiner Eloge führt Støre weiter aus, Nansens kühne Wagnisse seien bestimmt gewesen durch sein „Streben nach mehr Wissen – und nicht nach Eroberungen, Reichtum und Ruhm." Das darf durchaus angezweifelt werden, genauer gesagt: Warum sollte es sich ausschließen? Nansen forschte ernsthaft, doch warum soll es ihm nicht auch um Ruhm und Ehre gegangen sein? Und was wäre so schlimm daran?

Auf Fotos zeigt er sich jedenfalls schon mit 30 Jahren ganz als der Nordmann. Grimmig-entschlossener Blick, gekleidet in einen Seehundpelz, blonder Schnauzer, den Betrachter fixierend. Letzteres kann zugegebenermaßen der Not geschuldet sein, 1897 lange ins Objektiv einer Kamera blicken zu müssen, um ein nicht verwackeltes Bild zustande zu bringen.

Für jemanden wie Franklin war die Arktis Neuland. In England schneit es ja nicht mal richtig. Nansen hingegen kannte sich mit dem Winter aus. Schon als junger Mann unternahm er wahre Gewaltmärsche auf Ski, so lief er von Bergen nach Oslo, das damals Kristiania hieß, nahm an einem Skispringen teil und lief wieder zurück, insgesamt 500 Kilometer weit. „Ich spähte scharf aus, aber nichts anderes sah ich als Schnee und wieder Schnee und hier und da schwarzes Gestein", schrieb er. Als wäre es schon ein Probelauf gewesen für die endlosen Tage übers Inlandseis.

*

Ende der 1880er-Jahre war Nansen eigentlich ziemlich beschäftigt. Er schrieb seine Dissertation, arbeitete als Konservator in der Zoologischen Abteilung des Museums in Bergen. Aber ihm schwebte anderes vor; Grönland rief. Schon versuchten andere sich an der Durchquerung. Erst der Schwede Nordenskiöld und kurz darauf, 1885, der Amerikaner Peary, sie drangen von der Westküste aus 150 Kilometer weit ins Innere vor, mussten aber umdrehen.

Ein Schwede und ein Amerikaner! Norwegen war zu dieser Zeit kein eigenständiger Staat. Es hatte erst zu Dänemark gehört, kam 1814 an Schweden, der schwedische König war das Oberhaupt, auch wenn es eine eigene norwegische

Regierung gab. Das Land drängte zur Unabhängigkeit. Glorreich würde es also sein, wenn ein Norweger als erster das grönländische Inlandeises überwinden könnte.

Schließlich, so Nansen, „sind doch die Norweger unter allen Völkern zweifellos dasjenige, das für die Polarforschung am ehesten geeignet ist." Sie würden das Klima leichter ertragen und hätten durch ihre Skiläufer eine beträchtliche Überlegenheit. Die norwegische Regierung aber überzeugte das nicht. Ein Antrag auf Unterstützung wurde abgelehnt. Nansen wandte sich an einen – ausgerechnet – dänischen Kaufmann, und der finanzierte die Expedition.

*

Nansen startete, anders als seine Konkurrenten, an der wilden, damals wie heute fast unbesiedelten Ostküste. Sie waren zu sechst, der erst 27-jährige Nansen als Leiter, zwei Seefahrer, ein Forstarbeiter und zwei Samen, damals Lappen genannt. Ein Robbenfangschiff brachte sie im Sommer 1888 bis zur Ostküste, aber eben nicht an Land. Die Männer kämpften sich durchs Treibeis, saßen zwischen Schollen eingeklemmt fest, trieben in großer Geschwindigkeit südwärts. 450 Kilometer weit wurden sie mitgeschleppt, mussten mit ihren zwei Booten die ganze Strecke wieder zurück nach Norden rudern.

Nansen lernte dabei viel über den Norden, die Eisdrift, die Unbill der Arktis. Erst Mitte August konnten sie wahrhaft aufbrechen, die „Sahara des Nordens" (Nansen) zu durchqueren. Trotz der Zeitnot gelang es. Wie sie sich mit Ski über das Eis mühten, darauf werde ich später noch zu sprechen kommen. Alle sechs Teilnehmer überlebten und kamen an der Westküste an. Bewiesen war damit nicht viel. Immerhin war nun klar, dass Grönland im Inneren nicht „grün" war, wie sogar Edward Whymper, der unglückliche Erstersteiger des Matterhorns, noch 1884 behauptet hatte.

Nansen war gezwungen, an Grönlands Westküste zu überwintern, weil das letzte Verbindungsschiff bereits abgelegt hatte. Er lebte monatelang mit den Inuit, Eskimos genannt. Es muss ein einschneidendes Erlebnis gewesen sein, das Nansen als Menschenrechtler noch am Ende seines Lebens beschäftigte. Die gängige Meinung der Zeit war, die Eskimos müssten so schnell wie möglich zivilisiert werden. Nansen aber sah den drohenden Untergang der Kultur, prangerte in zahlreichen Büchern die Vorgehensweise der zivilisierten

Welt an, Europäer lebten „als Schmarotzer dieser Naturmenschen“, heißt es einmal.

Schon 1891, in seinem großen Werk *Eskimoleben*, fleht er: „Werden sich nicht einmal alle wahren Menschenfreunde von Pol zu Pol zu einem gemeinsamen, erdrückenden Protest aufschwingen gegen dieses ganze Unwesen, diese selbstgerechte, skandalöse Behandlung anderer Kulturen und anderer Glaubensbekenntnisse?“ Nur wenige Polarforscher setzten sich so stark mit der Kultur der Arktis-Völker auseinander wie Nansen.

*

Wenn der norwegische Außenminister 2011 in seiner Jubiläumsbroschüre von den „Bewohnern der Arktis“ als die „wichtigste Ressource der Region“ spricht, meint er dennoch nicht explizit die Inuit, sondern alle Bewohner der sogenannten Arktis-Anrainerstaaten: Norwegen, Dänemark, Kanada, USA und Russland.

Støre vereinnahmt Nansen gnadenlos für die Ansprüche Norwegens im Norden. Er schreibt: „Die Verwaltung der arktischen Meeresgebiete und des Kontinentalsockels obliegt den Nationalstaaten, die Anrainer der Arktis sind.“ Punktum. Dabei kann man das durchaus anders sehen. Im selben Jahr plädierte der damalige deutsche Außenminister Guido Westerwelle bei der Eröffnung der zweiten internationalen Arktis-Konferenz des Auswärtigen Amtes für den freien Zugang aller Nationen – und eben nicht nur der Arktis-Anrainer – zur Polarregion.

Der Arktische Ozean müsse als gemeinsames Erbe der Menschheit erhalten werden, so Westerwelle, und die Forschung dürfe durch eine künftige wirtschaftliche Nutzung der Arktis nicht eingeschränkt werden; denn auch die Probleme des Klimawandels beträfen alle Staaten. Støre schreibt in seinem Beitrag zwar vom „Schutz der Klima- und Naturbedingungen in dieser besonders sensiblen und verletzlichen Region“, lässt aber an anderer Stelle die Katze aus dem Sack: Eine vernünftige Nutzung der Erdöl- und Erdgasvorräte zu sichern, sei „eine wichtige Dimension.“ In der Arktis werden etwa 15 Prozent der weltweiten Ölvorkommen vermutet.

Drei Jahre später, 2014, haben all die Eingaben von Greenpeace und WWF, die anderes mit der Arktis vorhaben, endlich Erfolg: Am 12. März verabschiedet das Europäische Parlament eine Resolution für stärkere Umweltschutzmaßnahmen in der Arktis. Ein Netzwerk von Schutzgebieten soll errichtet und ein Moratorium für Fischerei rund um den Nordpol verfasst werden.

Insgesamt sollen Ölbohrungen und industrielle Fischerei in einem Gebiet von 2,8 Millionen Quadratkilometer verboten werden. Die Resolution stellt sich gegen die Position der Arktis-Anrainerstaaten, denn Norwegen, Dänemark, Kanada und Russland sehen Rohstoffgewinnung in der Arktis als innere Angelegenheit an.

*

Nansens Erfolg in Grönland 1888/89 verschaffte ihm die Unterstützung der norwegischen Regierung für seine nächste Expedition, für eine wirklich wilde Geschichte. Das Erlebnis auf der Eisscholle und andere Vorkommnisse hatten ihn zur – richtigen – Annahme gebracht, dass es im Nordpolarmeer keine große Landmasse geben könne und der Nordpol folglich im Wasser liegt.

Er rechnete und rechnete und kam zu dem Schluss: Würde man sich mit einem Schiff ganz im Osten, also bei Sibirien, zu Beginn des Winters ins Eis einschließen lassen, müsste man sich nur treiben lassen und die Eisdrift schwemmte einen zwangsläufig zum Nordpol. Sozusagen als blinder Passagier auf einer Eisscholle. Na dann: *Vorwärts!* So – *Fram* – nannte Nansen das Schiff, das er eigens dafür bauen ließ. Ein Dreimastschoner und ein Dampfschiff zugleich, mit verstärkten Bordwänden, damit es im Eis würde also nicht zerquetscht, sondern hochgehoben würde. Was für eine durchgeknallte *Fitzcarraldo*-Aktion.

Die *Fram* startete in Oslo – dort liegt sie auch heute, in einem eigens gebauten Museum – umschiffte Norwegen, fuhr Richtung Osten ins Nordpolarmeer ein und kam bis zu den Neusibirischen Inseln. Die halbe Nordostpassage wurde so ganz nebenbei erledigt. Zweimal legte die Besatzung während der Fahrt an Land an und kaufte Schlittenhunde. Dann ging es los: Als das Packeis das weitere Vorankommen verhinderte, vertäute die Mannschaft ihr Schiff an einem großen Eisblock. Und wartete.

Das Steuerrad wurde eingeholt, ein Windrad lieferte elektrischen Strom an Bord. Die wissenschaftlichen Instrumente wurden ausgepackt, Lufttemperatur, Dicke und Wachstum des Eises wurden stets gemessen. Um das Alter des Packeises zu bestimmen, hatte Nansen eine ganz eigene Methode entwickelt: Er aß es. Neues, einjähriges Meereis schmeckt weitaus salziger als mehrjähriges, so hatte er herausgefunden.

Über ein Jahr steckt die *Fram* fest, treibt Richtung Westen und Norden, wie berechnet. Ein Jahr lang hocken die 13 Männer im Nirgendwo, eingeklemmt im Eis. Aber dann biegt die Drift nach Süden ab. Nansen muss einsehen, dass sein Schiff im Schlepptau des Eises den Nordpol nicht erreichen wird.

Er schnappt sich seinen Mitreisenden Johansen, 28 Zughunde, zwei Kajaks und zwei Paar Ski. Er ist auf Ski über Grönland gelaufen, da müsste doch auch der Nordpol zu packen sein. Einen Monat lang schinden sich Nansen und Johansen übers Eis. Das ist keine geschlossene Fläche, sieht nicht aus wie ein zugefrorener See. Das Packeis zeigt sich als eine Gebirgslandschaft von übereinander geworfenen, geschichteten Eisplatten, „ein wahres Chaos von Eisblöcken, das sich bis an den Horizont ausdehnt."

Die Männer müssen feststellen, dass sie zu langsam sind. Das Eis driftet an manchen Tagen schneller nach Süden, als sie nach Norden gehen. Nach einem Monat Mühsal sind sie zu wenig vorangekommen, aber immerhin auf 86 Grad nördlicher Breite, dem Pol so nahe, wie nie jemand zuvor. Aber was nützt das, wenn es doch nicht reicht?

Ob Nansen und Johansen während dieser Tage je darüber nachdachten, einfach zu behaupten: Wir waren dort? Wir waren am Nordpol? Nansen hat dazu nichts geschrieben. Es gereicht ihm zur Ehre, es nicht getan zu haben. Andere waren da weniger zimperlich, wie noch zu sehen sein wird.

*

Nansen und Johansen kehren um, nicht zur *Fram*, die längst woanders hintreibt. Sie wollen eine der Inseln im Nordpolarmeer erreichen. An der südlichen Eiskante angelangt, takeln sie die Kajaks auf und schaffen es nach Franz-Josef-Land. Auf dem Archipel nordöstlich von Spitzbergen überwintern sie erneut, nun in einer Grassoden-Hütte nach Eskimo-Art, die Nansen aus Felsen, Erde und Moos baut. Acht Monate hausen die beiden dort, zumeist in finsterer Nacht. Ernähren sich von Eisbärenfleisch. Siezen sich.

Im Mai – es ist inzwischen ein Jahr später – brechen sie erneut auf. Und treffen tatsächlich auf einen Engländer, der Franz-Josef-Land erforscht. „Mr. Nansen, I presume …" Nansen und Johansen erholen sich auf der Forschungsstation, ein Schiff bringt sie zurück nach Nordnorwegen. Und dort trifft recht bald unglaublicherweise die *Fram* wieder ein. Alle Besatzungsmitglieder haben das gewaltige Abenteuer überlebt, Nansen geht an Bord, man schippert nach Kristiania/Oslo. Festmähler, Fackelumzüge, Feierlichkeiten. Nansen war ein gemachter Mann.

*

Nansen kam also nicht bis zum Nordpol. Wer aber als erster Mensch am geografischen Nordpol anlangte oder den Nordpol wenigstens sah, das ist gar nicht so leicht zu beantworten. Wahnwitzige Pläne gab es einige, immer bediente man sich der modernsten Technik. So scheiterten 1897 drei Schweden bei dem Versuch, mit einem Heißluftballon von Spitzbergen aus den Nordpol zu überfahren. Was mag sie angetrieben haben? In *Ingenieur Andrées Luftfahrt*, der romanhaften Nacherzählung der Ereignisse, beschreibt der Autor Per Olof Sundman das so schlicht und schön: „Man möchte an einem Wintermorgen erwachen, ein Kind sein, an einem Wintermorgen erwachen und frisch gefallenen Schnee auf Äckern und Wiesen liegen sehen, sich ankleiden, hinausstürzen, um als erster den Fuß auf einen Boden zu setzen, der plötzlich wieder jungfräulich und unberührt ist."

Da verbindet sich beides, die Neugierde und ungebremste Aufbruchsstimmung eines jungen Menschen, und der Drang, Erster zu sein. Den Schweden war es nicht vergönnt: Bereits 65 Stunden nach Abflug mussten sie notlanden, schlugen sich wochenlang übers Packeis und starben doch. Möglicherweise an von Trichinen verseuchtem Eisbärfleisch.

*

Andere zogen zu Fuß los und reklamierten die Ehre für sich, den Nordpol erreicht zu haben. Als da wären:

Der Amerikaner Frederick Cook, der 1908 dort gewesen sein will. Seine Glaubwürdigkeit hatte allerdings schon vorher gelitten. So hatte er behauptet, 1903 den Denali in Alaska als erster erstiegen zu haben. Das Gipfelfoto zeigte allerdings einen anderen, weniger hohen Berg – der bis heute Fake Peak – „Lügenberg" – heißt.

Cook war ohne Zweifel ein fähiger Entdecker und Polarforscher, der aber seinen Ruf mit nicht beweisbaren oder schlicht erflunkerten Erfolgen so nachhaltig ruinierte, dass sich schließlich sogar sein Freund Amundsen von ihm distanzierte. Am Nordpol will er mit zwei Inuit-Begleitern gewesen sein, aber alle Angaben stellten sich als so widersprüchlich heraus, dass ihm die Universität Kopenhagen den Status als Entdecker des Nordpols wieder aberkannte. Was für eine Schmach.

Auf ihn folgte der Amerikaner Robert Edwin Peary, der 1909 am Nordpol gestanden haben will. Aber auch hier gab es zu viele Ungereimtheiten, vor allem weil er Tagesetappen von über 100 Kilometern angab, die auch heute mit moderner Ausrüstung kaum zu schaffen wären. Die Fotos – Männer inmitten einer weißen Eisfläche – konnten auch keinen Beweis erbringen.

Pearys arktiserfahrener afro-amerikanischer Begleiter Matthew Henson rief folgerichtig ebenso „Erster!“, wie auch die gesamte Inuit-Begleitmannschaft. Doch wahrscheinlich ist es ja alles nicht wahr.

In der Presse wurden die Polarreisen heiß diskutiert. Die Natur schien dem Menschen nun untertan, man war am Südpol und angeblich auch am Nordpol angelangt. Karl Kraus aber ätzte 1909 in einer satirischen Schrift über die „Entdeckung des Nordpols“, die Natur würde sich den Bauch halten vor Lachen, „könnte sie hören, das die Meldung vom erreichten Nordpol bei allen Laufburschen der Erde das Gefühl der Überlegenheit über die Natur gesteigert habe.“ Städte und Staaten und Warenhäuser würden dann „ein wenig in Unordnung geraten.“ Sie, die Natur, zucke ohnedies schon öfter, als es der Überlegenheit ihrer Bewohner zuträglich sei, schreibt der Wiener weiter. Drei Jahre später (1912) zerschellt das grenzenlose Überlegenheitsgefühl mit der *Titanic* an einem Eisberg, ausgerechnet.

*

Als erste gesehen haben den Pol 1926 drei Männer– von einem Luftschiff aus. Und wer stand tatsächlich als erster verbürgt am Nordpol?

Der US-Amerikaner Ralph Plaisted mit einer vierköpfigen Expedition. Und das ist tatsächlich erst 50 Jahre her. Im März 1968 brachen die Männer auf – auf Schneemobilen, eben den modernsten Fortbewegungsmitteln der Zeit.

Begonnen habe das Abenteuer in einem Pub – so erzählt es *The New York Times Magazine* in einer spannenden Reportage –, in dem sich die Gruppe „durchschnittlicher Vorstädter im mittleren Alter – ein Versicherungsvertreter, ein Mechaniker, ein Arzt, ein Ingenieur – mit einem jungen kanadischen Abenteurer zusammenschlossen", einem Vertreter des Schneemobil-Herstellers Bombardier, der die Reise sponserte. Die Schneemobile waren primitive 16-PS-Ski-Doos, „kaum mehr als Rasenmäher mit Kufen." Doch am 20. April 1968 um 11 Uhr morgens stand die Kneipenmannschaft am Nordpol.

Und als erster zu Fuß erreichte der Brite Sir Walter William Herbert den Nordpol. Herbert? Nie gehört. Das war erst in dem Jahr, als Neil Armstrong den legendären Satz sprach: „Ein kleiner Schritt für mich, ein großer für die Menschheit." 1969, drei Monate, bevor der erste Mensch den Mond betrat, erreichte auch der erste Mensch zu Fuß den Nordpol. Da interessierte dieser imaginäre Punkt inmitten der Eiswüste offensichtlich schon niemanden mehr.

*

Von einem Polarforscher will ich noch erzählen: Roald Amundsen, der erfolgreichste von allen. Er ist jener Mann, dem die legendäre Nordwestpassage gelang, das war 1905. Nun spitzte sich die Suche nach dem Nordpol zu, auch Amundsen wollte hin, hörte dann aber von den Erfolgen von Cook und Peary. Er wusste nicht, dass sie gelogen, geschwindelt, geflunkert hatten. Was ihn antrieb, weiterzumachen – war schiere Geldnot. Seine Expeditionen hatten ihn in Schulden getrieben. „Fram!", sagte auch er, wie sein Landsmann Nansen.

Er lieh sich dessen Schiff und schipperte los. Der Mannschaft sagte er allerdings erst auf Madeira, dass es anstatt nach Norden nun nach Süden gehen würde. Sehr weit nach Süden: Der 38-jährige Norweger machte sich auf den Weg zum Südpol. Auch diese Reise endete tragisch, allerdings nicht für Amundsen, sondern für seinen Konkurrenten Robert Falcon Scott. Am 14. Dezember 1911 rammte Amundsen die norwegische Flagge ins Eisschild über dem antarktischen Kontinent und stellte ein Zelt auf.

Das fand 35 Tage später der Brite. Da war Amundsen schon wieder an Bord der *Fram*. Scott und alle seine Begleiter hingegen kamen um. Wie sehr es bei diesen letzten Eroberungen auch um die Vaterlandsehre ging, zeigt eine böse Anekdote. Als Amundsen später in London Gast bei der Royal Geographic Society war, erhob der Ehrenpräsident der Gesellschaft sein Glas und sprach einen despektierlichen Toast. Er trank nicht auf Amundsen, sondern – auf seine Schlittenhunde.

*

„Gib mir Schnee, gib mir Hunde, den Rest kannst Du behalten", diesen Grundsatz von Knud Rasmussen hatte auch Amundsen beherzigt. Rasmussen, Sohn dänisch-grönländischer Eltern und 1879 geboren, steht bereits für die nächste, eine neue Generation von Polarforschern. Er sah sich als Ethnologe, bereiste auf abenteuerlichen Expeditionen Inuit-Stämme in Nordgrönland, Kanada und Alaska, schrieb ihre Sprache auf, hielt ihre aussterbende Kultur fest.

Sein Leben ragt weit ins 20. Jahrhundert hinein, er schrieb 1934 das Drehbuch für den Spielfilm *Palos Brautfahrt* über das traditionelle Leben der Inuit. Außerdem wirkte er an einem Grönlandfilm mit, den Arnold Fanck 1932 drehte. Fanck, Bergfilmpionier, bald NSDAP-Mitglied, holte Leni Riefenstahl mit ins Boot. Der Eis-Katastrophenfilm basierte auf einer wahren Geschichte: Das Luftschiff *Italia*, das erneut den Nordpol überfliegen sollte, war auf einer Eisscholle havariert. Internationale Rettungsaktionen machten sich auf die Suche nach dem Luftschiff samt seinem Erbauer und Kapitän Umberto Nobile sowie der Mannschaft.

Und wie schon bei Franklins unglücklicher Expedition kamen bei dieser Rettung mehr Menschen ums Leben, als beim eigentlichen Unglück. Unter ihnen auch Roald Amundsen, der an Bord der *Latham 47* einen Suchflug leitete. Davon und von all den anderen Reisen, die in Tromsø, zu Füßen des Berges, auf den ich mit Ski gekommen war, gestartet waren, erzählt das Polarmuseum in der Stadt. Das Museum wurde 1978 eröffnet, genau 50 Jahre nachdem Amundsen zum letzten Mal von Tromsø in die Arktis aufgebrochen war.

Im ersten Stock liegt eine zerbeulte Metallbox, groß wie ein Rollkoffer, sie schimmert matt, erodiert. Das Ding versinnbildlicht alles, was die Polarforschung ausmacht, von Forscherdrang bis Untergang. Die Box war ein Tragflächenschwimmer der *Latham 47*, sie ist alles, was von diesem Flugzeug gefunden wurde. Sie ist alles, was von Roald Amundsen blieb. Norwegens berühmtester Entdecker: erster Mensch am Südpol, den Nordpol erstmals im Flugzeug überflogen, die Nordwestpassage und die Nordostpassage durchfahren, mehr Polar-Ruhm geht nicht. Amundsens sterbliche Reste wurde nie gefunden, auch nicht, als die norwegische Marine 2009 in der Barentssee eine moderne Suchaktion nach ihm und dem Flugzeugwrack startete.

*

Und heute? Welche weißen Flecken gibt es noch? Till Gottbrath sagt: „Keine mehr." Der Hesse, geboren 1960, hat noch versucht, einen letzten weißen Fleck auf der Südhalbkugel zu tilgen. 1996 war er als Fotograf an Bord der *Dagmar Aaen*, dem Expeditionsschiff von Arved Fuchs, auch so ein wilder Polarfreak.

Die Expedition „Sea, Ice and Mountains" führte vom Schiff aus weiter zu Fuß hinauf auf das südliche patagonische Inlandeis; geplant war die erste Durchquerung dieses Kontinentaleisfeldes von Norden nach Süden. Das war bis dahin noch niemandem in der gesamten Länge gelungen. Das Inlandeis erstreckt sich über etwa 450 Kilometer, und wenn jemand richtig schlechtes Wetter liebt, findet er dort sein Paradies.

Die „Roaring Forties" und die „Furious Fifties" – Breitengrade mit brüllenden Stürmen und jährlich 11000 Millimeter Niederschlag, zehnmal so viel wie in Deutschland. Es gab keine Karten, keine brauchbaren Satellitenfotos, „als tauglichstes Material hatten wir Kopien zweier handgezeichneter Karten im Format DIN A3, die Generationen von Bergsteigern manuell ergänzt hatten", schreibt Gottbrath.

Vor allem Neugierde habe ihn angetrieben, so Gottbrath, ein „riesiges Interesse am Unbekannten. Das südliche patagonische Inlandeis war damals tatsächlich so etwas wie der letzte weiße Fleck auf der Landkarte." Es sei ein Privileg, so etwas sehen zu dürfen.

*

Würde ich gerne zum Nordpol? Der einzige Ort der Welt, von dem aus es nur nach Süden geht, in jeder Richtung? Natürlich.

Aber nicht um dieses Gruppenfoto an die Wand hängen zu können, auf dem Menschen mit roten Anoraks einen Kreis um die rote Flagge mit der Aufschrift

„North Pole, 90° North" bilden. Nicht mit dem Atomeisbrecher hinfahren und aussteigen. Es müsste etwas Neues sein. Oder mindestens die Wiederholung einer historischen Reise.

Da haben wir es, das Luxusproblem des modernen Abenteurers: alles schon gemacht, nur noch nicht von jedem.

*

Heutige Möchtegern-Forschungsreisende eint das Bedürfnis, dem Tun einen Sinn zu geben. Sie geben bekannt, sie wollten auf die Indianer im Amazonas-Gebiet aufmerksam machen, oder wahlweise auf das Waldsterben, den Klimawandel. Bloß nicht zugeben, die Reise könnte aus weniger edlen Motiven unternommen worden sein. Nur so zum Spaß, zum Beispiel.

John Franklins Nordwestpassage kann man mittlerweile als sogenannte Expeditionskreuzfahrt buchen. Ich habe in meinem ganzen Leben noch keine Seereise unternommen, weil mir schon auf der Fähre von Neapel nach Capri schlecht wird. Doch für diese eine Reise, die Nordwestpassage (!), würde ich alles an Pillen und Pflastern und Pendeln einpacken, was gegen Seekrankheit helfen könnte. Was für ein verlockender Gedanke: In Grönland loszufahren, tagelang, vielleicht wochenlang, an kargen Küsten und Eisschollen entlang, um schließlich in der Beringstraße anzukommen. Ein Traum.

Nordwärts

Fernweh in die Kälte und russische Reisen

Am späten Nachmittag fahre ich mit dem Bus von Tromsø nach Alta, in Richtung Osten. Der Schnee glitzert im Fernlicht auf den einsamen Straßen. Wenn ein anderer Bus entgegenkommt, setzen die Busfahrer kurz den Blinker, ein Zuwinken im Winter.

Kurz nach der Hochebene Gildetun steigt ein Mädchen zu, eine Frau hat es an den Bus gebracht. Und eine halbe Stunde später steigt es an einer Straßenkreuzung aus, alleine, mit dicker Jacke und dem Schulranzen, wohl für die kommende Woche gerüstet. Die vielleicht Achtjährige geht alleine in die Nacht, eine Nebenstraße entlang. Gerade noch ist zu sehen, wie sie ihr Mobiltelefon aus der Jackentasche holt. Es wird sie doch hoffentlich jemand abholen.

Der Busfahrer ist Deutscher. Er studiert in Tromsø Mathematik und Philosophie sowie in Murmansk innerhalb der Politischen Philosophie „Borderologie", die Wissenschaft der Grenzen zwischen Russland und Norwegen. Er erzählt vom Fahrtraining mit Spikes auf Eis, nur deshalb könne er so schnell über Land fahren. Manchmal brenne am Straßenrand ein Feuerchen, das sehe er zum Glück von weitem. Denn meistens sei das die Polizei mit Radarkontrollen, die sich in der Kälte ein Feuer anzündeten, zum Wärmen.

Der Busfahrer sagt, es sei einfach großartig hier im Norden: „Und wenn ich die Strecke von Alta über Kirkenes nach Murmansk in Russland fahre, auch noch bei Nacht, da hast du nur noch die schneeverwehte Tundra, eine baumlose Landschaft, und du siehst stundenlang kein einziges anderes Fahrzeug. Das ist wirklich exotisch."

Und schon geht es wieder los, mein wildes, unersättliches Reiseherz macht einen Satz. Murmansk! Tundra! Russland! Da will ich hin. Von Murmansk aus könnte man vielleicht mit dem Eisbrecher bis zum Nordpol fahren. Und südlich davon liegt Karelien, da kann man mit Langlaufski tagelang weiterziehen, vorbei an russisch-orthodoxen Holzkirchen. Ich habe davon gelesen. Warum habe ich es noch nicht unternommen?

„The grass is always greener on the other side of the fence", heißt es im Englischen. Für mich heißt das: Hinter den sieben Bergen liegt immer ein noch einsameres, ein abgelegeneres, ein weniger besuchtes Land. Als erster Mensch irgendwo zu stehen, darum kann es heute nicht mehr gehen. Die Welt ist durchentdeckt. Aber umso reizvoller sind Gegenden, die nicht auf der Liste jener „Places to see before you die" stehen.

Ich will zu Orten, die auf überhaupt gar keinen Listen stehen. Und am liebsten ist es mir, wenn es dort kalt ist und ich im Winter hinfahren kann. Meistens ist dann nämlich noch weniger los.

Ziemlich viele meiner Wunschvorstellungen bündelten sich in einer Zugreise durch Russland, die ich vor einigen Jahren unternommen habe. Selbstverständlich mit der legendären Transsibirischen Eisenbahn; ich bin damals direkt am Berliner Hauptbahnhof mit dem Zug losgefahren, und natürlich war es Winter.

*

In Moskau war ich vorher noch nie gewesen, ich stromerte zwei Tage durch die Stadt, ein eisiger Wind fegte über den Roten Platz, so gehört sich das auch im Winter in Moskau. Ich suchte nach dem Nullpunkt – denn alle Entfernungen Russlands werden von Moskau aus gerechnet. Der Nullpunkt ist eine Messing-Scheibe auf dem Roten Platz. Dort standen einige russische Touristen und warfen Münzen über die Schulter, alte Leute bückten sich und sammelten die Münzen ein.

An einem Dienstagabend stieg ich am Bahnsteig des Jaroslawski Woksal in den Zug ein. Eine gewaltige Schaffnerin nahm mich in Empfang, sie trug eine riesige Brille, eine Turmfrisur und sah aus wie eine Agentin aus einem James-Bond-Film.

Ich reichte stumm mein Billet. Die große Russin strahlte, half mir, die Tasche hochzuwuchten. Der Zug hieß *Rossija*, auf dem Ticket stand: „Moskau – Irkutsk, Bettplatz Vierer-Abteil“. Fünf Tage sollte die Reise dauern. Wer würden die Mitreisenden sein? Dicke alte Männer mit Wodkaflaschen so groß wie Samoware?

Im Abteil saß Ludmilla. Anfang 40, blondiert, erkältet. Sie fing sofort an zu reden und nestelte ihren BH unterm Pulli hervor; er wird die ganze Fahrt lang an einem Haken über ihrem Sitz hängen. Ihre schwere Brust lag auf ihrem Bauch. Ihr Jogginganzug war hellblau und weiß. Sie würde rechts unten liegen, ich links unten. Zwischen uns ein Tisch.

Lena kam. Groß, zierlich, lange blonde Haare und sehr viel Gepäck. Sie stellte eine dicke Tasche unter den Tisch. So würde ich meine Beine fünf Tage nicht bewegen können. Ich raunzte sie an: „Eto ni charaschow“ – nix gut. Und zerrte die Tasche hervor. Was hatte mich da nur geritten! Was für ein unfreundlicher Anfang!

Es musste an meiner Angst liegen, an den schlimmen Geschichten, die von der Transsib erzählt wurden. Von schwierigen Mitreisenden, von Enge, Raub und Ellenbogen. Aber Lena nahm es nicht übel. Sie verstaute ihr Gepäck und fragte freundlich: „Okay?“ Lena war 25 Jahre alt und sprach englisch. Sie hatte zuletzt in St. Petersburg gelebt, hatte einen PR-Job, nun fuhr sie zurück zu ihren Eltern nach Wladiwostok. Bis zur Endstation am Pazifik, fast 10 000 Kilometer von Moskau entfernt. Sie las jeden Tag in einem kleinen roten Buch mit Shakespeare-Sonetten.

Der Zug fuhr an. Er fuhr nach Osten, in die Nacht, über den Ural, nach Sibirien. Es rumpelte ein bisschen. So begann meine Reise auf der transsibirischen Eisenbahn. Lena sagte: „Good night, sleep well.“ Der Zug fuhr nicht sehr schnell. Ratamm, ratamm, ratamm. Eine kleine Nachtmusik.

Blendend helle Sonne am Morgen, draußen fuhren vorbei: Schnee, Dörfer, Holzhäuser, Schneedächer, Rauch und Birkenwälder, Birkenwälder, Birkenwälder. Es sah genau so aus, wie man gehofft hatte, dass es aussehen würde.

Im Waggon waren es 33 Grad. Der überheizte Zug wird uns weich kochen. Wir werden anfangen zu stinken. Lena hatte am Abend grünschillernden, pastos gepinselten Lidschatten getragen. Er hatte sich beim Schlafen verteilt, sie trug morgens Feenglitter im blassen Gesicht.

Ludmilla schlief lange.

Im Gang, neben dem Abteil der Schaffnerin, blubberte der Samowar, genauer gesagt, ein Wasserkocher. Das war kein verschnörkeltes Turkmenistan-Modell, sondern sah aus wie eine stählerne Dampfmaschine, wie etwas, was zur Not den Zug antreiben könnte. Der Schaffner verlieh russische Teegläser, die stellte man in Metall-Henkelbecher. Auf diesen ist die Transsib eingestanzt. Wir tranken Tee. Tag und Nacht.

Alle paar Stunden hielt der Zug an, man konnte aussteigen und auf dem Bahnsteig auf- und abgehen. Lena entfaltete ihre langen Beine und zog eine schwarze Pelzjacke an. „Ziege“, sagte Lena. Dazu setzte sie ein schwarzes Pelzkäppi schräg kess auf, bevor sie die Treppe zum Bahnsteig hinunter stakste und dann mit langsamen Schritten spazieren ging. Frauen verkauften auf dem Bahnsteig riesige Plüschtiere. Lena kaufte den blauen Hasen doch nicht.

*

Am Nachbarbahnsteig stand der Gegenzug: „Peking – Ulan Bator – Moskau“. Lena war schon in China, das sei ja nicht weit von Wladiwostok. Klirrende Kälte auf dem Bahnsteig. Ein Mann ging in kurzen Hosen und rotem T-Shirt auf und ab, er trug Badeschlappen.

Die Transsibirische Eisenbahn pendelt seit 1905 zwischen Moskau und Wladiwostok. Es ist nicht ein Zug, der diesen Namen trägt, eigentlich bezeichnet es die Strecke. Darauf verkehren verschiedene Züge, russische und chinesische, manche fahren weiter bis nach China, manche durch die Mongolei, andere durch die Mandschurei. Jeden Abend verlässt ein Zug Richtung Pazifik den Jaroslawer Bahnhof in Moskau.

Draußen zogen Dörfer vorbei, eine flache Landschaft, schneedick behäuft. Holzhäuser mit bunten Fensterläden. Rauch stieg gerade auf. Ein Licht so klar wie Eiszapfen. Ludmilla schaute aus dem Fenster und sagte: „Das Leben ist schlecht in Russland. Wenige Menschen haben sehr viel. Und die anderen leben in diesen Dörfern hier, mit alten Autos. Die Reichen stehlen, sie haben das Geld vom Öl, vom Holz hier in den Wäldern, von den Menschen.“

Ein bisschen „Bisness“ wurde auf den Bahnsteigen praktiziert. Frauen breiteten auf Pappkartons Ware aus, geräucherte Fische, in Suppe schwimmende Pelmenis, Blini, Piroggen, Piroschi, Baranki. Von außen war nie zu erkennen, ob die Teigtaschen salzig oder süß waren. Für eine Handvoll Rubel wurde man immer satt.

Der Speisewagen musste älter sein als der restliche Zug. Er rumpelte, war dekoriert mit Spitzendeckchen, Jugendstillampen, man saß auf grünen Kunstleder-Polstern. Nur wenig Zugreisende kamen hierher. Die freundliche Kellnerin sprach kein Wort Englisch, die Speisekarte war nur auf Russisch. Salat, Borschtsch, Bier. Wir verständigten uns. Sie brachte Sibirskaja Korona, Bier aus Sibirien. Der Borschtsch schmeckte wie Gulaschsuppe, gehaltvoll mit viel Fleisch, fettig, würzig, lecker. Die Kellnerin reichte ein Service-Buch, ich solle etwas hineinschreiben.

Wenn man nur nicht schlafen müsste. In der Nacht hatte der Zug die Grenze von Europa nach Asien passiert. Es ist eine imaginäre Grenze, zu sehen gäbe es ohnehin nichts. Aber gerade diese imaginären Punkte unterwegs verlocken zum Träumen und schließlich zum Reisen. Ob der Blick von einer Insel bei Hammerfest oder vom Nordkap aufs Meer hinausgeht, was macht es schon für einen Unterschied?

Der Unterschied ist nicht in der Landschaft, sondern im Kopf. Durchs verschneite Russland zu fahren, könnte „sehr langweilig" sein, wie Ludmilla sagte. Aber wenn man immer schon einmal mit der Transsib fahren wollte und sich endlich dieses Zugticket gekauft hat, das auch bloß aussieht wie ein Ticket von Balingen nach Biberach, dann schaut man aus dem Fenster und jubelt sich innerlich zu: „Ich fahre mit der Transsibirischen Eisenbahn."

Wir fuhren weiter. Also Sibirien: Flach, vermutlich sumpfige Wiesen, braunes Schilfgras, keine Dörfer, Kolonnen von Arbeitern an den Gleisen.

Ein Mitreisender schob die Türe zu unserem Abteil auf, er hatte von der Deutschen gehört, er winkte mit einer Broschüre. Er wolle zum Langlaufen in den Bayerischen Wald. Wo der sei, dieser Bayerische Wald? Nicht zu fassen. Ein Sibiriake, der in den Bayerischen Wald fahren will. Nicht nach München aufs Oktoberfest, nicht nach Berlin, nicht nach Heidelberg und auch nicht aufs Schloss Neuschwanstein, sondern in die Gegend von Deutschland, wo es manchmal sibirisch kalt ist.

In Omsk liefen Männer am Zug entlang, klopften mit langen Eisenstangen unten auf die Achsen, Eis fiel in dicken Batzen ab. Wie mochte wohl unser Zug von außen aussehen, wenn er durch die Taiga fuhr? Es ist bitter kalt, der Schnee muss pudrig aufwirbeln. Endlose Schneewiesen mit Birkeninseln.

Nowosibirsk! Man kann es fast nicht glauben, dass es diese Orte wirklich gibt. Timbuktu, Copacabana, Popocatépetl, Nowosibirsk. Neonbuchstaben schrieben den Namen der Stadt in den schwarzen Nachthimmel. Auf den Bahnsteigen grünliches Licht.

Lena schrieb mir ein Gedicht. „Trip Russian Poem – She is watching Russia through the window, and for her Lake Baikal is waiting." Ich hatte Geburtstag. Der Speisewagen war schon geschlossen. Man verliert das Zeitgefühl auf einer langen Reise im Zug. Pascha, ein junger Mann aus einem Nachbarabteil, der in Archangelsk seinen Bruder besucht hatte, holte eine Flasche Weinbrand hervor. Kognak.

Sofort wurde es munter im Damenabteil, wir packten aus, was wir zum Essen fanden. Sogar Ludmilla wurde lebhaft. Auf dem Tischchen sammelte sich ein Picknick aus Speck, weißer Schokolade, Mandarinen, Apfelschnitzen, Brot, Wurst. Ludmilla zerteilte alles in mundgerechte Happen. Pascha mit den großen Augen schenkte „Stari Kenigsberg" in Teegläser ein. Russen brauchen beide Hände zum Trinken. In der einen Hand das Glas, mit der anderen griff sich jeder ein Stück von der russischen Tapas-Platte.

Pascha brachte ein Buch: „Aphorismen berühmter Männer", tauschte sich mit Lena und ihren Sonetten aus. Das hätte nun der Beginn einer Romanze sein können. Wurde es aber nicht. Charmant, aber unengagiert plauderte Lena mit Pascha. Pascha bekam ganz rote Wangen.

*

Der Zug hielt, Wowa stieg zu, ein sinistrer junger Mann mit einem beobachtenden Blick. Unser vierter Abteilgast. Er hatte sich beim Skifahren im Altaigebirge den Knöchel gebrochen, ging auf Krücken aus Holz, die aussahen wie aus einer anderen Zeit, wie von einem Kriegsheimkehrer aus Sibirien.

Wie lange dauerte die Fahrt mit der Transsib? Nicht lang genug. Der letzte Tag. Das sanfte „Krrdong, grrrdong, brrrdong" fehlte mir jetzt schon, wenn ich es mir wegdachte. Da wäre noch so viel zu sehen, in dieser weiten, leeren Landschaft. Ich wollte nicht aussteigen in Irkutsk. Wollte weiterfahren bis an den Pazifik. Und dann mit dem nächsten Zug wieder zurück, die ganze Strecke. Aber diesmal nicht in einem Rutsch, sondern aussteigen. In all den Orten mit den unwirklichen Namen, in Omsk und Tomsk und natürlich in

Nowosibirsk. Die Großstädte durchstreifen und dann mit der Elektritschitska, mit dem Bummelzug, in eines der Dörfer mit den Holzhäusern fahren. Reisen, immer nur reisen.

Wenn Lena und Ludmilla morgens aufwachten, griffen sie zum Schminktäschchen und legten nach. Diese ganze Woche lang sah ihre Haut kein Wasser. Neuzugang Wowa aß Nudelsuppe, aufgebrüht mit heißem Wasser aus dem Samowar. Lena aß zum Frühstück ebenfalls „Supersuup". Wir lagen auf unseren Betten, schauten hinaus in den Schnee, in die Sonne. Dodong, dodong. Die Dörfer sahen immer noch so aus, wie sie Pasternak in *Dr. Shiwago* beschreibt. Nur hockte auf manchem Holzhaus eine Satellitenschüssel. Pasternaks Roman lag immer neben meinem Tee, meistens aber schaute ich lieber hinaus anstatt zu lesen.

Schaffner Ilwir putzte beflissen zwei Stunden pro Tag. Er brachte mir das Wort „podstakannik" bei, so heiße das Teeglas mit Metallhenkel. Und er ahnte schon, dass ich das Glas würde kaufen wollen. Bisness. Lena fragte ihn, was die kosten. Er nannte einen exorbitanten Preis. Nein, er könne da nicht verhandeln. Die Glashalter mit dem Transsib-Aufdruck würden gezählt, wenn er nicht alle wieder mitbringe, würde ihm das vom Lohn abgezogen. Das klang absolut unglaubwürdig, aber was will man machen?

Einmal, ich hatte mir die Beine auf dem Bahnsteig vertreten, kam ich ins Abteil zurück, zog die dicke Jacke aus, es war immer viel zu warm hier drinnen, und vertiefte mich wieder in mein Buch, in *Dr. Shiwago*. Ludmilla schaute mich an und sagte: „Deutsche sind irgendwie aktiver. Immer machen sie irgendetwas. Wir Russen sind eher passiv. Also ich jedenfalls." Mir erklärte sie sehr laut, als ob ich sie dann besser verstünde, ihr Leben. „Sozialismus, ich, viele Bücher. Immer lesen. Bücher über Bücher. Knigi, knigi. Jetzt nicht mehr. Sewodnja njet. Nur noch Kreuzworträtsel. Krossword." Und warum liest sie nichts mehr? „Keine Zeit, keine Zeit."

Lena fragte: „Was denkst du, mögen Männer clevere und unabhängige Frauen?" Russische Frauen seien klug genug, ihre Unabhängigkeit nicht zu zeigen. Was sagt denn Wowa dazu? Unser russischer Mann. Wowa, der mit dem Skigips, sagte: „Männer mögen Frauen, die daheim bei den Kindern bleiben." Er nahm es als selbstverständlich hin, dass wir Frauen ihm, mit seinem Gipsbein, Teewasser vom Samowar holten. Zum Rauchen ans Waggonende schaffte es der Gebrechliche hingegen allein.

Das war das Glück dieser gemächlichen Winterreise: Hinausschauen in die verschneite russische Landschaft und hineinlinsen in die Befindlichkeiten der russischen Mitreisenden. In der Transsibirischen Eisenbahn geht die Zeit langsamer. Das jedoch hat mit metaphorischen Betrachtungen nichts zu tun: Im Zug und auf den Bahnhöfen entlang der Strecke gilt durchgehend Moskauer Zeit. Aber je länger die Reise dauerte, desto weiter entfernte man sich von dieser Zeit. Schlafrhythmus und Tagundnacht drifteten auseinander. In Moskau und im Zug war es eine Stunde nach Mitternacht. Alle schliefen. Es klopfte. Die Schaffnerin flüsterte: „Irkutsk!“

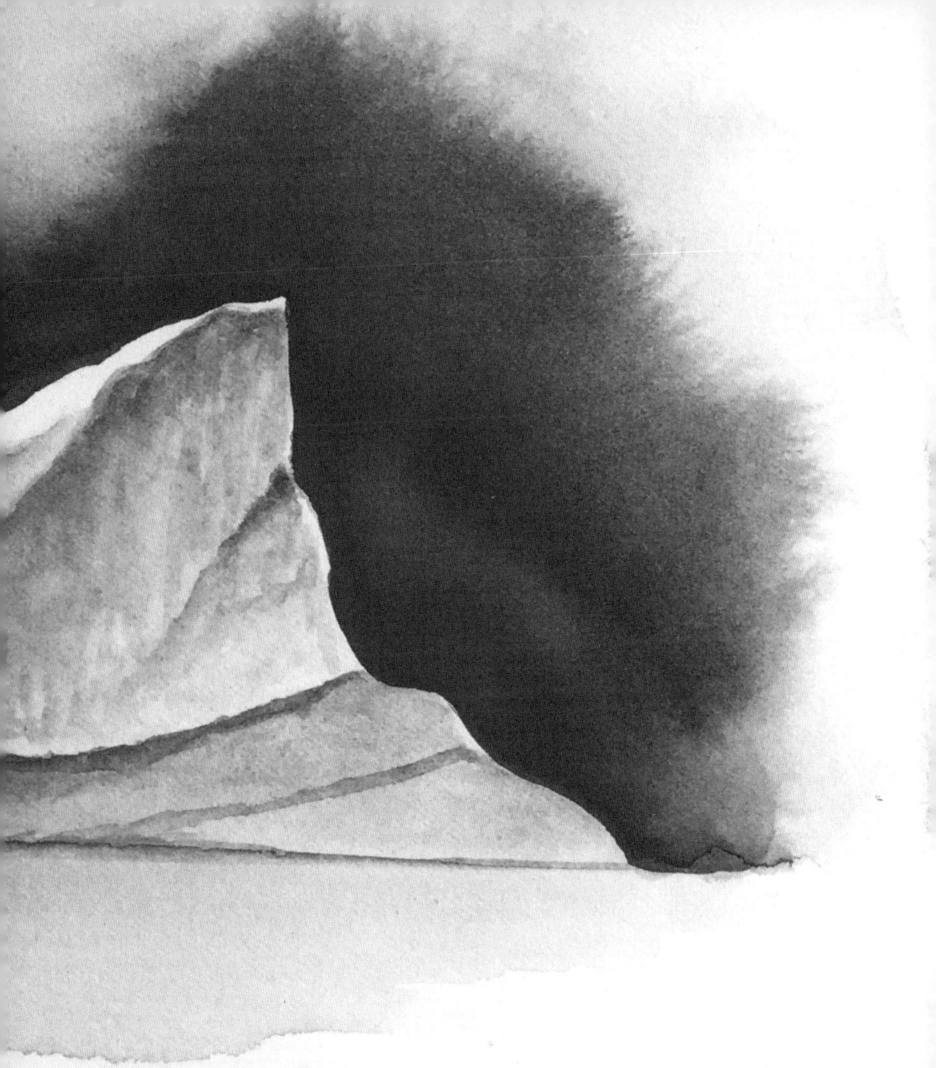

Nordwärts

Durch Schneestürme und über den Baikalsee

Irkutsk. Meine Güte, war das fern vom Schuss. Aus westlicher Sicht jedenfalls. Nun komme ich mit dem Bus in Alta an. Auch das liegt weit ab, aus mitteleuropäischer Perspektive. In Alta frage ich beim letzten Drink an der Hotelbar den Kellner, wie man hier lebt, so einsam und abgelegen. Er nimmt die Frage leidlich krumm. Sie lebten hier auch nicht anders als anderswo. „Wir arbeiten, abends kommen wir heim, essen etwas und schauen schlechte Serien an. Und am nächsten Tag dasselbe." So kann man ein Leben auch zusammenfassen.

Alta 69°57'20"N

Alta liegt weiter östlich, doch kaum weiter nördlich als Tromsø. In der Früh breche ich wieder auf, nun ist der Nordzipfel des Landes nah. 7 Uhr, leicht blauer Himmel, minus acht Grad, eine weiß überfrorene Landschaft. Flache Schneefahnen huschen im Licht entgegenkommender Autos über die Straße wie Staubmäuse.

Einen Fahrerwechsel weiter bin ich der einzige Gast im Bus. Im Winter in den Norden zu fahren, ist noch immer eine ungewöhnliche Reise. Das Busthermometer zeigt minus zehn Grad Außentemperatur, das Meer bleibt eisfrei. Dorsch-Trockengestelle stehen am Ufer, in einem Fjord liegen riesige runde Kreise auf dem Wasser, eine Lachs- oder Dorschzucht. Überm schwarzen Meer hängen tiefe, faserig dunkle Wolken. Eine Stunde lang scheint die Sonne hier noch am Tag.

Irkutsk war damals nicht das Ziel meiner Reise gewesen, sondern der Baikalsee. Der im Winter komplett und meterdick zugefrorene Baikalsee. Ich wollte mich einer Gruppe anschließen, die eine Ecke des Sees zu Fuß und mit Zugschlitten überqueren wollte.

Um mich einzustimmen auf diese Winterreise, las ich viel russische Literatur. Und ich schaute mir zum wiederholten Male *Dr. Shiwago* an, gedreht 1965 und wohl der Film schlechthin, der mein Bild des russischen Winters prägte. Was vielleicht für meine Generation, aufgewachsen im Kalten Krieg, insgesamt gelten kann.

Die Kutschfahrt! Das fiel mir als erstes wieder ein, als ich an den Film dachte. Der verliebte Shiwago, gespielt von Omar Sharif, der zusammen mit Lara im Pferdeschlitten rausfährt nach Varykino. Tatsächlich herrscht im Film auch vorher schon andauernd Winter. Demonstrationen im verschneiten Moskau, Krieg, Front, der Zug rauscht durch den Winter, mit den roten Flaggen der Revolution bestückt. Partisanen verstecken sich im Winterwald, immer ist Winter, und die legendäre – weil glückstrunkene – Pferdeschlittenfahrt kommt erst nach über zweieinhalb Stunden und dauert auch nur kaum eine Minute.

Varykino, der Landsitz, ist ein Eispalast. Auch die Innenräume sind komplett von Eis, Schnee, Eiszapfen, Eisblumen überzogen. Natürlich summt stets *Lara's Theme* im Hintergrund, die sehnsuchtsvolle Balalaika-Melodie. „Weißt du, wohin?" hieß das gesungen von Ivan Rebroff, noch so ein Kind des Kalten Krieges, ein Exot, ein Russe im deutschen Fernsehen. Der in Wahrheit Hans Rolf Rippert hieß und gebürtiger Berliner war. Aber es bediente eine melancholische Russland-Sehnsucht, so wie Shiwagos Schneelandschaften – die in Finnland lagen, wo die Winterszenen gedreht wurden.

*

Und während ich mich durch Berge von russischer Literatur wühlte, stellte ich fest, dass der Schneesturm das bestimmende Element in der russischen Erzählung des Winters ist. Jeder große Autor hat eine Novelle, eine Erzählung, eine Episode zum Schneesturm verfasst, der Schneesturm ist allgegenwärtig. Im Gegensatz zur Alpenwinterliteratur, in der er fast nicht vorkommt. Der Schrecken des russischen Winters ist der Sturm, in den Alpen steht dafür die Lawinengefahr.

Alexander Puschkins (1899–1837) Erzählung *Der Schneesturm* ist eine Romeo-und-Julia-Geschichte. Zwei junge Liebende wollen heimlich heiraten, jeder für sich bricht nachts mit der Kutsche auf zu einer abgelegenen Kirche. Aber, man ahnt es schon, ein Schneesturm kommt auf, „der Wind blies Mascha ins Gesicht, wie wenn er die junge Missetäterin aufhalten wollte." Dem jungen Wladimir geht es nicht besser. „Die Straße war in einem Augenblick unter den Schneemassen verschwunden; ein trüber, gelblicher Nebel, durch den die weißen Schneeflocken flogen, verdeckte den Blick; der Himmel floss mit der Erde in eins zusammen." Sie konnten zueinander nicht kommen.

1856 schreibt Leo Tolstoi eine Erzählung gleichen Titels. Auch dort verlieren sich mehrere Kutschen beinahe im Schneesturm, es ist ein ziemliches hü und hott, umkehren? Nicht umkehren? Wobei die Kutschen genau genommen Pferdeschlitten sind, Troika genannt.

„Ringsum ist alles weiß, weiß und beweglich: Bald erscheint der Horizont unendlich weit, bald von allen Seiten eingeengt und kaum zwei Schritte breit; bald türmt sich zur Rechten eine hohe weiße Mauer auf und läuft mit uns mit. [...] Der Wind scheint alle Augenblicke seine Richtung zu wechseln: Bald bläst er mir ins Gesicht und verklebt mir die Augen mit Schnee, bald wirft er mir, um mich zu ärgern, von der Seite den Pelzkragen über den Kopf und tätschelt mir damit neckisch das Gesicht."

Der Ich-Erzähler schläft ein, träumt von einem heißen Sommertag. Dann erklingen wieder die Schellen, „der Schlitten begann wieder zu schwanken, und der Wind pfiff unter den Kufen hin. Und wir segelten weiter über das endlose Schneemeer."

Auch in seiner *Anna Karenina* bringt Tolstoi den Schneesturm unter, gesehen vom Zugfenster aus. „Zuerst störte sie das Lärmen und Hin- und Herlaufen auf dem Bahnsteige; dann, als der Zug sich in Bewegung gesetzt hatte, musste sie unwillkürlich auf das von ihm verursachte Geräusch horchen; darauf wurde ihre Aufmerksamkeit durch den Schnee abgelenkt, der gegen das linke Fenster schlug und an der Scheibe haftenblieb, und durch den Anblick des vorbeigehenden, dicht eingemummten Schaffners, der auf der einen Seite ganz mit Schnee bedeckt war, und durch die Gespräche der anderen Damen über den entsetzlichen Schneesturm draußen. Aber dann weiter blieb alles unverändert: dasselbe rüttelnde Stoßen, derselbe Schnee am Fenster, dieselben schnellen Übergänge von Gluthitze zu Kälte und wieder zu Hitze, dasselbe Vorüberhuschen derselben Personen im Halbdunkel und dieselben Stimmen."

Die Eisenbahn hat eine schicksalsschwere Symbolik bei *Anna Karenina*; am Ende des Romans begeht sie Selbstmord, indem sie sich vor den Zug wirft.

*

Auch als zeitgenössischer russischer Literat kommt man an diesem Topos nicht vorbei; 2010 schreibt Vladimir Sorokin seinen Roman *Der Schneesturm*. Warum auch er sich dieses Themas annahm, erklärt er in einem Interview in der *ZEIT*: Solche Stürme seien eben „unsere russische Realität." Das Buch sei eine Erzählung über den hoffnungslosen russischen Winter. Jahrelang habe er dieses Bild im Kopf gehabt: Zwei Menschen von unterschiedlichem Stand begeben sich auf einen weiten Weg — und kommen nie an. Und dabei sei der Schneesturm die dritte handelnde Person in einem Drama, „das sich in der russischen Provinz in jedem Jahrhundert auf seine Art wiederholt." Wer im Winter die Stadt verlasse und sich nur ein paar Kilometer entferne, begebe sich auf eine Zeitreise.

Sorokins Roman ist ein Stück fantastischer Literatur, da treiben grotesk winzige „Pferdis" die Kutsche an, hier nur „das Mobil" genannt. Es bleibt im Nasenloch eines gestürzten Riesen stecken, und das Wetter macht es auch nicht besser. „Ade, Sternengefunkel! Der Schnee fiel lotrecht, kein Wind wehte. Er fiel so dicht, dass alles ringsum dahinter verschwand. Wie den müden Reisenden zum Hohn, wie um sich zu rächen für die ein, zwei Stunden Licht und Klarheit, schneite es und schneite, als gäbe es nichts anderes als diesen Schnee."

*

Derart mit Schneesturmliteratur eingestimmt, stand ich am Ufer des zugefrorenen Baikalsees. Warum um Himmels Willen fährt jemand im Winter hierher?

„Platz ohne Ende", so hatte sich der deutsche Pilot Alexander, 33, Sibirien vorgestellt. Ihn hatte die unberührte Natur angezogen, seit er von oben die Weite der Landschaft bewundern konnte.

Kreditmanager Martin, 44, war der „Faszination des Ostens" erlegen, war schon in Tiflis, Minsk, St. Petersburg und auf der Krim. „Seit ich Filme von Klaus Bednarz über den Baikalsee gesehen habe, wollte ich nach Sibirien."

Doch als er Kollegen davon erzählte, sagten die: „Ach so, ich dachte du fährst in Urlaub!"

Auch bei der Stuttgarter Innenarchitektin Ellen, 36, war das Vorhaben „zu Hause nicht gut angekommen." Ihr Großvater war in Sibirien gefallen, ihre Mutter war entsetzt, dass sie dorthin eine touristische Reise mache. Ellen hatte sieben Jahre in Schweden in der Einöde gelebt und da gelernt, „wie schön Winter sein kann", sie suchte Ruhe, Wald, Einsamkeit. „Ich wollte wohin fahren, wo alles jeden Tag immer gleich ist", um Gedanken zu Ende zu denken.

Elf Tage wanderten wir über das Eis des Baikalsees, zogen Schlitten mit Gepäck hinter uns her, übernachteten in Blockhütten und Gästehäusern. Wir: Eine Gruppe Deutscher mit russischer Begleitmannschaft, Gennadij, seine Frau Tamara, beider Sohn Vlad sowie Übersetzer Dima, Student aus Irkutsk. Vlad trug einen großen Rucksack, voll mit Lebensmitteln für uns alle.

*

Und so zogen wir los. „Kurze Pause. Trinken Tee." Gennadij sprach nicht viel Deutsch, „wo und mit wem hätten wir früher Fremdsprachen anwenden können?", sagte der 59-jährige Russe aus dem hintersten Sibirien. – „Kurze Pause. Trinken Tee" war unser Lieblingssatz.

Zwei-, dreimal am Tag sagte Gennadij diesen Satz, irgendwo auf dem Eis. Dann warfen wir die Schleppgurte von uns, setzten uns auf die Schlitten, Tamara packte aus. Thermoskannen, Kekse, belegte Brote. Wir hatten andauernd Hunger. Tamara reichte Mandarinen. Wo kamen die eigentlich her? Dahinten, aus dem Tal, scherzte Gennadij. Tatsächlich wachsen russische Zitrusfrüchte dort, wo die olympischen Winterspiele stattfanden: in Sotchi am Schwarzen Meer. „Aber wir in Sibirien bekommen Mandarinen aus China." Wie auch Möbel, Kleidung und die meisten Lebensmittel. China ist nah, liegt hinter den Bergen vom Baikal.

Am Ufer stapelten sich Eisschollen aufeinander, in der Ferne, draußen auf dem See, glitzerte das Eis hoch aufgeworfen in der Sonne. Jeder suchte nach der besten Spur über den See. Dort hinten, das ist doch eine glänzende Stelle, läuft es da besser? Dieser graue Schnee da vorne, ist der hart wie ein Brett? Nein, man sank ein. Diese stark glitzernde Fläche, war das gefrorener, harter Schnee? Ja, aber nur drei Meter lang.

Am Ufer standen hohe Berge, „dort beginnt die burjatische Republik“, erklärt Gennadij. Das klang gleich noch exotischer, noch fremder. Hätte man dorthin fahren sollen? Da war es schon wieder, der Drang, die unbändige Lust, weiterzuziehen.

Am zweiten Abend erreichten wir Tschernaja Pad. Als wir das Blockhaus der ehemaligen Goldgräbersiedlung betraten, dachten wir, wir hätten uns in der Türe geirrt. Ein gusseiserner Holzofen hatte die Schlafkammer so heiß wie eine Sauna werden lassen.

Ein weiterer Tag begann mit Sonnenschein, 15 Grad minus. Kälte kümmerte uns nicht, wir schwitzten ohnehin jeden Tag den letzten Teetropfen aus den Rippen. Jeden Morgen spannten wir unser Gepäck auf die Schlitten, schnallten uns Gurte um und traten auf den See hinaus. Jeden Morgen ein erhabenes Gefühl. Gut eineinhalb Meter dick friert der Baikalsee im Winter zu.

Der größte See der Welt präsentierte sich von seiner schönsten Seite. Trinkwasser für 40 Jahre für die gesamte Weltbevölkerung lag vor uns, in einer gigantischen Tiefkühltruhe versiegelt. Umrahmt von verschneiten Gebirgen. Schwarz und glasklar war das Eis, durchzogen von Sprüngen, die sich unter den Füßen zu Mustern verbinden.

Mal sahen die 3D-Streifen aus wie Feenschleier, zart, wie Polarlicht wehend. Mal zeigten sich im Eis eingebackene Schneescheiben wie gefrorene Quallen, und mal erkannten wir verzogene Schlieren, wie weiße Karamellgebilde auf teuren Desserts, die Kunst des Eis-Patissiers.

Dazu der Rhythmus unserer Reise, eine Percussiongroup auf Tournee: Die Spikes, mit Gummiriemen unter die Wanderschuhe gezurrt, hakten sich bei jedem Schritt einzeln ins Eis. Beim Abrollen des Fußes gaben sie einen Ton frei, wie eine sanft gestreichelte Snare-Drum, „krtsch, krtsch, krtsch“, darunter legte sich das Wischgeräusch des Schlittens, wie das Streichen des Besens auf dem Becken, „schsch, schsch, schsch“. Wir sahen toll aus und fühlten uns so, eine Expedition auf dem Weg durch Russland, einer hinter dem anderen zog sein Gepäck.

*

Gennadij und Tamara waren vernarrt in den Baikal, seit den 1970er-Jahren kamen sie mehrmals im Jahr hierher. Sie arbeiteten als Röntgenärzte in der sibirischen Kleinstadt Nischneudinsk. In ihrer Freizeit führten sie Gäste durch die

Natur. Als Gennadij ein Kind war, waren die sibirischen Lager berüchtigt, aber er habe davon nichts gewusst, sagt der Mann mit den großen Händen und dem sonnigen Gesicht. Er wuchs in Blagoweschtschensk auf, einer Stadt an der chinesischen Grenze, einer geschlossenen Stadt. Niemand durfte hinein, mit Lagern sei er nie in Berührung gekommen.

Ende unserer Teepause. Verschwitzt vom Gehen spürten wir, wie Kälte vom See heraufkroch. Wir stemmten uns hoch, packten zusammen. Da stieß zu unserer Percussiongruppe ein weiterer Ton, ein Dröhnen. Die ganz große Trommel. Ein Sprung fuhr durchs Eis, nicht neben uns, irgendwo in der Ferne, etwas Dumpfes bebte heran.

Alle erschraken, blickten drein wie Hasen vor einem Gewehrlauf, jeder versuchte, sich an jemandem festzuhalten, aber an wem, oder davonzuhetzen, aber wohin? Gennadij schmunzelte, er sagte: „Kein Problem." Vielleicht war ein LKW, irgendwo auf der Straße übers Eis, der Auslöser, vielleicht war es nur die Sonne. Es war, als würde das Eis leben und manchmal einen tiefen Seufzer tun.

*

In Schumicha trafen wir „den bekanntesten Banja-Meister Sibiriens", einen Mann namens Sergeij Trofimowitsch, der einmal in der Woche in der Banja, der russischen Sauna Hof hielt, „für die Gesundheit und für die Seele."

Er sagte, er sei „praktisch dort geboren" worden. Mit okkulten Bräuchen habe der Banja-Kult jedoch nichts zu tun: „Es war einfach der Ort, an dem es warm war und wo es sauberes, heißes Wasser gab." Alles Banja-Wissen werde seit Generationen weitergegeben, „aber nur von Russen", die vor 300 Jahren in Sibirien eingewandert waren. Burjaten und Ewenken, die ursprünglichen Bewohner der Baikalregion, hätten keine Schwitzbäder.

Wie lange man in der Banja bleiben soll, fragten wir ihn, und wie heiß es sein solle. „Frauen mögen um die 80 Grad, Männer um die 100 Grad." In der Banja sei man aktiv. Man massiere sich mit Birkenzweigen. Massieren nannte er das, wenn Tamara uns Frauen jeden Abend auspeitschte. Allerdings hatten wir nie Muskelkater, trotz der anstrengenden Tage, vielleicht deswegen.

„Viel Kräutertee trinken", ordnete Sergeij noch an, „um Negatives und Krankheiten herauszuschwitzen." Kräutertee? Und was ist mit Vodka? „Ganz schlecht", sagte Sergeij. Kein Vodka, kein Bier, denn das sei nicht gut für den Organismus. Hat sich in den Jahrzehnten das Wasser des Baikalsees verändert? Bedächtig überlegte der kleine, drahtige Mann. Er könne das nicht sagen, meinte er schließlich. Es gebe immer mehr Autos in der Umgebung, das werde wohl schon eine Rolle spielen.

*

In den nächsten Tagen hatten wir immer seltener blankes Eis unter den Füßen. Wir stapften durch Schnee. Mühsam. Die Gruppendynamik bekam Risse wie das Eis. Der Schlitten schien immer schwerer zu werden, lag da einer drauf? Hatte da einer heimlich sein Gepäck mit drauf gepackt? Martin zog einen Metallschlitten. Der lief bestimmt viel besser. Und das rote Modell von Ellen, ganz sicher war das leichter. Jeder dachte, hätte ich nur den Schlitten des Vordermanns, ja damit wäre es keine Kunst.

„Kurze Pause. Trinken Tee." Gennadij hatte es schon lange nicht mehr gesagt. Hatte der Mann keinen Hunger? Und wo war eigentlich der Omul hingekommen? Wir hatten Fischern am Eisloch eine ganze Tüte der Forellenart abgekauft, hätte man die nicht räuchern und einpacken können?

Ach, in Listwjanka aßen wir herrlichen Omul, den endemischen Fisch des Baikalsees. Es gab Omul-Roulade mit Zedernkernen, gebratenen Omul mit Kartoffeln und Farn und Omul-Fischsuppe, was nichts anderes war als ein ganzer Fisch in Suppe. Am Nachbartisch die Damen aßen dasselbe. Sie behielten auch beim Essen ihre hochzeitstortengroßen Pelzmützen auf. Danach bestellten wir „Vodka na pososchok", „Vodka auf den Stock", also „one for the road". Es war das einzige Mal auf der ganzen Reise, dass wir Vodka tranken. Unsere Russen tranken nie welchen.

„Kurze Pause", sagt Gennadij. Ohne Tee. Wir saßen. Gennadij ging. Wir hatten den letzten Tropfen längst ausgetrunken, auch die Wasserflaschen waren leer. Gennadij ging zu einem Haus am See, über dem eine zarte Rauchfahne stand. Wir knabberten Nüsse. Gennadij kam zurück. „Trinken Tee!" Wir wurden einsilbiger.

Wir kamen in Scharizschalgai an, in riesigen Lettern stand der Name auf einer bunten Bretterwand. Steil ging es die Uferböschung hinauf, zum alten Bahnhof der Transsibirischen Eisenbahn.

Wir schliefen gut. Wir konnten gar nicht anders. Aber wir dachten in diesem Raum im Jugendherbergsstil kurz vor dem Wegsacken an jene Nacht im

Goldgräbercamp, der schönsten Nacht auf dieser Reise. Wer viel Tee trinkt, muss nachts raus. Es war kalt, sehr sehr kalt.

Das Plumpsklo stand natürlich einige Meter weg. Schlafanzughose, bloße Füße in den Stiefeln. Ist das saukalt. So ein nächtlicher Gang ist furchtbar. Und furchtbar schön auch. Der Mensch strebt nach Bequemlichkeit, das geht manchmal einher mit einem Verlust an Intensität. Und an Schönheit. Ein Sternenhimmel, als hätten alle Oligarchenbräute ihre Schmuckkästchen ausgeleert, wölbte sich über den Baikal.

Zurück in die Hütte. Rein in die Federn. Drei Uhr nachts. Ein sibirischer Bär tapste schwer über die Veranda. Die Türe ging auf. Der Bär trug Stirnlampe und sagte: „Entschuldigung – kalt?" Ja, bibberten zwei Frauenstimmen. Das Feuer im Ofen war verlöscht, die Banja war zu einem Kühlschrank geworden. Gennadij verschwand kurz, kehrte zurück mit einem Stapel Holz und Zweigen. Gleich loderten Flammen, es knisterte und leuchtete so schön.

Und um 7 Uhr legte er noch einmal Holz nach. So war es beim Aufstehen mollig warm. Alle späteren Übernachtungen waren mit elektrischen Öfen. Auch Gennadij, der russische Bär, brauchte mal Schlaf.

Nordwärts

Zum Nordkap: Vom Überleben im Norden

Honningsvåg 70°58'56"N

Honningsvåg ist der letzte Ort vor dem Nordkap; im Hafen dümpeln Fischerboote, die Hurtigrute legt das ganze Jahr über an, der Hafen bleibt dank des Golfstroms auch im Winter eisfrei. Vor den Häusern parken Sparks, die skandinavischen Tretschlitten, sowas wie der Kufenrollator des Nordens. Doch der wird durchaus nicht nur von alten Menschen verwendet, um nicht auszurutschen. Oder aber man klemmt sich Spikes unter die Schuhe, wie auf der Tour über den Baikalsee. Oder trägt wie junge Leute überall in Europa Sneakers und kurze Socken, so dass die Knöchel arktische Luft schnuppern.

*

Die letzte Etappe zum Nordkap. Es ist nicht hell, nicht dunkel, das bleiche Winterlicht des Nachmittags. Der Busfahrer sagt, er sei eigentlich Fischer aus Skarsvåg, dem nördlichsten Fischerdorf der Welt. „Und ich bin der nördlichste Busfahrer der Welt, yeah!“ Auf der Fahrt zum Nordkap plaudert er darüber, wie die Autofahrer mit den Tücken des Winters zurande kommen.

Ihnen mache vor allem der Wind zu schaffen, erzählt er, der für enorme Schneeverwehungen sorge: „Schnee kommt und geht." Schnee wie Wanderdünen. Hier am Meer wechsle das Wetter schnell, dadurch vereisten die Straßen oft. „Eine Stunde weiter im Süden kann es minus 25 Grad haben, bei uns wird es höchstens mal minus zwölf, und das auch nur wenige Wintertage lang."

Bei großer Kälte werde der Motorblock vorgeheizt, „man hat so eine Art Heizlüfter, der wird an Steckdosen angeschlossen." Man tanke Winterdiesel, diesem werden Stoffe beigemischt, der das Ausflocken verhindere. Außerdem könne Diesel gefrieren, da der Kraftstoff etwas Wasser enthalte. „Und hier heroben musst du sorgsam mit dem Auto umgehen. Dich drum kümmern, die Filter auswechseln, es warten." Elektro-Autos gebe es kaum, „die Distanzen sind zu groß. Und wegen der Kälte verlieren die Batterien noch schneller Saft."

Ab und zu bleibe mal jemand stecken oder lande im Graben. Aber, so sagt der nördlichste Busfahrer der Welt: „Mit den modernen Autos passiert viel weniger. Mit ABS und allem, die bleiben wirklich in der Spur." Die Autos fahren mit Spikes und wenn es ganz grimmig wird, in Kolonne hinterm Schneepflug her, Kolonnekjøring wird das genannt.

„Aber wenn eine Straße geschlossen ist, ist sie wirklich zu, also blockiert, da kommt keiner mehr durch. Und vorher wird eine letzte Kontrollfahrt gemacht, ob da noch einer ist." Wer hier lebt, sorge vor, habe Klamotten im Auto, Decken, eine Schaufel. Und natürlich Kaffee in einer Thermoskanne.

Wir fahren durch eine Landschaft in Weiß und Hellblau, außer mir ist nur ein junges amerikanisches Pärchen im Bus. Pfosten markieren den Straßenrand, noch liegt wenig Schnee. Einmal biegen wir nach links ab, „Nordkap 13 Kilometer". Ich bin fast am Ende meiner Reise angelangt. Und wie hält er es mit der Dunkelheit?

„Winterdepri?", der Busfahrer schaut mich kurz an, schüttelt den Kopf. „Nö, am 21. Januar geht ja die Sonne wieder auf. Das ist alles nicht der Rede wert. Und im Sommer haben wir es wieder vergessen. So geht das jedes Jahr."

Nordkap 71°10'21"N

Am Nordkap. Ich stehe alleine unter dem stählernen Globus, dem sonst dicht umdrängten Wahrzeichen. Alle Zeit der Welt, aufs Meer hinaus zu schauen. Richtung Norden kommt lange nichts, dann Spitzbergen, dann der Nordpol.

Mich fasziniert im Norden einfach alles, vor allem aber die Fähigkeit des Menschen, noch in den unwirtlichsten Gegenden überleben zu können. Darauf war ich neugierig und so brach ich vor einem Vierteljahrhundert nach Grönland auf, nach Tasiilaq. Das liegt in Ostgrönland an der Küste – wo sonst. Im Inneren liegt nichts als Eis und Schnee, hier herrscht noch immer eine letzte Eiszeit im Land. Tasiilaq deshalb als Hafenstadt zu bezeichnen, wäre der schiere Hohn, denn neun Monate im Jahr sind Boote und Schiffe festgefroren, hält Packeis das Land in seinen eisigen Armen gefangen.

Die Anreise gestaltete sich überraschend schwierig, aber so konnte ich ungeplant einen Blick aufs grönländische Inlandeis werfen. Der bis zu 3000 Meter dicke Eispanzer reicht bei weitem nicht bis an die Küste heran. Man kommt da gar nicht so leicht hin. Und ich kam auch gar nicht so leicht nach Grönland! Ich saß in Island fest.

Das Wetter sei schlecht, hieß es den einen Tag. Mit der Maschine sei was nicht in Ordnung, sagte man mir am nächsten Tag. Ich hockte im Flughafenhotel und grimmte. Ich verstand nicht, was da los war, irgendetwas stimmte nicht, aber man sagte mir nicht, was, und ich wollte endlich rüber über den Nordatlantik.

Es war Winter, sicher war das Wetter schlecht, aber wie sollte es sonst sein um diese Jahreszeit? Nach einigen Tagen ging es endlich los. Wir flogen mit einer Twin Otter, einer Propellermaschine. Außer mir saßen nur sechs weitere Passagiere auf den klapprigen Sitzen. Der Motor röhrte und rumpelte. Es ging nach Kulusuk, eine der Ostküste vorgelagerte Insel, von da würde ich mit dem Helikopter weiterfliegen nach Tasiilaq, dort wollte ich wie geplant den Winter verbringen.

Ich weiß nicht mehr, wie lange wir flogen, ich sah die ganze Zeit aus dem Fenster. Ich saß links und endlich tauchte Grönland auf. Ich sah die Küstenlinie, ausgefranst von den Brechern der arktischen See, markiert von den schwarzen Gipfeln der „nunataks", „Berge, die aus dem Eis ragen"; und links davon weites Weiß, die unendliche Ebene des Inlandeises.

Aber warum flogen wir an der Küste entlang? Das war nicht logisch, denn der direkte Weg von Reykjavik nach Kulusuk ging einfach gen Westen. Wir aber flogen offensichtlich nach Norden. Wo um Himmels willen flogen wir hin? Ich war nicht beunruhigt, ich war glücklich.

„Fasten seatbelts", schnarrte der Kapitän in den Lautsprechern. „We will be landing soon in …" dann folgte ein unverständliches Wort. Die Maschine sank, wir landeten, alle stiegen auf die Piste aus. Eiskristalle peitschten durch die Luft, einsam stand die Maschine auf dem Rollfeld, ein Wagen kam heran. Pakete wurden ausgeladen, ein Mann, der mit uns geflogen war, stieg in den Wagen ein. Und wir sechs anderen kletterten wieder in die Twin Otter.

Da endlich verstand ich: Es war ein „Lumpensammler-Flug". Die Fluggesellschaft hatte in Island so lange gewartet, bis wenigstens ein paar Menschen im Winter nach Grönland wollten. Mich störte das nicht, natürlich nicht. Es war ein fantastischer Flug, nie wieder flog ich so tief an der Landkante Grönlands entlang. Und ich war viel weiter in den Norden gekommen, als geplant, bis auf einer Breite von über 70° 45′, da lag Nerlerit Inaat, so hieß der Flughafen, der die Siedlung Ittoqqortoormiit versorgt.

*

In Tasiilaq schmiss ich meinen Seesack vor die Eingangstüre eines roten Holzhäuschens und blieb vier Monate. Was Winter in Ostgrönland bedeutete, schrieb ich eine Woche später an Freunde: „Ich springe aus dem Schlafsack, draußen Schneesturm. Etwas klappert: die Türe des Schuppens. Mit mehreren Schichten Klamotten stürze ich hinaus, die Haustüre lässt sich nicht zuziehen, weil in allen Ritzen Schnee steckt. Die Schuppentüre weht wie ein Segel im Sturm, der Wind reißt sie mir aus der Hand, mein Daumen gerät dazwischen. Ich haste ins Haus.

Es will nicht warm werden, das Holz ist verbraucht. Ich muss wieder raus! Der Wind bläst mich fast um. Obwohl ich vor ein paar Tagen ein Fixseil als

Geländer ums Haus gespannt habe, rutsche ich aus, knalle mit dem Knie aufs Eis. Zurück ins Haus, trotz Gore-Tex ist alles patschnass. Jacke auf die Leine, ein paar Scheite hineingeschoben, fast wird es gemütlich – doch der Wind reißt die Schuppentüre wieder auf. Ich bekomme Schreikrämpfe. Keine zehn Minuten war ich im Trockenen, und nun muss ich wieder raus."

In den restlichen Monaten versuchte ich, wenig erfolgreich, ostgrönländisch zu lernen. Ich kochte Spaghetti für Nachbarskinder, ging mit Reisegruppen auf Skitour, fuhr mit Einheimischen zum Eislochfischen hinaus, flog mit dem Helikopter an abgelegene Wohnplätze. Und verbrachte viel Zeit mit Holzhacken und Eisschmelzen.

Die Güter dieser Welt seien sehr ungleich verteilt, schrieb Fridtjof Nansen einmal. Einigen Völkern werde es leicht gemacht, „sie können in ihrer Jugend einen Brotfruchtbaum pflanzen und sich damit für den Rest ihres Lebens versorgen, während anderen offenbar alles, außer der Kraft zu kämpfen, versagt ist und sie der feindlichen Natur Schritt für Schritt alles, das sie zum Leben bedürfen, erst abtrotzen müssen."

Nansen setzte sich stets für die Kultur der Inuit ein. In seinem Buch *Eskimoleben* schrieb er, das Eskimovolk liefere den besten Beweis für die Begabung des Menschen, sich den Verhältnissen anzupassen und sich über die Erde zu verbreiten. „Der Eskimo bildet den äußersten Vorposten gegen die Leere des ewigen Eises."

Während meiner Winterzeit flog ich einmal mit dem Helikopter nach Sermiligaaq an der Ostküste und besuchte die damals 80-jährige Gudrun und ihren Mann Thorvald. Sie war praktizierende Schamanin, Thorvald Laienpriester. Sie wohnten in einem roten Holzhaus. In diesem Haus lebten die alte und die neue Kultur Grönlands nebeneinander.

An der Wand hingen Christusbilder, daneben lag Gudruns Trommel für Trance-Tänze. Aus einem zum Trocknen aufgespannten Robbenfell tropfte Fett auf den Teppichboden. Im Vorraum stolperte ich über Gummistiefel und mollige Jacken, schaffte es kaum, mich schnell genug der dicken Kleidung zu entledigen, um nicht gleich fürchterlich zu schwitzen. Wärme galt in Grönland immer schon als Luxus: Wer es sich leisten kann, macht es sich bullig warm. Und während draußen bei klirrender Kälte Erfrierungen drohen, sitzt drinnen die ganze Familie im Unterhemd vor dem Fernseher.

Es war ein langer Weg von den Tranlampen, die in Grassodenhäusern gerade mal ein bisschen Licht und Wärme spendeten, wo die Bewohner sich in dicke Eisbärfelle gehüllt zusammenkuscheln mussten, um die unendlich langen Winter zu überstehen, bis zur heutigen Behaglichkeit.

*

Grönland wurde um das Jahr 1000 entdeckt. An diesem Satz ist so viel Wahres dran wie an der Behauptung, 1492 sei Amerika entdeckt worden. Der Wikinger Erik der Rote ließ sich um das Jahr 985 an der Westküste Grönlands nieder. Aber so wie in Amerika seit Jahrtausenden Indianer lebten, gab es in Grönland Inuit-Völker. Die Vorfahren der heutigen Grönländer waren lange vor den Weißen von Arktisch-Kanada her eingewandert.

Doch mitnichten lebten die Inuit dauerhaft in Iglus, diese Schneehäuser dienten nur als Unterkunft auf Reisen. Ich habe auf mehreren Reisen nach Grönland nie Iglus gesehen – außer solchen, die für Touristen zum Übernachten aufgeschichtet werden. Außer „Iglu" haben es noch ein paar Inuit-Wörter ins Deutsche geschafft, so „Anorak", ein warmes Kleidungsstück, in dessen ausgebeulter Kapuze auf dem Rücken ein Kind Platz fand, und „Kajak", grönländisch „Qajag", ein arktisches Paddelboot mit Doppelpaddel.

Um das Jahr 1000 bildeten fortschrittlichere Inuit im Norden Grönlands mit der Thule-Kultur einen Vorposten, sie waren bessere Jäger als ihre Vorfahren und gelten als Vorläufer der heutigen Grönländer. Erst jetzt landeten die ersten Weißen an den südlichen Küsten der Insel – und obwohl sie sich mildere Landstriche zur Besiedelung aussuchten, scheinen sie weniger gut mit dem harten Leben am Polarkreis zurande gekommen zu sein.

Im Gegensatz zur Jägerkultur der Inuit waren die Isländer Bauern, sie errichteten Höfe. In der Blütezeit der Wikingerkolonie auf Grönland, etwa um das Jahr 1400, lebten auf 280 Höfen rund 4500 Nordmänner. Doch damit war der Zenit überschritten. Die Wikinger verschwanden; 500 Jahre nachdem sie in Grönland gelandet waren, verlieren sich ihre Spuren.

Die Forschung streitet noch über die Gründe: Vielleicht gab es eine kleine Eiszeit, vielleicht wurden sie von den von Norden herandrängenden Inuit vertrieben. Eine Vermischung der Neusiedler mit den Eskimos scheint jedenfalls nicht stattgefunden zu haben.

1614 wurde erstmals wieder ein Europäer auf Grönland beerdigt: James Hall, Seiner Dänischen Majestät Lotse, begleitete ein Schiff nach Grönland. Als es in eine Bucht einfuhr, erkannten die Inuit in ihm denjenigen, der bei einer früheren Expedition vier Ureinwohner entführt hatte, um sie in Europa herumzuzeigen. Sie harpunierten ihn.

Im frühen 18. Jahrhundert kamen Missionare, sie tauften die Inuit mit skandinavischen Namen. Die heutigen Grönländer heißen Nils und Peter, Christiane und Hansine, oder eben Thorvald und Gudrun, wie das alte Paar in Sermiligaaq. Jahrtausendelang hatten sich die Inuit an das Klima und die Unbilden der Arktis angepasst, aber gegen das, was die Europäer ihnen brachten, waren sie machtlos. 1733 rotteten Pocken ganze Dörfer aus, Grippe und Tuberkulose wüteten nicht weniger, und ebenso wehrlos waren sie gegen Alkohol.

Im 19. Jahrhundert entdeckten die Entdecker Grönland, erforschten das Inlandeis und die Eisberge. Sogar Ende des 19. Jahrhunderts wurde noch einmal eine bis dahin unbekannte Gruppe von Inuit von Weißen aufgesucht: Gustav Holm traf 1884 an der grönländischen Ostküste im Ammassalik-Fjord auf eine kleine Siedlung.

Die Generation der Großeltern von Thorvald und Gudrun hatten noch nie andere Menschen als die ihrer Dörfer gesehen. Holm schrieb, sie seien „durch unseren Anblick" nicht sehr verwundert gewesen. Hatten doch Schamanen über alle Generationen hinweg Geschichten darüber erzählt, wie sie im Inneren des Landes sagenhafte Erkilliker und Tirmeseter getroffen haben, „und wie sie tagtäglich mit allen Arten merkwürdiger Geister verkehren, dass die Leute nicht besonders erstaunt darüber waren, dass es jetzt auch ihnen bestimmt war, ein wenig Seltsames zu sehen."

*

Auf Arktisreisende wirkt Grönland so magnetisch wie der Nordpol, es zieht sie immer wieder hin. Fridtjof Nansen, der wochenlang auf Ski durch Grönland marschiert war, schrieb danach: "Hast du den Text gehört, den die Natur dir predigt? Dann lausche auf die Weite, sie ruft Dich zurück."

Für uns Südeuropäer ist das Leben im Eis ein Abenteuer, doch viele, die dort leben, wollen nichts wie weg. In Tasiilaq freundete ich mich mit der 18-jährigen Kristiane an. Was die junge Inuit-Frau erzählte, ließ mir die Haare zu Berge stehen. Als sie sechs war, kam sie ins Kinderheim, weil die Eltern soffen. Mit 13 war sie das erste Mal schwanger. Ihre 15-jährige Schwester Ana hörte oft stundenlang eine Kassette, auf der ein trauriges Lied eine Endlosschleife zog. Sie gedachte damit ihres Bruders, der sich umgebracht hatte.

In einer hellen Nacht ging ich mit den Schwestern spazieren. Nordlicht flammte auf, in der Bucht glänzten die Flanken eines Eisbergs, ein Caspar-David-Friedrich-Bild, zum Malen schön. Aber Kristiane sagte: "Ich bin's so leid, all das die ganze Zeit zu sehen."

Am Ende der Recherche zu diesem Buch bin ich, nach einem Vierteljahrhundert, erneut nach Tasiilaq gefahren. Ich hatte mich besonders darauf gefreut, Kristiane wiederzusehen, aber sie lebt schon lange nicht mehr in Grönland. Sie ist wie viele andere nach Dänemark ausgewandert. Da aber offensichtlich nahezu alle Grönländer, egal wo sie leben, auf Facebook sind, konnte ich sie schnell ausfindig machen. Seither schreiben wir uns wieder.

Nordwärts

Noch mehr Norden: Frauen in hohen Breiten

Als Reisende kann ich nicht genug bekommen von diesen winterlichen Destinationen. So gelange ich nach Longyearbyen, der norwegischen Stadt auf Spitzbergen. Das ist unfassbar weit im Norden gelegen, fast 1000 Kilometer nördlich des Nordkaps, auf 78 Grad Nord.

Auf Spitzbergen leben knapp 3000 Menschen, die wenigsten wurden hier geboren, sondern kamen freiwillig an dieses nördliche Ende der Welt. Hierher wandert man aus. Auf der ganzen Inselgruppe Spitzbergen gab es nie eine Urbevölkerung, weder Tschuktschen, Ewenken, Samojeden, Inuit, Inupiak noch Aleuten, keines der zirkumpolaren Völker wurde hier ansässig. Besiedelt wurde die Region erst Mitte des 19. Jahrhunderts durch westliche Pelztierjäger und später durch Kohleabbau-Kompanien. Warum zieht es Menschen hierher, warum ziehen sie in den Norden? Die Gehälter seien besser als in Norwegen, sagen die einen. Andere nennen ihr Hiersein Polarfieber. Sie sind „arktis-bitten", von der Arktis gebissen, wie es treffend auf Norwegisch heißt.

*

Ich bin mit einer Gruppe Studierender aus Norwegen unterwegs. Sie kommen von einer Folkehøgskole nahe Tromsø, dort lernen junge Menschen alles, was zum „Friluftsliv" dazugehört. Das Recht auf das Leben im Freien ist im norwegischen Gesetz verankert, geradeso wie der „pursuit of happiness" – das Streben nach Glückseligkeit – in der amerikanischen Unabhängigkeitserklärung. Die

Parallele ist passend, kann doch gerade das Draußensein, das Umherziehen in der Natur, unerreichbare Glücksgefühle vermitteln.

Sie verbringen eine Woche als arbeitende Gäste auf Spitzbergen, auf einer Hundefarm. Sie reparieren Hütten, flicken Zaumzeug, schippen Schnee wie die Berserker. Mit ihnen überstehe ich eine eisige Nacht auf dem Gletscher. Das ist nicht Teil der Arbeit, es ist die Belohnung.

Am Morgen schneit es. Grisselige Flocken fallen auf die Schlafsäcke, denn es schneit innen im Zelt. Kondenswasser vom Atmen und Dampf vom Nudelkochwasser haben sich über Nacht als Eisschicht an die Zelthaut geschmiegt. Als die Ersten ihre steifen Glieder bewegen und dabei an das Zelt stoßen, beginnt es zu rieseln. Noch mag niemand heraus aus dem Schlafsack. Draußen sind etwa minus 15 Grad.

Vidar Løkeng, der Leiter der Tour, kommt jedes Jahr, denn nur so nahe am Nordpol könnten die jungen Leute extreme Bedingungen durchleben. In solchen Tagen und Nächten, bei hohen Minusgraden, Stürmen und anderen Widrigkeiten „lernen die Studenten ihre Grenzen kennen und erfahren, was ein Zelt und ein warmer Schlafsack bedeuten."

Die Studenten sind auf dem Hundehof untergebracht, draußen kuscheln sich 80 Schlittenhunde in den Schnee oder verkriechen sich in ihren Hütten. Jede Nacht bläst der Wind wieder Schnee auf und rund um die Hütten, härtet ihn wie Beton, jeden Morgen treten die Studenten, männliche wie weibliche, hinaus, um die Hundehütten frei zu schaufeln.

Ein tiefschwarzer Himmel hängt über der Landschaft, als künde er von einem Unwetter. Doch er ist das Zeichen für offenes Wasser. Bleigraudunkel liegt der Fjord da, der Winter war zu warm, noch immer ist „Isfjorden", der Eisfjord, nicht zugefroren, die schwarzgrauen Wasser spiegeln sich in den Wolken.

*

Am späten Vormittag beginnt die Tour auf den Scott-Turner-Gletscher, dort werden wir übernachten. Die jungen Leute spannen je fünf Tiere als Teams vor die Schlitten. Im Zwinger tost ein unglaublicher Lärm, als wollten Höllenhunde verzweifelt ihre Göttin beschützen. Der erste Schlitten startet, ein Inferno bricht los. Die Begierde der Hunde loszuspurten, diese frenetische Lust zu laufen, ist unvergleichlich. Wenige hundert Meter hinter den Hütten verebbt der Wahnsinn.

Die Gespanne laufen in gleichmäßigem Tempo, nun hat man auf dem Schlitten Muße, die Landschaft zu betrachten. Man gewöhnt sich an diesen Anblick. Im blauesten Licht weitet sich das Tal, an den verblasenen Hängen drückt schwarzes Gestein durch eine dünne Schneeschicht, ein halber Mond steht am Himmel, wirft gelbliches Licht auf die Flanken. Eine Einheimische fährt an der Spitze, über den Rücken hängt ihr Gewehr.

Lisa Steffensen hatte ich zuvor im Ort getroffen. Wenn die junge Frau grinst, bekommen ihre Augen einen schelmischen Zug. Grinsen muss sie oft, zum Beispiel bei der Frage, ob sie schießen kann. Lisa sieht aus wie ein Mädchen aus einer Vorabendserie, nur dass hinter ihr an der Wand fünfzehn Gewehre hängen, gesichert mit einem Vorhängeschloss. Lisa arbeitet in der Svalbardbutikken, sie verkauft Ausrüstung für Touren, und dazu gehören auf Spitzbergen Gewehre. Der Eisbären wegen.

Außerhalb Longyearbyens wird man kaum jemanden ohne Waffe antreffen und auch innerhalb der Stadt ist es angeraten. „Letztes Jahr kam ein Bär bis zum Tor vom Kindergarten“, erzählt Lisa. „Ich habe zwei Pistolen, eine 44er und eine 375er-Magnum. Die Flinten sind mir für Wanderungen zu schwer.“

Kann hier jeder ein Gewehr kaufen? Nein, kann er nicht. Aber leihen. Das kostet 100 Kronen am Tag. Wer keine Jagdlizenz hat, muss zeigen, dass er mit einem Gewehr umgehen kann. Wer das nicht kann, aber schnell lernen will, dem bringt Lisa es am öffentlichen Schießstand bei.

Mit 18 Jahren kam Lisa nach Longyearbyen. Wie ist das auszuhalten, wenn es völlig finster ist? Lisa sagt: „Die Sonne erhebt sich am 8. März das erste Mal wieder über die spitzen Berge. Doch bedeutet das ja nicht, dass es bis 8. März finster ist und dann einer den Schalter fürs Licht anknipst.“

Schon im Februar weicht die Polarnacht einem magischen Licht. Der Himmel schüttet ein leuchtendes Blau aus, eine Stimmung vergleichbar einem späten Januar-Nachmittag etwa in St. Moritz, wenn die Sonne gerade hinter den Bergen verschwunden ist. „Blauer Monat“, so nennen sie diese Zeit.

*

Fährt man aus der Stadt hinaus, kann man auch schon früher im Jahr einen Sonnenstrahl erhaschen, und zwar am 16. Februar. Ich bin einmal zu diesem Termin hingefahren. Alles, was Kufen in der Garage hat, und das haben so ziemlich alle Menschen auf Spitzbergen, schwingt sich auf einen Motorschlitten und fährt Richtung Osten. Hinein ins Adventsdalen, dann immer leicht bergauf und schließlich über einen steilen Hang auf eine Hügelkuppe. Um dort die Sonne zu sehen.

Sie stellen die schweren Maschinen ab. Rundum Stille. In tiefer Bläue liegen die Hügel und Berge da. Die Einwohner von Longyearbyen, die heraufgefahren sind, packen aus Rucksäcken Thermoskannen aus, breiten Kekse und Schokolade auf den schwarzen Motorradsitzen aus.

Die Bewegungen sind so langsam, als seien die Menschen auf dem Mond. Und sie sehen ja auch so aus. Über dicke Winterkleidung kommt für so eine Tour noch ein Schneeanzug. Schwer, gepolstert, warm. Auf dem Kopf mehrere Lagen, erst dünne Sturmhauben, darüber dicke Mützen, darüber noch der Helm. Bei jedem Schritt knirscht der Schnee, denn auch wenn es nicht dunkel ist, kalt ist es sehr wohl.

Schließlich schauen alle hinaus aus dem Tal, dorthin, wo das Blau heller wird. Und mit etwas Wetterglück zeigt sich im Osten nicht nur puderrosafarbener Himmel, sondern wirklich und wahrhaftig: die Sonne. Immer am 16. Februar schiebt sie sich in Spitzbergen das erste Mal im Jahr über den Horizont, auch wenn das nur von hier, östlich der Stadt und etwas erhöht, zu sehen ist.

Nun aber zurück ins Warme, es kann auf Spitzbergen im Winter durchaus minus 40 Grad kalt werden. Zur Feier des Tages vielleicht ins „Huset." Das gediegene Haus liegt etwas außerhalb, dort gab es früher Duschen für die Minenarbeiter. Das Huset war schon Krankenhaus, Priesterwohnung, Schule, Postamt und Kulturhaus – und heute ist es ein Gourmet-Restaurant. Mit üppig sortiertem Weinkeller und, wie ein Kellner erklärt: Aufgrund der steuerfreien Einfuhrmöglichkeiten können sie Champagner billiger anbieten als in der Champagne.

Wer hier isst, kommt in eleganter Abendkleidung, die Frauen in leichten Cocktail-Kleidchen. Im Pub, in den Hotels, und auch im Huset – überall sind die Räume überheizt, überall ist es kuschlig. Man kann das für das Pfeifen im Walde halten. Als wollten sich die Einwohner von Spitzbergen versichern: „Hey, wir sind auch ganz normal."

Doch vor einigen Jahren wurde ihnen wieder einmal schlagartig bewusst, wie ausgesetzt sie hier leben, auf halbem Weg zwischen dem Nordkap und dem Nordpol. Im Kohlekraftwerk brach Mitte Dezember Feuer aus. Hätten sie es nicht schnell löschen können, wäre die Stromversorgung komplett zusammengebrochen. Der Notfallplan lief an, ganz Longyearbyen kann innerhalb von zwei Tagen evakuiert werden.

*

Zurück vom Gletscher, versammeln sich die Studierenden auf dem Hundehof. Dia-Abend. „Und dann kam ich ins Paradies", sagt Priitta Pöyhtäri Trøen, als das nächste Dia den Raum erhellt. Was Priitta als ihr Paradies bezeichnet, würden andere eine öde Küste in einem kargen Landstrich nennen: Ein Fjord, der sich nach Norden öffnet, Berge, die aus Gletschern ragen, ein flacher Kiesstrand, an dem eine schäbige Hütte steht, erbaut 1935.

Priitta begleitete die Hundeschlittentouren auf Spitzbergen, sie trug das Gewehr. Der Projektor steht in einer Holzhütte auf einer Tischdecke aus seidig glänzendem Seehundsfell, Petroleumlampen hängen an den Wänden, eine kleine norwegische Flagge steht im Fenster. „Überwinterung" heißt Priittas Geschichte, es ist das Zauberwort aller Arktis-Besessenen. Es bedeutet: Die Finnin hat einen Winter in einer ehemaligen Trapperhütte verbracht, weit nördlich von Longyearbyen, nur im Notfall – und auch nur bei passablem Wetter – per Helikopter zu erreichen.

Und das kam so: In Lappland arbeitete die Biologin mit Schlittenhunden, sie reiste eines Sommers nach Spitzbergen, „und es gefiel mir gleich viel zu gut." Im Lokalblatt las sie die Anzeige eines norwegischen Trappers, er suche eine Begleitung für eine Überwinterung. Sie traf sich mit ihm zum Abendessen, zwei-, dreimal. „Ich habe gesehen, wie er mit seinen Hunden arbeitet. Da wusste ich, es wird gehen."

Bis zum Zweiten Weltkrieg waren Überwinterungen von Pelztierjägern nichts Ungewöhnliches, Frauen gesellten sich nur selten dazu. „Fünf Minuten, nachdem wir an der Hütte ankamen, erschien der erste Eisbär", erklärt Priitta anhand eines Dias. Am Ende ihrer Zeit dort oben, im März, stand dreimal täglich ein Eisbär vor der Türe. Da hatte sie sich die wichtige Routine längst angewöhnt: Alles das, was man tut, bewusst zu tun. „Sonst vergisst du das Gewehr in der Hütte, wenn du rausgehst zum Pinkeln."

Die Dunkelheit sei nicht das Schlimmste gewesen, sondern der Wind. Der gnadenlos um die Bretterbude pfeifende, enervierende Wind. Sie tranken „allerreinstes Wasser aus Gletschereis“ und feuerten mit Treibholz aus Sibirien. Sie jagten Schneehühner, solange noch Licht genug zum Schießen war und angelten Saibling. Priitta schiebt ein weiteres Dia in den Projektor, es zeigt einen Sonnenuntergang. Für Priitta war es der letzte für vier Monate.

Ein Dia zeigt in ganz weiter Ferne die Hütte, drumherum nur die weiße Kälte. Klein und einsam zu sein sei in der Stadt ein ungutes Gefühl, „aber in der Natur ist das wunderbar. Die arktische Natur macht den Menschen zu einem sehr kleinen Wesen.“ Priitta sagt, sie wolle diese Zeit ihres Lebens niemals missen.

Als die Sonne wiederkam, fuhr Priitta nach Hause, weit in den Süden, nach Lappland. Das ist die Zeit, wenn die Zugvögel zurückkommen nach Spitzbergen, und sie hatte das Gefühl, „ich fahre in die falsche Richtung.“ Der norwegische Trapper blieb in der Hütte.

Einige Wochen später stand sie wieder bei ihm vor der Türe. Es war die Zeit, als der Eissturmvogel anfing, Nester zu bauen. „Ich hatte gehört, dass man mit diesen Eiern keinen Kuchen backen kann. Das wollte ich ausprobieren.“

Deswegen flog sie und floh sie aus Lappland nach Longyearbyen und fuhr mit dem ersten Transportschiff, das um die brucheisigen Küsten schipperte, ans nördliche Ende Svalbards, also Spitzbergens? „Ja“, sagt Priitta. Den Kuchen hat sie gebacken. Und den Trapper geheiratet.

*

So wie Priitta zogen auch viele andere Frauen in die Arktis, wenngleich von Männern mehr erzählt wurde. Auch Christiane Ritter folgte in den 1930er-Jahren ihrem Mann nach Spitzbergen und lebte ein Jahr in einer Jägerhütte. Die Wienerin schrieb darüber lakonisch und selbstironisch ihren Bestseller *Eine Frau erlebt die Polarnacht*.

Ins Schwärmen gerät sie ausgerechnet über die Polarnacht. „Wenn die zu Hause wüssten, wie herrlich es hier ist! Schade, dass man sich in Europa nur die Furchtbarkeit der Polarnacht vorstellen kann. Man kann wohl die Wunder der Polarwelt im Lexikon nachschlagen, aber man ahnt nicht, dass unter solch strahlendem Himmel auch die Menschenseele ruhig, klar und strahlend ist.“

Ritter zog ein weises Fazit über ihre weiße Zeit: „Man kann verrückt werden in Einsamkeit und Grauen, man kann auch verrückt werden vor Begeisterung über allzu viel Schönheit. Sicherlich wird man aber niemals in der Arktis etwas anderes erleben als das, was man selbst in sie hineingetragen hat."

Mich ließen die Hohen Breiten nicht mehr los, ich las jedes Buch, auf dessen Einband Eisberge glänzten. Ich wollte verstehen, warum es Menschen in diese Unwirtlichkeit zog – mich eingeschlossen. In allen Erzählungen ist die Rede von dem besonderen Licht und bis heute rührt es mich im Innersten, wenn ich an die blauen Eisberge zurückdenke, die im gleißenden Sonnenlicht aus dem Fjord von Illulissat ins offene Meer hinaustrieben.

Wie alle Wüsten ist auch die Eiswüste elementar, Leben und Tod liegen hier so dicht beieinander wie in der Sahara. Dort kann man ohne Wasser nicht überleben, hier nicht ohne Wärme. In der Provence ist es gemütlicher, aber Gemütlichkeit ist nun mal kein Zustand, der zum intensiven Nachdenken anregt. Manche Menschen, mich eingeschlossen, brauchen dazu extremere Bedingungen.

Ich begann, nach Eisfrauen zu suchen und fand Berühmtheiten wie Fräulein Smilla und unbekannte Heldinnen wie Josephine Peary; sie begleitete 1893 hochschwanger ihren Mann Robert E. Peary nach Nordgrönland. Bis die erste Frau zum Nordpol lief, sollte es lange dauern, erst 1986 gelang das Ann Bancroft.

Als Ende der 1980er-Jahre auch Wissenschaftlerinnen ein Jahr lang auf der Georg-von-Neumayer-Station in der Antarktis forschen wollten, lehnte dies der Leiter des deutschen Polarforschungszentrums in Bremerhaven ab. „Aber Sie können ja ein reines Frauenteam zusammenstellen", fügte er an. Vielleicht hatte er nicht mit dem Ehrgeiz der Frauen gerechnet; im März 1990 stehen neun Frauen an der Schelfeiskante und winken der *Polarstern* zu, der Eisbrecher dreht ab, die Frauen bleiben allein zurück, in der Antarktis, ein Ort so unwirtlich, dass Grönland dagegen wie die Toskana wirkt.

Einige Jahre später hocken zusammen mit sechs Männern wieder drei Frauen in den Röhren im Gletschereis der Antarktis: die Chemikerin Andrea Wille, die Meteorologin Heidi Schmid sowie die Köchin und Krankenschwester Tina Wöckener. In ihrer Freizeit sitzt Heidi Schmid in ihrem Zimmer und hört Musik oder bastelt an einer Patchwork-Decke.

Angst hatte sie nie, doch wenn es draußen stark driftet „bin ich froh, wenn mich jemand zur 500 Meter entfernten Ballonfüllhalle begleitet, wo meine Wetterballone starten", erzählte sie mir per E-mail. Was vermisst sie? „Frisches Obst, den Starnberger See und die Alpen."

Die Köchin Tina Wöckener sah das pragmatischer: „Was ich vermisse? Ein gut gezapftes Bier in meiner Stammkneipe *Sir Winston Pub* in Lübeck!" Als ich mit Tina Wöckener mailte und dann auch ein Foto von ihr sah, fiel mir ein, dass wir uns schon einmal begegnet waren.

Wöckener fährt seit über 20 Jahren auf dem Forschungseisbrecher *Polarstern* zur See. Im Sommer in die Arktis und im Winter in die Antarktis. Dort arbeitet sie auch als Krankenschwester – und als ich das erste Mal in Grönland war, war sie dort ebenfalls zu Besuch. Es ist doch eine eingeschworene Gemeinschaft, die Arktisfrauen, zu denen ich mich mit meinen Stippvisiten zumindest im Geiste zähle.

Anders als die Journalistin Birgit Lutz, die 15 Mal am Nordpol war und mit Ski über Grönland gezogen ist. Anders auch als Tina Uebel, eine Hamburgerin, die auf einer Segelyacht durch die Nordwestpassage gefahren ist. Ihr Herz schlägt für die arktischen Weltgegenden, auch sie reiht sich ein in die Reihe derer, die über Bücher für die Kälte entflammten.

Uebel las Scott und Amundsen und Shackleton. Der hatte gesagt, „die Polargegenden greifen nach den Herzen der Männer, die dort waren, auf eine Art und Weise, die kaum zu verstehen ist von denjenigen, die nie die Zivilisation verlassen haben."

Auf Schnee könne man eben noch immer neue Fußstapfen hinterlassen, denn, wie auch Uebel weiß, ist es schwierig geworden, irgendwo zu sein, wo noch niemand war. Wo die Karten enden und die Drachen wohnen: hic sunt dragones. Das schrieben Entdecker an die Stellen auf ihren Karten, über die man noch nichts wusste.

Tina Uebel nimmt kein Blatt vor den Mund, sie schreibt meinungsstark, unterhaltsam, auch polemisch. Und sie wehrt sich dagegen, dass abenteuerliche Unternehmungen so schlecht beleumundet sind: „Man passt auf uns auf, ununterbrochen. Ich will das nicht. Ich will nicht, dass unsere Gesellschaft jede Form von Eigenverantwortlichkeit erst unterbindet, dann verlernt. Ich bestehe auf dem Recht, mich in die Scheiße reiten zu dürfen."

Und den Frauen rät sie, nicht darauf zu warten, dass die Männer ihnen Platz machten bei der Eroberung des Abenteuers: „Die Hälfte der Welt wird uns erst gehören, wenn wir mit robustem Mandat dort einmarschieren."

Das musste man den fünf britischen Frauen nicht sagen, die 2002 nach einem 1100-Kilometer-Marsch am Südpol standen und als erste Frauenexpedition beide Pole zu Fuß erreicht hatten. Drei Jahre zuvor standen die Britinnen mit weiteren 20 Frauen am Nordpol. Während ihres Marsches zogen sie sämtliche Lebensmittel und ihre gesamte Ausrüstung auf Schlitten. Diese wogen mit 135 Kilo jeweils das Doppelte ihres Körpergewichts.

„Was war das Schönste?", habe ich die Eisfrauen gefragt und schließlich auch mich. Das war das Schönste: Einmal schnallte ich mir in Tasiilaq Tourenski an und lief hinaus auf das zugefrorene Meer. In einer Bucht setzte ich mich auf einen Felsblock, die Sonne gleißte, ein Einheimischer zog mit seinem Hundeschlittengespann vorbei und sah mich nicht, der kalte, harte Schnee stieb auf.

Und ich wusste: Wenn ich nun einfach weiterlief, den Nachmittag und die Nacht, dann würde ich nicht überleben. Es war ein wundervoller Tag, aber bald würde es bitter kalt werden, minus zehn Grad, minus zwanzig Grad, wer weiß. Und dieser Gedanke war ungemein faszinierend, nie zuvor hatte ich mich so stark gefühlt, hier sitzen zu können, dies zu überlegen und dann umzudrehen, zurückzugleiten in den Ort. Ich hatte keinerlei Todessehnsucht, ich war nur glücklich.

*

Nansen, Amundsen, Peary, Scott, der unglückliche Andrees mit seiner Ballonfahrt, alle zogen sie los, die weißen Flecken zu entdecken. Aber was ist heute eine Expedition? Der DAV-Summit-Club bietet so etwas an: Expedition Grönlanddurchquerung. 30 Tage, 13 000 Euro, inklusive „vollständige Organisation der Expedition".

Was natürlich von Anfang bis Ende, von Westküste bis Ostküste, ein Widerspruch ist. Umfasst eine Expedition doch eben den Aufbruch ins Unbekannte. Strecke ungewiss, Zeitdauer nicht absehbar. Und natürlich auf eigene Faust und nicht von einem Reiseveranstalter organisiert.

Ich war mit Hundeschlitten auf Spitzbergen unterwegs und habe dort im Zelt auf dem Gletscher übernachtet, mit einem Draht ums Camp, der einen Alarm auslösen sollte, falls ein Eisbär darauf tritt.

Ich war auf Skitour in den einsamen Bergen von Nordnorwegen, ich habe meine Pulka über den zugefrorenen Baikalsee in Sibirien gezogen, verbrachte einige Wintermonate in Grönland und zockelte auf einem Rentierschlitten durch Lappland. Nichts davon war auch nur annähernd eine Expedition.

Aufregende, herzerwärmende und fingerfrierende Reisen waren es gleichwohl. Und auch meine Überwinterung in Grönland war weit entfernt davon, was man eine Expedition nennen würde. Ein großartiges Erlebnis war es dennoch.

Bin ich von meiner Zeit in Grönland als anderer Mensch zurückgekommen? Wohl nicht. Allerdings war es meine Einstiegsdroge. Seither bin ich immer wieder in den hohen Norden gereist. Ich habe noch viele weiße Flecken auf meiner Weltkarte: Jakutien, Franz-Josef-Land, und vielleicht einmal Süd-Georgien, wer weiß.

*

So stehe ich nun am Nordkap, blicke weit in den Norden. Denke an diese Reisen in den Winter. Noch immer liegt dieses unwirkliche blaue Licht über der Landschaft. Einige felsige Inseln sind auszumachen, schwarz im Wasser, weiß bepudert. Dann kommt Wind auf, peitscht den losen Schnee durch die Luft, sticht ins Gesicht. „Winter is coming."

3
In der Stadt

In der Stadt

„Die Luft riecht schon nach Schnee"

Schneeflöckchen, Weißröckchen, wann kommst du geschneit? Wann wird's mal wieder richtig Winter? Bislang ist davon in Berlin nichts zu sehen. Winterliteratur rutscht nun schon lawinengleich über meinen Schreibtisch, macht sich auf dem Fußboden breit, stapelt sich neben dem Sofa. Solange der Winter noch auf sich warten lässt, widme ich mich meinen Lieblingsbüchern, Gedichten, Liedern und Filmen zum Schnee und zur Kälte.

*

Wie man sich täuschen kann. Ich war mir sicher, das erste Winterlied meiner Kinderzeit habe mir meine bayerische Großmutter gesungen. Nun stellt sich heraus: „Es schneielet, es beielet" ist schwäbisch!

Kommt also von der anderen Oma. Besonders gefällt mir darin die Zeile: „Es fliegt a schneeweiß' Vegele/ Oms Kepfle jedem Kend." Für Nicht-Süddeutsche: „Es fliegt ein schneeweißes Vögelchen ums Köpfchen jedem Kind." Mit den Vögelchen sind Schneeflöckchen gemeint, die um uns herumtanzen, wenn es so luftig-locker „schneielet".

Eine Heldin meiner frühen Kindheit war natürlich Pippi Langstrumpf, und die Folge „Pippi lernt Plutimikation" spielte im Winter. Darin reitet das Mädchen auf Kleiner Onkel und singt ihr Winterlied: „Die ganze Welt ist so neu und schön in dem herrlichen weißen Kleid." Zugegeben keine große Lyrik, aber darum ging es ja nicht.

Freunde von mir lesen mit ihren kleinen Kindern immer noch Astrid Lindgren, vor allem *Tomte Tummetott*, die illustrierte Ausgabe von 2014 mit Bildern von Kitty Crowther. Da liegt Schnee dick auf roten Häusern, man spürt förmlich die Stille, das angehaltene Leben. Der Wichtel Tomte lebt auf dem Heuboden und kommt nur nachts hervor. Dann spricht er allen Tieren Mut zu, nur Geduld, der Frühling ist nah!

Der Winter ist unbeliebt, was sicher realistisch das Leben auf abgelegenen schwedischen Höfen abbildet. Alle warten auf den Frühling. Und doch: Ohne den Winter wüssten sie nicht, dass es Tomte Tummetott gibt, denn: „Wenn die Menschen am Morgen erwachen, finden sie seine winzigen Fußstapfen im Schnee, aber niemand hat Tummetott je gesehen.“

*

Die Wintergedichte von Sarah Kirsch haben es mir seit langem angetan. Die Schriftstellerin (1935–2013) siedelte 1977 von Ostberlin nach Westberlin und lebte ab 1983 zurückgezogen auf dem Land. Über die Natur, das Landleben, den Zyklus des Entstehens und Vergehens schrieb sie oft, der Winter war ihr mehr Freund als Schrecken. In „Wintermusik“ heißt es: „Ich kam bis nach Grönland/ In meinem Herzen.“ Jegliches Eis zum Schmelzen bringt in mir ihr Liebesgedicht „Die Luft riecht schon nach Schnee“. Geradezu frohlockend heißt es:

„Ach der Winter, der Winter der uns/
Eng zusammenwirft steht vor der Tür.“

Kirschs Gedichte sind deutlich, ohne plakativ zu sein, lassen Raum zum Sehnen und Nachsinnen, wie der Blick in eine verschneite Landschaft. So wie die klingenden Schlusszeilen: „Schnee fällt uns/ mitten ins Herz, er glüht/ Auf den Aschekübeln im Hof Darling flüstert die Amsel.“

„Der Droste würde ich gerne Wasser reichen“ heißt ein weiteres Gedicht von Sarah Kirsch, aber für „die Droste“, Annette von Droste-Hülshoff (1797–1848), war der Winter weniger verlockend. Ihr „Winter“ handelt im Grunde nur von der Hoffnung, dieser möge bald zu Ende sein.

Rainer Maria Rilke (1875–1926) konnte der Jahreszeit mehr abgewinnen, in „Advent“ schreibt er: „Es treibt der Wind im Winterwalde/ die Flockenherde wie ein Hirt.“ Geradeso als hätte all das Wirbeln der Flocken einen Sinn. In einem anderen Gedicht preist er wunderweiße Nächte, in denen Flur und Flut wie „mit dichtem Diamantstaube bestreut“ erscheinen.

Aber mein Blick nach draußen, weg von den Büchern, zeigt nur, dass Berlin von so lichtem Geflirre im Moment weit entfernt ist. Kuschlig warm ist es in meiner Wohnung, da lässt es sich gut in Schneebüchern stöbern. Tatsächlich kann man sagen: Je wärmer es drinnen wurde, desto mehr gewann der Winter an Reiz.

Als die Winterzeit aufs reine Überleben ausgerichtet war, konnte sich kaum ein Blick für die Schönheiten der Jahreszeit ausbilden. Wenn es aber drinnen mollig ist, lockt ein Ausflug in die Kälte eher. Auf diese Weise ist die Liebe zum Winter der zum Bergsteigen verwandt: Wer mühsam sein Dasein mit Erntegängen auf steilen Gebirgshängen sichert, mit dürrem Ertrag für Mensch und Vieh, dem ist kaum danach, auch noch auf die Gipfel zu steigen. In warmen Winterstuben jedoch gedieh die Winterliteratur.

Treffend trägt so das „Lied“ von Matthias Claudius (1740–1815) die Unterzeile „hinterm Ofen zu singen“. Claudius lobt den Winter als „rechten Mann“: „Er zieht sein Hemd im Freien an / und lässt's vorher nicht wärmen“ und:

„Wenn Stein und Bein vor Frost zerbricht
und Teich' und Seen krachen;
das klingt ihm gut, das hasst er nicht,
dann will er sich tot lachen.“

Allerdings waren Heizungen zu Beginn noch nicht sehr ausgefeilt, was Menschenleben forderte. Darunter der Schriftsteller Emile Zola, er starb 1902 in seinem Pariser Haus durch eine Kohlenmonoxidvergiftung. Zola hat über den Winter eine grausame Geschichte verfasst.

In *Fruchtbarkeit* beschreibt er, dass uneheliche Kinder aus Paris aufs Land zu einer Pflegerin gebracht wurden, wo sie als Säuglinge sterben. „Die Eltern bezahlen eine Summe von zwei- oder dreitausend Frank, wogegen das Kind bis zur ersten Kommunion behalten werden soll; selbstverständlich stirbt es dann innerhalb acht Tagen. Man braucht nur ein Fenster offen zu lassen; mein Vater hat eine Pflegerin gekannt, die im Winter, als sie gerade sechs Säuglinge hatte, die Tür angelweit öffnete, und dann einfach fortging.“

Die Methode war auch in den Alpen bekannt. In Walserdörfern gab es einen sogenannten „Seelenbalga“, Seelenbalken. Diese kleine Luke im Schlafzimmer wurde nach dem Tod eines Menschen geöffnet, damit seine Seele entweichen konnte. So die offizielle Lesart. Mir wurde im hochgelegenen Walserdorf Bosco Gurin erzählt, dass im Winter, wenn alte Menschen im Sterben lagen, das kleine Fenster geöffnet wurde, um das Leid zu verkürzen und das Sterben zu beschleunigen.

Es scheint in der Natur der Dingezu liegen, dass der Tod eine wichtige Rolle in Poesie und Prosa des Winters spielt. Auf besondere Art bei Gustav Schwabs „Der Reiter und der Bodensee“ von 1826. „Der Reiter reitet durchs helle Tal, / Auf Schneefeld schimmert der Sonne Strahl“ – so harmlos hebt es an.

Er reitet einfach immer weiter, überquert unwissend den zugefrorenen See und fällt am Ende vor Schreck tot vom Pferd. Die Seegfrörne – so heißt das Phänomen des zugefrorenen Bodensees – gibt es wirklich. Seit der ersten urkundlichen Erwähnung im Jahr 875 war der Bodensee 37 Mal zugefroren, zuletzt im Winter 1962/63.

Robert Gernhardt (1937– 2006) hat dies später zusammengefasst und bekannte, ihn habe zu seinem „Bodenseereiter“ Lennon/McCartneys „Paperback Writer“ inspiriert:

„Ein Mann wollte schnellstens von A nach B,
zwischen A und B lag der Bodensee,
der im kältesten Winter seit hundert Jahr
von A bis B zugefroren war:
Bodenseereiter, Bodenseereiter,
wie kommst Du weiter?“

*

Wer nach berühmten ersten Sätzen der Weltliteratur sucht, wird immer auf diesen hier stoßen: „Den 20. Jänner ging Lenz durchs Gebirg.“ Für mich verbinden sich hier zwei Lieben, zum Winter und zum Gebirge. Georg Büchner schrieb diesen Satz 1836 in seiner Erzählung *Lenz* über den gleichnamigen Dichter. Kühle, glasklare Sätze reiht Büchner aneinander, nichts Beschönigendes findet sich hier, kaum ein Adjektiv mildert den Zustand der Welt.

„Er kam bald vom Weg ab, und eine sanfte Höhe hinauf, keine Spur von Fußtritten mehr, neben einem Tannenwald hin, die Sonne schnitt Krystalle, der

Schnee war leicht und flockig, hie und da Spur von Wild leicht auf dem Schnee, die sich ins Gebirg hinzog."

*

Die Reise in den Schnee, in die Berge, in den Winter, auch dies ist ein häufig wiederkehrendes Motiv. Am bekanntesten in Thomas Manns *Zauberberg* (1924). Der junge Hamburger Kaufmannssohn Hans Castorp reist nach Davos, um einen Vetter im Sanatorium zu besuchen – und bleibt sieben Jahre dort.

Ich kenne kaum schönere Winterszenen, Winterwörter, Winterbilder als die von Thomas Mann. „Jedoch liebte Hans Castorp das Leben im Schnee", schreibt Mann, begeistert sich am „possierlich Vermummten" der Landschaft, erfindet Worte wie Schneequalm, Nebeldunst und das „Chaos von weißer Finsternis", Schnee wird zu Diamantengeglitzer, Schneefall erzeugt „wattierte Lautlosigkeit."

In einem Schlüsselkapitel des Romans, es heißt *Schnee*, besorgt sich Castorp „ein paar schmucke Ski", um auf einem Abhang hinter dem Sanatorium „alltäglich darauf herumzustümpern" und schließlich einen Ausflug zu unternehmen. Der Zivilisationsmensch Castorp findet die Natur erbaulich: „Es war schön im winterlichen Gebirge, – nicht schön auf gelinde und freundliche Weise, sondern so, wie die Nordseewildnis schön ist bei starkem West, – zwar ohne Donnerlärm, sondern in Totenstille, doch ganz verwandte Ehrfurchtsgefühle erweckend."

Allerdings kippt die Euphorie, als sich Castorp im aufziehenden Schneesturm verirrt, er will aber „mit stürmisch schlagendem Herzen" nicht daran denken, sich „von blödsinnig regelmäßiger Kristallometrie zudecken zu lassen …" Hans Castorp träumt noch einen Schneetraum in einem Schober, in dem er Schutz sucht, und kehrt zurück auf den „Zauberberg".

*

Ebenfalls ins Gebirge machte sich ein anderer Autor auf, 1924 und 1925 reiste ein gewisser Hemingway ins Montafon in Vorarlberg; er war noch kein berühmter Schriftsteller, sondern ein darbender Schreiber, der sich Paris nicht mehr leisten konnte – in Schruns kostete die Pension „ungefähr zwei Dollar am Tag."

Ernest Hemingway war ein leidenschaftlicher Skitourengeher, „jeder Aufstieg machte Spaß und in jenen Tagen störte es niemanden, große Anstrengungen in

Kauf zu nehmen“, schrieb er. Hemingway verbrachte einige Zeit in der Wiesbadener Hütte und im Madlenerhaus, bis heute Stationen von Skitourengehern. In der „Hemingway-Stube“ hängen Fotos des Schriftstellers vor dem Madlenerhaus, und im Tourismusbüro in Gaschurn erzählt eine Ausstellung mit Filmvorführung von Hemingways Zeit in Vorarlberg.

In seiner Erzählung *Schnee am Kilimandscharo* schildert Hemingway, wie sein Protagonist Harry im Madlenerhaus eingeschneit ist, schreibt vom Kirschtrinken und von Kartenspielen und vom „lautlosen Sausen, das die Geschwindigkeit machte, wenn man wie ein Vogel hinunterschoss.“

Auch in Briefen schwärmt Hemingway von großartigen Abfahrten, wie er sich der Geschwindigkeit hingibt und endlos dahingleitet „im stillen Zischen des körnigen Pulverschnees. Es war schöner als fliegen oder sonst irgendetwas und wir entwickelten die Fähigkeit, es zu tun und zu genießen durch die langen Aufstiege mit den schweren Rucksäcken, die wir trugen.“

*

Den Roman *Der Schnee, das Feuer, die Schuld und der Tod* des Österreichers Gerhard Jäger (2016) entdecke ich erst ein paar Wochen später, als ich mich zum Schreiben in ein Dorf nach Tirol zurückziehe. Etwas verblüfft lese ich mich fest, handelt das Buch doch von einem, der zum Schreiben in ein Dorf in Tirol fährt. Jäger entwarf damit keinen Heimatroman, den Hintergrund bildet der dramatische Lawinenwinter von 1951, den der Autor in gewaltigen Lawinenszenen heraufbeschwört.

Und noch einen aktuellen Schmöker habe ich verschlungen, *Das finstere Tal* von Thomas Willmann. Los geht es so: „Als der Fremde mit seinem Maultier das Hochtal erreichte, lag in der Luft schon der Geruch des ersten Schnees. Der Atem des Mannes und des Tieres malte kleine Wolken in die klare Luft.“ Bei Gerhard Jäger kommt der Fremde nach Tirol, um sich Klarheit zu verschaffen, hier hingegen erscheint er als Rächer.

Ein Maler sei er, behauptet er. „In der Mitte des Zimmers stand, in einem trüben, vom Schneefall durchrieselten Rechteck aus Mondlicht, noch immer die Staffelei. Auf ihr prangte erwartungsvoll die leere, straff aufgespannte Leinwand. Sie war vom gleichen Weiß, das die Welt draußen vor dem Fenster langsam annahm.“

In diesem Fall hat mir jedoch die Verfilmung besser gefallen als das Buch, Regisseur Andreas Prochaska machte daraus einen Alpenwestern, den Bösewicht spielt Tobias Moretti, der Tiroler Haus- und Hof-Schauspieler schlechthin. Den ersten Toten gibt es beim Holzmachen im Wald, eine gefährliche Winterarbeit in den Bergen. Zunächst sieht es wie ein Unfall aus, zum Showdown im Schnee spritzt Blut kontrastreich und nicht zu knapp.

Vielleicht konnte gerade deshalb das Genre des Schneewesterns reüssieren. Los ging es mit *Leichen pflastern seinen Weg* (1968); in dem Italo-Western ballert Klaus Kinski als Kopfgeldjäger durchs verschneite Utah.

2016 machten sich zwei winterliche Western an der Kinokasse Konkurrenz: „The Hateful 8“ von Quentin Tarantino und „The Revenant“ von Alejandro González Iñárritu mit Leonardo di Caprio. Großartige Bilder der verschneiten Rocky Mountains bei Tarantino und wilder Winterwald beim Mexikaner – aber ich bin etwas zart besaitet, ich fand schon die Trailer zu brutal und musste auf Winter im Kino verzichten.

Zwei recht neue Romane fielen mir auf, und zwar jeweils durch den ersten Satz mit ihren Wintermorgen: „An einem Februarmorgen des Jahres neunzehnhundertdreiunddreißig hob Andreas Egger den sterbenden Ziegenhirten Johannes Kalischka, der von den Talbewohnern nur der Hörnerhannes gerufen wurde, von seinem stark durchfeuchteten und etwas säuerlich riechenden Strohsack, um ihn über den drei Kilometer langen und unter einer dicken Schneeschicht begrabenen Bergpfad ins Dorf hinunterzutragen.“

Ein ganzes Leben, so nannte Robert Seethaler 2014 seine lapidare Geschichte eines Mannes aus den Bergen. Schnee spielt immer wieder eine Rolle, eine Lawine zerstört sein Haus, reißt ihm seine Frau weg, im Krieg muss er nach Russland, landet wieder im Schnee und im Winter. Am Ende findet er aber durch den Schnee noch ein Auskommen, der Beginn des Tourismus erscheint als eine Art Erlösung aus dem dumpfen Dorfdasein.

Ganz woanders spielt der Stoff von Roland Schimmelpfennig, da geht es so los: „An einem klaren, eiskalten Januarmorgen zu Beginn des 21. Jahrhunderts überquerte ein einzelner Wolf kurz nach Sonnenaufgang den zugefrorenen Grenzfluss zwischen Deutschland und Polen.“ Die erste Hälfte des Satzes ist zugleich der Buchtitel (2016).

Der einzelne Wolf kreuzt immer wieder das Leben von Berlinern. Da sind zwei Jugendliche, die abgehauen sind. „Sie waren tief im Wald. Sie froren und schwitzten, sie hatten Hunger, und vor allem hatten sie Durst. Sie aßen Schnee. […] In dem Wald war es fast vollkommen still. Es war ein grauer Tag. Der Junge und das Mädchen sprachen wenig. Sie bewegten sich wortlos nebeneinander, und manchmal blieben sie im Schnee stehen, drehten in der Kälte mit starren Fingern, so gut es ging, Zigaretten und rauchten. Das Rauchen half gegen den Hunger.“

Ein lakonisches, emotionsloses Stück, dadurch so herzzerreißend wie Büchners Version des Märchens vom Sterntaler. Aber es endet nicht ganz so düster. In der Stadt, in Berlin, in der der Winter keine große Rolle spielt, verlieren sie sich erst und finden sich am Ende wieder.

*

Stadt und Winter, das sind nicht gerade Geschwister im Geiste. Wenn ich in Berlin über meine Liebe zum Winter reden möchte, wird abgewunken. Winter in der Stadt braucht kein Mensch, heißt es dann. Pure Behauptung, sag ich da.

Ich wohne direkt unterm Kreuzberg, der Hügel, der dem Stadtteil seinen Namen gab. Wenn es geschneit hat, das erste Mal im Winter, immer wieder, dann klingt es schon aus der Ferne wie in einem Freibad im Sommer. Vielstimmiges Gelächter, Reden, Trubel. Man würde es nicht glauben, wenn man es nicht selbst gesehen hat, wie viele Berliner Familien einen Schlitten im Keller haben.

Der Kreuzberg ist nur 66 Meter hoch, die Freude aber grenzenlos. Ein Winterwimmelbild entfaltet sich, ich habe schon Jugendliche auf Snowboards hier gesehen. Und die Stadtverwaltung bereitet jeden Winter alles vor für die Berliner Wintersportler. Laub im Viktoriapark wird zu großen Haufen aufgetürmt. Die kompakten Minihügel schützen am unteren Ende des Hangs vor Geländern, Papierkörben, Lampenmasten.

Tatsächlich hat Skifahren in Berlin Tradition. In den 1920er-Jahren konnte man in Zehlendorf von einer 15-Meter-Schanze springen, einige Jahre später auf einer doppelt so großen Schanze im Grunewald.

1927 eröffnete am Kaiserdamm der Berliner Schneepalast in einem ehemaligen Fabrikgebäude, die erste Indoor-Skihalle der Welt, ein Spektakel mit Live-Musik und Wintersportlern, wie historische Fotos zeigen.

Richtig ab, bergab, ging es nach dem Zweiten Weltkrieg, auf dem 120 Meter hohen Teufelsberg, ein Trümmerberg, von Berlinern „Mont Klamott“ genannt. Dort wurde 1964 ein Skilift gebaut, mit Flutlicht und Schneekanonen.

Alles gipfelte 1986 in einem Ski-Weltcuprennen mit so berühmten Teilnehmern wie Markus Wasmeier und Ingmar Stenmark. Fast 15 000 Zuschauer standen an der Piste und jubelten. Alles längst vergessen, alle Lifte und Schanzen abgebaut.

Wenn es aber heute nicht schneit, sondern friert – dann nichts wie raus nach Wannsee! Hier tummeln sich Schlittschuhfans und es nützt auch nichts, dass die Berliner Feuerwehr grundsätzlich davor warnt, aufs Eis zu gehen. Im Winter 2010 war es lange kalt, der Landwehrkanal sah aus wie auf alten holländischen Ölgemälden, zugefroren und voller Menschen.

Und einmal habe ich erlebt, wie der Schlachtensee schwarzgefroren war, eiskalt und ohne Schnee. Die Nachmittagssonne schien darauf und die Eisfläche stöhnte. Sprünge flogen durch die Fläche, die selbst zum Resonanzkörper wurde; es war wie ein heller, langer Peitschenknall, es hörte sich an, als würde das Eis atmen, wie ein Urtier, das gerade erwacht aus seinem Eiszeitschlaf. Erschreckend und großartig zugleich.

*

Aus naheliegenden Gründen – es ist dort lange Winter – beschäftigt sich die skandinavische Literatur ausgiebig damit. Karl August Tavaststjerna, finnischer Schriftsteller schwedischer Sprache, hatte die große Hungersnot im Winter 1867/68 erlebt, in dieser Zeit spielt sein Roman *Harte Zeiten*. Der strenge Winter wird als göttliche Strafe angesehen, da hilft also nur beten – und nicht etwa eine bessere Sozialpolitik für die Armen.

Berührend und dramatisch sind die kurzen Szenen zum Wintereinbruch im August, der die Hungersnot auslösen wird. Ein Protagonist ist zu Pferd unterwegs, da „sahen sie die Wiese rechts schneeweiß vor Raureif unter dem Nebel liegen. Der Hauptmann […] befühlte das Gras am Wegesrand […] und hatte plötzlich die Hand voll starrer Grashalme mit glitzernden Eiskristallen.“

Kurz darauf trifft er auf einen Bauern mit einem Büschel Roggenhalme in der Hand. „'Erfroren!', entgegnete er lakonisch und reichte dem Hauptmann die

Roggenhalme. Mit einem leichten Fingerdruck knickte er die steifgefrorenen Ähren – sie waren völlig vereist und wie in Kristall eingeschlossen.“

*

Die skurrile Seite des Winters hingegen scheint in Mikael Niemis Roman *Populärmusik aus Vittula* durch. Niemi, geboren 1959, lebt im schwedisch-finnischen Norden Schwedens. Der Roman beschreibt das Aufwachsen zweier Jungs in der Provinz, durchdrungen von schrägem Kaurismäki-Humor.

Im Prolog friert der Ich-Erzähler mit dem Mund an einer Bodenplatte aus Eisen im Himalaja fest. Und erinnert sich blitzartig an seine Kindheit: „Jedes Kind in Norrland hat das wohl schon einmal erlebt. Ein eisiger Wintertag, ein Brückengeländer, ein Laternenpfahl.“ Als Fünfjähriger leckte er sich zu seiner grenzenlosen Verblüffung an einem Türschloss fest. Bis seine Mutter ihn mit einer Schale warmen Wassers erlöst. Im Himalaja kommt niemand, er hockt auf einem hohen Pass. Allein. „Ich habe mich freigepisst.“

Auch der bekannteste zeitgenössische norwegische Autor – Karl Ove Knausgård – hat es sich nicht nehmen lassen, über den Winter zu schreiben. Als Vielschreiber sind ihm auch einige poetische Passagen zum Winter gelungen. So beschreibt er den Winterbeginn wie folgt: „Wenn es dann anfängt zu schneien und die Luft sich mit Schneeflocken füllt, ist es weiterhin vollkommen still, aber diese Stille ist anders, sie wird sozusagen dichter, konzentrierter, und dieses Geräusch, das kein Geräusch ist, sondern bloß eine Nuance der Stille, eine Art Intensivierung oder Vertiefung davon, ist der akustische Ausdruck für das Wesen des Winters.“

Eine ähnliche Beobachtung zur Schneestille findet sich in einem Roman vom anderen, südlichen Ende Europas, in Orhan Pamuks *Schnee*: Dieser fällt „mit einer magischen, geradezu heiligen Lautlosigkeit, es war nichts zu hören als der gedämpfte Ton seiner Schritte [...]. Es war, als sei das Ende der Welt gekommen, als richte das ganze Universum, alles, was er sah, seine ganze Aufmerksamkeit nur auf das Fallen des Schnees.“

Dem südlichsten skandinavischen Land, Dänemark, verdanken wir Wintermärchen von Weltruhm; keine Volksmärchen, wie sie die Gebrüder Grimm sammelten, sondern Kunstmärchen, geschrieben von Hans Christian Andersen (1805 –1875). Um das kleine Mädchen mit den Schwefelhölzern habe ich als Kind bitterlich geweint. Die Geschichte ist auch zu grausam, reine Sozialkritik, die Literatur wurde.

„Es war entsetzlich kalt; es schneite, und der Abend dunkelte bereits." So beginnt die traurige Mär des Mädchens, das kein einziges seiner Zündhölzer verkaufen kann und am Ende auf der Straße erfriert.

Ein Happy End gibt es hingegen für Andersens *Schneekönigin*, das Märchen kannte ich als Kind nicht. Aber an einem Novemberabend lade ich mir die Disney-Verfilmung *Die Eiskönigin – Frozen* herunter und amüsiere mich köstlich. Wie praktisch: Wenn die Eiskönigin über den Fjord geht, friert er bei jedem Schritt weiter zu.

Zunächst ist die Eiswelt Sinnbild für das Böse. Doch da der Film als Emanzipationsgeschichte einer jungen Frau gesehen werden kann, die nicht gefällig sein will, wird mit ihrer Befreiung – „Lass los, ich lass jetzt los" – die Winterwelt zauberhaft und verzaubert. Am Ende ist er kein Schreckensbild mehr, sondern steht gleichwertig neben den blühenden Jahreszeiten in seiner strahlenden, glitzernden Schönheit.

Das skandinavische Genre schlechthin ist der Krimi. Aber da ich mich bei Krimis zu Tode langweile, habe ich keinen Winterkrimi gelesen und kann nichts dazu berichten. Mit einer einzigen Ausnahme: Der Ausdruck „Gespür für Schnee" ist schon fast sprichwörtlich geworden, seit der Däne Peter Høeg seinen Roman um Fräulein Smilla in den 1990er-Jahren auf den Markt brachte. Der Bestseller wurde als Thriller verfilmt.

Es geht um einen gefährlichen Meteoriten in Grönland, aber auch um die Situation der Inuit und ihr Leben in Kopenhagen. Bis heute zieht es junge Menschen aus Grönland in die Hauptstadt der Kolonialmacht. Und sie fühlen sich dort nicht wohl. Vor allem geht es aber natürlich um jenes „Gespür", was vorrangig ein Spurenlesen ist: Smilla Jaspersen erkennt anhand von Spuren im Schnee, dass der Inuitjunge aus ihrem Haus nicht vom Dach gesprungen ist, sondern umgebracht wurde.

Jesaja, der Junge, wird in einem sechseckigen Sarg beerdigt, in der Form von Eiskristallen also. Bei der Beerdigung schneit es. „In diesem Augenblick weint der Himmel um Jesaja, und die Tränen werden zu einem Frostflaum, der sich auf ihn legt. Es ist das All, das auf diese Weise eine Decke über ihn zieht, damit er nie mehr frieren muss.“

*

Ein viel älterer Roman von Weltruhm spielt noch viel weiter im Norden, fast am Nordpol, nur kam dies in den Verfilmungen zu kurz, und so ist es wenig bekannt. Die Rede ist von *Frankenstein*, dem Schöpfer des namenlosen Monsters. Dieser Viktor Frankenstein wird entkräftet von einem Schiff aufgegriffen, das auf dem Weg zum Nordpol ist. Irgendwo dort, hoch in der Arktis, vermutet Frankenstein seine entflohene Schöpfung.

Interessant an diesem Roman ist die Entstehungsgeschichte. Wir schreiben 1816, ein extrem kaltes Jahr war über die Nordhalbkugel gezogen, das „Jahr ohne Sommer“ wurde in Deutschland als Elendsjahr „Achtzehnhundertunderfroren“ berüchtigt. Auslöser war der Ausbruch des indonesischen Vulkans Tambora im April 1815. Die Folge waren Schneefälle im August in Nordamerika, Überschwemmungen im Alpenvorland, Missernten, Hungersnöte – und der Roman *Frankenstein*.

Es war so etwas wie ein Literaturwettbewerb: Mary Shelley, geborene Mary Godwin, die Autorin des Schauerromans, verbrachte den schaurigen Sommer zusammen mit ihrem zukünftigen Ehemann Percy Bysshe Shelley, Lord Byron und dessen Arzt in einer Villa in der Nähe des Genfersees. Es regnete und regnete, was tun? „Das Wetter war von so einer anhaltenden Kälte und Nässe, das wir uns allabendlich um das im Kamine lodernde Holzfeuer scharten.“

Man beschloss, Gruselgeschichten zu schreiben – die Geburtsstunde Frankensteins und seiner Kreatur. Shelley als Scheherazade am Genfersee, ein abwechselndes Geschichtenerzählen, wie auch im *Decamerone*. Nur eben arktisch.

*

Wo aufhören mit der Winterliteratur? Wichtig wäre noch Adalbert Stifters *Bergkristall* (1845): Ein Geschwisterpaar verirrt sich an Heiligabend im Hochgebirge, gerät in die Gletscherlandschaft, immer knapp am Erfrierungstod entlang, am Ende geht es aber gut aus.

Der immer bedrohlicher werdenden Nacht stellt Stifter meisterlich die Innigkeit der Kinder, ihre Fürsorge umeinander, gegenüber. „Von da an saßen die Kinder und schauten. So weit sie in der Dämmerung zu sehen vermochten, lag überall der flimmernde Schnee hinab, dessen einzelne winzige Täfelchen hie und da in der Finsternis seltsam zu funkeln begannen."

Nicht zu vergessen Robert Walser, der winterliebende Spaziergänger und Literat, der fast genauso starb, wie er es 1906 in seinem ersten Roman beschrieben hatte: In *Geschwister Tanner* erfriert der Dichter Sebastian im Schnee; über ihn heißt es: „Wenn man ihn ansah, empfand man, dass er dem Leben und seinen kalten Anforderungen nicht gewachsen war." Man fand Walser 1956 tot im Schnee, ein Herzschlag. Und sein Hut lag neben ihm.

Und da wären noch die großen Arktis-Romane, allen voran Christoph Ransmayrs *Die Schrecken des Eises und der Finsternis*, erschienen 1984, über eine Expedition von 1872. Ein Roman so verschachtelt und vielschichtig wie ein jahrtausende-alter Gletscher.

Und Michael Köhlmeiers Roman *Spielplatz der Helden* von 1988, der eine irrwitzige Drei-Mann-Expedition übers grönländische Inlandeis nacherzählt, die sich so mehr oder weniger tatsächlich zugetragen hat, und dessen einen Helden – Robert Peroni – ich seit einem Vierteljahrhundert von meinen Grönlandreisen kenne. Als Spielplatz der Helden taugt Grönlands Eis so wenig wie winterliche Widrigkeiten in den Bergen.

*

In Schnee und Eis den Helden spielen wollen, das gelingt nur Filmhelden, genauer gesagt: Bond, James Bond. Von *Im Geheimdienst Ihrer Majestät* bis *Spectre* durften immer wieder dramatische Schneelandschaften als Kulisse herhalten. War es erst die Schweiz mit dem Schilthorn, düste der Brite in *Spectre* auf Stippvisite nach Österreich, nach Altaussee, das den Winter grau, neblig und mit wenig Schnee zeigt, sowie ins Ötztal, ein Gletscher-Wintertraum. Bilder, die keinen Winterfan kalt lassen können.

Das ist nun alles sehr fern von mir. Meine weitere Wintersuche in der Stadt führt mich zur Kunst, zur bildenden Kunst – dazu mehr im nächsten Kapitel.

In der Stadt

„Weiß existiert nicht in der Natur“

Dezember: Geschäftiges vorweihnachtliches Treiben in Berlin, Regen, volle Hütte in den Shoppingmalls. Wie soll man hier in Winterstimmung kommen? Die Kunst kann helfen. Mittlerweile wissen alle meine Freunde, dass ich mich mit dieser Jahreszeit beschäftige. Eine Freundin aus Wien schickt mir eine Postkarte und Schokolade aus dem Shop des Kunsthistorischen Museums Wien, beides zeigt das bekannteste Winterbild überhaupt: *Jäger im Schnee* von Pieter Bruegel d.Ä. (entstanden 1565).

Auf dem Bild des Flamen stapfen zwei Jäger mit ihren Hunden und mickriger Beute durch den Schnee zurück in ihr Dorf, dort tummeln sich Menschen auf zwei zugefrorenen Seen, offensichtlich freiwillig, sie spielen Colf, eine Vorform von Golf, laufen mit Schlittschuhen. Am Horizont stechen steile, felsige Berggipfel empor.

Zur Lebzeiten Bruegels herrschte die kleine Eiszeit. Das Mittelalter war noch eine relativ milde Epoche gewesen, so konnte der Wikinger Leif Eriksson tatsächlich von „Grünland“ sprechen, als er dort landete, auch in „Grönland“ waren damals die Temperaturen milder.

Ab dem 15. Jahrhundert sackten die Temperaturen ab, die kleine Eiszeit reichte bis zur Mitte des 19. Jahrhunderts. Die Winter waren lang und kalt, die Alpengletscher wuchsen, Kanäle und Grachten in Holland froren lange zu, besonders kalt war es das halbe Jahrhundert um das Jahr 1600 herum und noch einmal 100 Jahre später.

Bruegels berühmtes Bild stellt dennoch nicht den Winter als singuläre Erscheinung dar, sondern war Teil eines Jahreszeitenzyklus. Genau genommen eines von sechs Bildern, denn damals zählte man in Bruegels Heimat sechs Jahreszeiten: Vorfrühling, Frühling, Frühsommer, Hochsommer, Herbst und Winter. Die klassischen vier Jahreszeiten sind eben auch nicht in Stein gemeißelt.

Finnische Witzbolde sagen, es gebe zwei Jahreszeiten: mit gefrorenem See und mit offenem See. Und die Samen in Nordeuropa leben mit acht Jahreszeiten, wovon allein drei dem Winter zugesprochen werden: im Frühwinter – Tjakttjadálvvie – ziehen die Rentiere auf die Winterweiden, erster Schnee fällt; im Winter – Dálvvie – liegt fett Schnee und im Spätwinter – Gijrradálvvie – beginnen Eiszapfen zu tauen und Bäche zu gluckern.

Zunächst war Winter in der bildenden Kunst meist so, also als Teil eines Jahreszeitenzyklus, vorgekommen, wie bei Bruegel und schon früher auf einem der Fresken im Adlerturm des Castello del Buonconsiglio in Trient. Der Zyklus aus dem Jahr 1400 zeigt alle Monate, somit auch den Januar: Die Dame mit dem blonden Haarkranz rafft ihr bodenlanges grünes Kleid mit der linken Hand zusammen, darin geschürzt hat sie zwei Schneebälle gebunkert. Mit der rechten Hand holt sie weit hinterm Kopf aus, gleich wird der Schneeball ihrem Gegenüber, dem Herrn im roten Gewand, um die Ohren sausen.

Vor der grünen Dame duckt sich eine andere in den Schnee, sie hat gerade einen guten Treffer erzielt. Eine Signora im blauen Kleid von der gegnerischen Partei kann nur noch die Hand schützend vors Gesicht halten. Vielleicht holt sie aber auch aus zum Jubelruf, so genau ist das nicht mehr zu erkennen. Schließlich sind die Fresken sechshundert Jahre alt.

Es muss schneereiche Winter gegeben haben, um die Jahrhundertwende zwischen Gotik und Renaissance. Sonst wäre der böhmische Maler, der im Auftrag des Fürstbischofs Georg von Liechtenstein den Adlerturm im Trienter Schloss mit den Monatsbildern ausmalte, wohl nicht darauf verfallen, im Januar just eine Schneeballschlacht darzustellen.

Das übliche adlige Freizeitvergnügen hat er ebenfalls gemalt: Im Hintergrund pirschen Jäger mit ihren Hunden durch knietiefen Schnee. Das gemeine Volk hingegen konnte dem Winter wenig Spaßiges abgewinnen. Die Bauern im „Dezember“ schauen ziemlich griesgrämig, während sie im Wald das Holz auf Karren verschnüren.

Bruegel aber war mit seinem Jäger-Bild so richtig auf den Geschmack gekommen, von da malte er laufend Winterszenen. Nur zwei Jahre später entstand das kleinformatige Bild *Die Anbetung der Könige im Schnee*. Die Weisen aus dem Morgenland besuchen ein winterliches, flämisches Dorf, in dem es gerade schneit. Es gilt als die erste Darstellung dieser Szene mit Schneefall, vielleicht ist es überhaupt das erste Gemälde, auf dem Schnee rieselt.

100 Jahre nach Bruegel taten sich holländische Meister als Wintermaler hervor, aber sie malten weniger Schnee, dafür viel öfter Eis. Vielleicht hatte sich das Klima dahingehend verändert, es blieb kalt, aber es schneite weniger.

*

In der Berliner Gemäldegalerie hängen einige der wichtigsten holländischen Werke aus dieser Zeit, ich mache mich auf die Suche danach. Ich möchte verstehen, wie Eis und Schnee gemalt wurden und wie der Winter seinen Weg in die Kunst fand. Die Gemäldegalerie, ein flacher weißer Bau, könnte selbst Teil eines Gletschers sein, mit viel gutem Willen betrachtet. Darin hängen die Berliner Bestände an alter europäischer Malerei bis zum 18. Jahrhundert.

Ich mäandere durch die vorweihnachtlich menschenleeren Säle. Dahinten, diese gemalten Personen stehen doch auf Schnee! Beim Näherkommen – sind es Heilige auf einer Wolke. Andere Bilder locken mit großen weißen Flächen, die sich als leinerne Tischtücher von Stilleben entpuppen, doch auch daran lassen sich die Schichten von Weiß, das Malen von Weiß in all seinen Schattierungen studieren.

Auf meinen suchenden Blick hin nähert sich eine Museumswärterin: „Kommen Sie zu mir, ich habe Rubens,“ lockt sie mich. Aber das einzig mir bekannte Gemälde von Peter Paul Rubens, auf dem Schnee wenigstens in winzigen Mengen zu sehen ist, hängt leider in Wien: das allegorische Winterbild *Boreas entführt Oreithya* von 1615.

Den wunderbarern Ölschinken versteht man, wenn man die dazugehörigen Geschichten kennt: Dieser Boreas stellt in der griechischen Mythologie den Gebieter des winterlichen Nordwindes dar; hier raubt er eine Königstochter. Winterlich ist an dem Bild erst mal nichts, bis man genauer hinschaut: Die nackigen Putti am Bildrand bewerfen sich mit Schneebällen. Eigentlich erstaunlich, dass dieses Motiv noch nicht zu Weihnachtspostkarten umgemünzt wurde.

Der Museumswärterin erkläre ich, dass ich Bilder mit Schnee suche. Eine andere mischt sich ein: „Na, dann komm’ Se zu mir, ick habe die Holländer!“ Da hängt die ganze Pracht: Abraham Beerstraatens *Zugefrorener Fluss mit*

Schlittschuhläufern, Barent Avercamps *Winterlandschaft mit zugeforenem Fluss*, Aert von der Neers *Winterlandschaft mit Schlittschuhläufern*, Jan van Goyens *Eisvergnügen vor einem Wirtshaus* – alle Bilder stammen aus der Mitte des 17. Jahrhunderts, und sie lassen zweierlei erkennen: Die Menschen waren gewöhnt an kalte Winter, sie bewegten sich mit großer Selbstverständlichkeit auf zugefrorenen Flächen. Und: Sie schienen Spaß dabei zu haben.

Die reinsten Wimmelbilder, dichtbevölkert, unzählige Details: Ein Feuerchen brennt mitten auf der Straße, irgendjemand liegt immer auf der Nase, Schnee häuft sich auf den Dächern, Eiszapfen glitzern, ein Maler hat am Ende über eine Marktszene Schneeflocken getupft, als hätte er mit der Zahnbürste das Weiß drüber gespritzt. Man sieht Menschenmassen auf zugefrorenen Seen, kahle Bäume, schwere Schlitten, stämmige Pferde, offensichtlich ist Stein und Bein gefroren.

Nun war das Eis gebrochen. Winter wurde ein beliebtes Sujet in der Kunst. Er bleibt aber hauptsächlich eine Domäne der nordeuropäischen und später der nordamerikanischen Kunst. Kein Wunder: Zwar schneit es auch in Italien, etwa im Apennin und in den Alpen, aber die berühmten italienischen Maler von Botticelli über Caravaggio bis Tiepolo lebten in der Toskana, in Venedig und in Rom, da ist Schnee eine Seltenheit.

*

Im Jahr 1812 hat der Winter seinen großen Auftritt im Lauf der Weltgeschichte und in der Genremalerei. Napoleon zieht sich aus Russland zurück, im Winter – mit verheerenden Folgen für seine einstige Grande Armée. Mit einer halben Million Soldaten war der Franzose losgezogen, am Ende flüchteten noch 18 000 Mann aus dem Osten kommend über die preußische Grenze. Und so wird der Winter das bestimmende Element der Schlachtenmalerei.

Großformatige Ölschinken französischer Maler bezeugen die Schuld des grimmigen Winters an Napoleons Niederlage. Genau betrachtet nichts als Propaganda. Die Schuld lag beim Feldherrn, denn der Franzosenkaiser hatte sich vom Zaren an der Nase herumführen und hinhalten lassen. Viel zu spät, im Oktober, hatte er den Rückzug von Moskau angetreten, „General Winter“ setzte seinen Truppen mehr zu als die gesamte russische Armee.

Das Bild *Napoleon überquert die Alpen* von Paul Delaroche zeigt ihn schließlich auf einem Maultier, am Zügel geführt von einem Schweizer mit Ohrring, rundum eine verschneite, offenbar windige Gebirgslandschaft, und zum ersten Mal versteht man, warum Napoleon seine rechte Hand auf diese typische Art in seine Jacke steckt – ihm ist kalt.

*

Winter wurde nun nicht nur in der Kunst, sondern allgemein populärer, verbreitete nicht mehr nur Angst und Schrecken. Dies ging einher mit der Vermessung der Welt, mit dem Einzug der Wissenschaften ins Leben. Denn dank der Wissenschaften war Natur nicht länger eine unberechenbare Macht, die den Menschen bedrohte oder, schlimmer noch: bestrafte.

Mit zunehmendem Wissen wurde es möglich, sich der Schönheit der Natur zu öffnen. Die immer präziser werdende Kartografie löste eine Lust am Reisen aus, die Neugierde auf Landschaft wuchs. Und wie ein Pendel zurückschwingt, so ermöglichte schließlich die Aufklärung die Romantik.

Die wiederum verklärte den Winter. Nun bekam der Winter eine Seele. Wenn auch zunächst keine fröhliche. Kein anderer hat den Winter so endlos traurig, so melancholisch, so tot gemalt wie der deutsche Maler Caspar David Friedrich.

Im Gemälde *Das Eismeer* von 1823 türmen sich Eisschollen auf wie die Skyline einer metallenen Großstadt. Friedrich soll allerdings auch etwas Dramatisches in seiner Kindheit erlebt haben, was seinen düsteren wenn nicht gar depressiven Blick auf den Winter erklären könnte. Caspar David war im Eis eingebrochen, sein Bruder Christoffer eilte ihm zu Hilfe, rettete Caspar David, kam aber dabei selbst ums Leben.

Aber Friedrich war auch ein politischer Künstler. Auf seiner Harzwanderung im Juli 1811 zeichnet er eine *Waldstudie*, aus der er 1813 das Gemälde *Der Chasseur im Walde* schuf. Das stark hochformatige Bild zeigt einen kleinen, französischen Soldaten im dunklen Tann, auf verschneitem Boden, ganz allein. Friedrich bezieht damit Stellung gegen die Besetzung seiner Heimat durch Napoleons Truppen. Das Bild ist aber auch der Inbegriff der Einsamkeit. Als ob es dafür den Winter bräuchte.

Der deutsche Maler vertiefte sich weiter im Winter, malte einen Mönch im Schnee vor der Klosterruine Eldena, eine Winterlandschaft mit Kirche. „Fremd bin ich eingezogen, fremd zieh ich wieder aus" lautet die Begleitmusik dazu, ein Gedichtzyklus von Wilhelm Müller, 1827 vertont von Franz Schubert: *Die Winterreise*.

Die Impressionisten liebten den Winter mit seinen wie hingetupften Stimmungen. *Lichtgestöber* lautete 2012 der zauberhafte Titel einer Ausstellung im Arp-Museum in Remagen. Die Schau zum „Winter im Impressionismus" zeigte Bilder von Gustave Caillebotte, Alfred Sisley, außerdem Werke von Gustave Courbet, Vincent van Gogh, Paul Gauguin, Camille Pissarro, Christian Rohlfs, Max Liebermann, Max Slevogt und Lovis Corinth. Und natürlich von Claude Monet, auf den ich schon in Oslo getroffen war.

Weder hier noch in der fantastisch umfangreichen Wiener Ausstellung *Wintermärchen – Winter-Darstellungen in der europäischen Kunst von Bruegel bis Beuys* ist auch nur ein einziges Bild einer Malerin vertreten. Dabei sind etwa von Gabriele Münter Winterdarstellungen bekannt, so von 1933 *Drei Häuser im Schnee* und Marianne von Werefkins *Mondnacht* (1909) zeigt ein starkes, expressionistisches Bild von Einsamkeit, mit kahlen Bäumen auf bläulichem Schnee.

*

Nach meiner Beobachtung hat sich bei der Darstellung des Winters in der Malerei ein Bedeutungswandel vollzogen. Zeigten die frühen Bilder der Holländer und Flamen noch viel Winterfreude im Schnee und auf dem Eis, steht in späteren Gemälden der Winter öfter für Alter, Tod, das Ende. Exemplarisch bei Segantini. Seine Werke habe ich mir in St. Moritz in der Schweiz angesehen, sie verbreiten einen Hauch der Stimmung, wie es in den einsamen Wintern in den Bergen gewesen sein muss, bevor die ersten Winterurlauber anreisten.

Giovanni Segantini, dramatischer Alpenmaler, lebte im Engadin und starb 1899, als er sich zum Malen auf eine Hütte auf dem Schafberg über St. Moritz zurückgezogen hatte. Im Segantini-Museum hängt sein Triptychon *Vita – Natura – Morte*, auch *Werden – Sein – Vergehen* genannt.

Für Segantini war der Winter gleichbedeutend mit Tod und Vergehen. Er schrieb zum dritten Teil: „Das Bild stellt den scheinbaren Tod aller Dinge dar. Es ist Winter, die Erde ist unter dem Schnee begraben, die Berge im Hintergrund von der Sonne beleuchtet. In der Hütte ist ein junges Mädchen gestorben."

In der Kuppel des Rundbaus steht eine Bank, von ihr können alle drei Bilder mit Muße betrachtet werden. Bei Sonnenaufgang, im Winter also am späten Vormittag, durchzieht das Museum ein magischer Moment. Das Licht wird heller, ohne dass direkte Sonnenstrahlen den Raum zerschneiden, plötzlich beginnen Segantinis Bilder zu leuchten, als würde die Sonne in ihnen aufgehen.

*

Menschen, die in einer winterlichen Umgebung leben und malen, stellten immer wieder auch den Winter dar, was nicht unbedingt überrascht. Hätten die Inuit neben der Mühsal des Überlebens Zeit gefunden zu malen, hätten sie wohl keine dichten Wälder abgebildet. Die Holländer malten in der kleinen Eiszeit ihre zugefrorenen Grachten, und Künstler, die in den Alpen lebten, malten verschneite Berge. Als Heimatmaler sollte man sie deswegen nicht diskreditieren.

Der Schweizer Ferdinand Hodler widmete sich ausführlich dem Mönch, einem Berg im Dreigestirn zwischen Eiger und Jungfrau. Félix Vallotton hingegen entwarf gigantische Gletscherwelten und Berggestalten, die seiner Fantasie entstammten.

Natürlich findet sich der Winter auch später in der zeitgenössischen Kunst, hier auf eine gebrochene, ironische Art oder als Zitat. Hatte ich in der Gemäldegalerie blütenweißes Leinen auf Gemälden betrachtet, um zu verstehen, wie Weiß dargestellt wird, gehen Peter Fischli und David Weiss 1979 den umgekehrten Weg: Ihre Fotografie *In den Bergen* zeigt eine Schneelandschaft – hingeknufft aus weiß bezogenen Federbetten.

Und Beuys' legendärer *Schlitten* von 1969 zeugt bildhaft von der legendären Rettung des Künstlers im Winter. Nach einem Flugzeugabsturz 1944 sollen ihn Tataren auf der Krim im Schnee gefunden, geborgen und gerettet haben.

*

Und wie stellt sich Winter für junge, zeitgenössische Künstler dar? Ich treffe in Berlin Kai Weller. Er malt gegenständlich, was vor einigen Jahren noch verpönt war. Als er zu malen anfing, habe es geheißen, er werde schon auch noch abstrakt. „Aber dann kam die Leipziger Schule, seither wird wieder realistisch gemalt.“

Wenn er Winterbilder male, sagt Weller, gehe es nicht um eine mythische Aufladung, sondern ums Weiß, um die Farbe, um die Stofflichkeit: „Mit Weiß zu mischen ist schwierig, die Farben werden stumpf. Helles Gelb erreicht man nicht, indem man Gelb mit Weiß mischt, sondern ich verdünne

Gelb mit Terpentin." So bekomme er ein hell leuchtendes Gelb, statt eines stumpf-pastelligen.

Die Herausforderung in der Wintermalerei liege in einem Widerspruch. Sowohl verschwimmende Grenzen seien typisch für Winterliches als auch das Gegenteil, geradezu grafische Darstellungen. „Von harten Kontrasten bis zu zarter Minimaldifferenz, Winter kann all das sein." Sei es also ein Wald, schwarzweiß, stark konturiert, oder eine weiße Landschaft unter weißem Himmel. Wo sich der Blick im Vagen verliere, könne man besser wahrnehmen, wer man selbst ist.

„Ich möchte das Betrachten unterbrechen – wie Brecht beim epischen Theater, nicht einfach Landschaft zeigen." Die Wahrnehmung von Winterlandschaft sei intensiver, weil nicht so auf den ersten Blick einleuchtend, nicht so ausdefiniert. „Winter bringt mich mehr zum Nachdenken. Sommer ist so klar, alle mögen Sommer, hell, warm, leicht, auch ungefährlich. Winter ist nicht so offensichtlich."

Die Schönheit liegt im Auge des Betrachters. Und ironisch wirft Weller noch eine Frage in den Raum: „Ist der Winter der John Cage unter den Jahreszeiten?" Wenn das Bild – oder die Musik von Cage – wenig anbiete, gehe es um die eigene Fantasie, das Innere im weißen Raum.

*

Gloria Rech hingegen malt Eisberge. Aus politischen Gründen. Ich lerne die Italienerin aus dem Trentino bei meiner zweiten Reise an die grönländische Ostküste kennen. Sie hat ihren Aquarellkasten mitgebracht, die pralinengroßen Farbklötzchen darin sind ausschließlich Blautöne.

Schnee und Eisberge zu malen habe ihr Leben total verändert, sagt die Autodidaktin: „Ich verwende meine ganze Energie darauf, kann mich darin völlig verlieren." Den Winter habe sie immer schon geliebt, „mehr als 20 Grad ist mir zu heiß." Was Tahiti für Gauguin sei für sie Grönland: das Paradies ihrer Kunst.

Rech malt ausschließlich Eisberge und Gletscher, will so auf deren Schönheit aufmerksam machen. „Die Menschen sollen Eisberge wahrnehmen – und anfangen damit, die Arktis und die Kälte zu schützen." Vor Ort malt sie kleine Aquarelle und schenkt mir eins, was mich fast zu Tränen rührt, so freut es mich.

Wir bleiben in Kontakt, und so kam es, dass sie die Illustrationen für mein Buch geschaffen hat.

*

Um Schnee zu malen, wird schon mal dick aufgetragen, das Tubenweiß wandert direkt auf die Leinwand und wird zu tastbarer Landschaft. Bei Aquarellen hingegen erzeugen Flächen ohne Farbe den Eindruck von Schnee. Als Zuspitzung wird dann die reine weiße Leinwand zur Winterlandschaft – wie das humoristische Bild von Alphonse Allais (von 1883): *Erstkommunion bleichsichtiger junger Mädchen im Schnee* – es zeigt nichts als ein weißes Blatt Papier. Das Pendant – ein Blatt schwarzes Papier folgte 1897: *Combat de nègres dans une cave, pendant la nuit.*

Ist Schnee weiß? Diese Frage beschäftigte Maler intensiv, tatsächlich zeigen die meisten Bilder Schnee in allen möglichen Farben, von schmutzigem Braun bei den frühen Meistern über klirrendes Blau bis zu allen Regenbogenfarben bei Munch und Monet.

Renoir belehrte 1910 einen jungen Maler so: „Weiß existiert nicht in der Natur. Sie haben über dem Schnee Himmel. Ihr Himmel ist blau, dieses Blau muss im Schnee erscheinen. Morgens ist Grün und Gelb im Himmel. Auch diese Farben müssen im Schnee auftauchen, wenn Sie Ihr Bild am Morgen gemalt haben. Wäre es am Abend entstanden, müssten sich Rot und Gelb im Schnee zeigen.“

*

Das klar strukturierte Erscheinungsbild einer besonnten Winterlandschaft wurde zum Sujet einer Untersparte der Wintermaler, ich nenne sie Berg- und Ski-Maler, was überhaupt nicht despektierlich gemeint ist, da ich sowohl Berge als auch Skifahren liebe.

Da sei der Wiener Maler und Alpinist Gustav Jahn genannt, geboren 1879. Seine hyperrealistischen, noch an Gemälden orientierten Winterbilder wurden zu Tourismusplakaten. Seine Landsleute Paul Kirnig und Josef Seger tendierten bereits zur sachlich-dramatischen Malkunst: Berge, Licht, Schnee, Skispuren waren die Ingredienzen ihrer plakativen Bilder.

So ging auch mein Lieblingsmaler dieses Genres vor: Alfons Walde (1891–1958). Seine Gemälde wurden Vorlagen für Wintersportplakate in Tirol. Pastos aufgetragenes Weiß, Farbe so dick wie Schneebretter. Waldes Bilder und die daraus gestalteten Poster, seine grandiosen, eben plakativen Darstellungen des Winters wecken bei mir bis heute die Sehnsucht nach Wintersport, und auch Heimweh nach den Bergen.

Kurz nach Weihnachten fahre ich nach Tirol.

4
In den Bergen

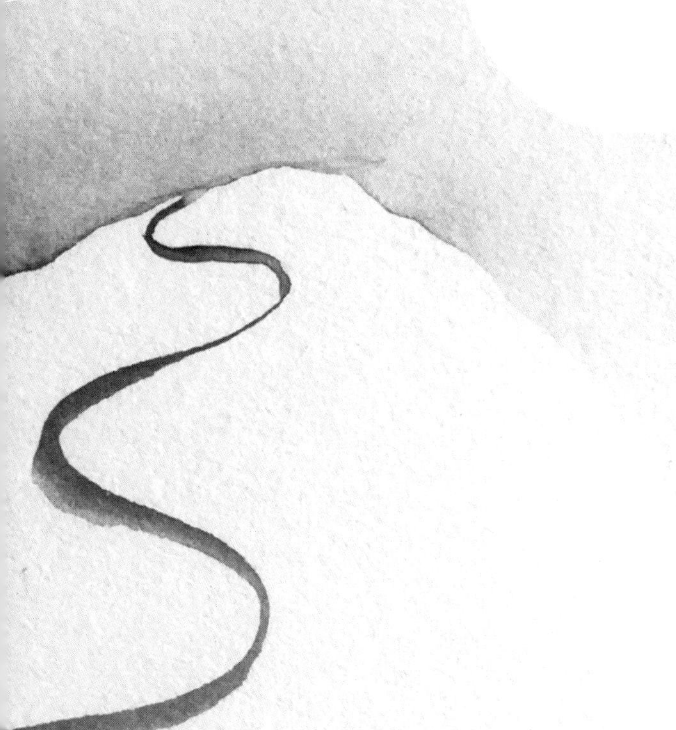

In den Bergen

Wer hat's erfunden?

Im Winter fuhr man nicht in die Berge. Noch 1834 wurden Reisende davor gewarnt, im Winter ins Engadin zu kommen, sie würden dort erfrieren und erblinden. Wer im Winter überhaupt verreiste, fuhr ans Mittelmeer. Im neunzehnten Jahrhundert verbrachten adlige und wohlhabende Briten, Deutsche und Russen gleich mehrere Monate an der italienischen Riviera, der Winter war die Hauptsaison. Dreißig Jahre später änderte sich das radikal, die Berge riefen im Winter!

Begonnen hat all dies mit einer Wette, und wer anders könnte daran beteiligt gewesen sein als Engländer. Sie waren schon die ersten gewesen, die im Sommer in den Bergen mehr sahen als lästige Schattenwerfer in engen Tälern, sie erkoren sich die Alpen als „Playground of Europe", so Leslie Stevens, Gründer des British Alpine Club und Vater von Virginia Woolf.

Und sie wurden die ersten Winterurlauber: Johannes Badrutt, Hotelier in St. Moritz, lud 1864 seine englischen Sommergäste ein, im Winter zu kommen, und versprach ihnen, sie würden bei Sonnenschein hemdsärmelig auf seiner Terrasse sitzen können. Sollten sie nicht zufrieden sein, würde er außer den Hotel- auch die Reisekosten übernehmen. Sie kamen – und blieben viele Wochen.

Aufgrund dieser vielzitierten Wette feierte 2015 die Schweiz ganz offiziell „150 Jahre Wintertourismus". Allein – es ist nur eine Legende. Zudem eine, die erst 92 Jahre, nachdem sie sich zugetragen haben soll, Teil eines Hörspiels wurde. Belege für die Wette gibt es keine. Aber sie ist einfach zu schön, um nicht immer wieder erzählt zu werden.

Natürlich stimmt es, dass um die Mitte der 1860er-Jahre die ersten Gäste im Winter in die Schweiz kamen. Die Briten vergnügten sich mit Schlittschuhen und brachten absonderliche Sportarten von zu Hause mit: Curling, Bob und Skeleton. Vergnügten sich mit Schlitten, spielten „Tobogganing“ – eine Art Rodeln, „Skijöring“ – sich von Pferden oder Hunden durch den Schnee ziehen lassen, sowie das merkwürdige „Gymkhana“ – man setzte sich auf eine Schaufel oder ähnliches und ließ sich ziehen.

In anderen frühen Funsportarten schoben, warfen oder stießen die vergnügten Leute beim Eisstockschieben und Winterpolo Sachen durch den Schnee oder übers Eis. Der Hotelier legte ihnen in St. Moritz einen Curlingplatz an und ließ eine Skeletonbahn auf Natureis bauen.

*

Ich wollte einige Zeit in einem Tal verbringen, in dem es noch so aussieht wie zu Beginn des Wintersports. Wie mag das gewesen sein, als noch keine Skilifte die Hänge hinaufzogen? Winter in den Bergen ohne Remmidemmi, ohne Skibar, ohne *Anton aus Tirol* und andere Schreckenslieder, gibt es das noch?

Ich fuhr ins Villgratental in Osttirol, das eine Zeit lang selbstbewusst warb: „Kommen Sie zu uns, wir haben nichts.“

*

Der Wirt vom Villgratental holt mich am Bahnhof von Sillian ab, es geht hinein und hinauf in das Tal, er verspricht ein „Winterwonderland“, und so liegt das Dorf dann auch da: Unter einer dicken Schneehaube, im letzten Abendlicht, am spätbarocken Kirchturm mit der Zwiebelhaube hat soeben der Küster, oder vermutlich eine Zeitschaltuhr, die gelblichen Scheinwerfer eingeschaltet. Innervillgraten, knapp 1000 Einwohner, erst seit 1956 ganzjährig über eine Straße zu erreichen.

Im Januar ist hier, wie in anderen Alpentälern auch, wenig los. Nach Weihnachten und Silvester ruft die Arbeit, kalt ist es im Januar zudem. Also kommen Urlauber lieber erst ab Fasching. Im Villgratental ist nun wirklich fast niemand.

Pläne für Skilifte gab es. Man hat sich dagegen entschieden, nicht alle finden das gut. Zuletzt wurde vor zehn Jahren darüber gestritten. Die Liftgegner sagen, das Villgratental sei berühmt für seine Skitourenberge, auf die man nur mit eigener Kraft – und Fellen an den Ski – hinaufkommt. Liftbefürworter wollen mehr Tourismus als die paar Skitourengeher.

Ich bin für drei Wochen hier, werde mit Schneeschuhen losziehen, in der Langlaufloipe flitzen, am Bach entlang winterwandern, und am Ende auch auf Skitour gehen.

Und wie hat es nun angefangen mit dem Skifahren? Wer hat's erfunden? Die Schweizer! Sagen die Schweizer. Nein, am Arlberg steht die Wiege des Wintersports in den Alpen! Sagen die österreichischen Arlberger. Auf einer Wiese in Mürzzuschlag begann der Wintersport! Sagen die Mürzzuschlager aus der Steiermark. Eine Spurensuche im Schnee.

*

Ski dienten Menschen im Norden seit Jahrtausenden zur Fortbewegung. Auf Rødøy, einer Insel in Nordnorwegen, zeigt eine 4600 Jahre alte Felsritzung einen Skifahrer. Sie war das Vorbild für die Symbole, die 1994 bei den Olympischen Winterspielen in Lillehammer alle Welt sehen konnte. Nur gibt es sie seit 2016 nicht mehr: Jugendliche wollten die schwer erkennbaren Ritzungen sichtbarer machen. Sie besserten die Petroglyphen nach, was diesen nicht gut bekam.

Etwas weiter östlich, in Zalavrouga am Weißen Meer in Russland, wurden 3500 Jahre alte Petroglyphen entdeckt, die wie auf einem Comicstrip sieben Läufer auf Ski bei der Elchjagd zeigen. In Dreva in Norwegen wurden Skireste gefunden, die 5200 Jahre alt sind. Chinesische Forscher hingegen datierten die Anfänge des Skilaufs auf 8000 v.Chr. in den Altai. Auch hier wurden Felszeichnungen mit Menschen auf Holzbrettern entdeckt.

Und in Russland wurde etwas aus einem Torfmoor gezogen, das eine 8000 Jahre alte Skispitze sein könnte. Definitiv sind Ski das älteste Fortbewegungsmittel der Menschheit, fast doppelt so alt wie Räder; die rollen erst seit dem 4. Jahrtausend v.Chr.

*

Das Skifahren ist tief in der nordischen Mythologie verankert. Etymologen gehen davon aus, dass der Name Skandinavien auf Skadi, die Göttin der Jagd und des Skilaufs, zurückgeht. Ein königliches Fortbewegungsmittel waren die Bretter von Anfang an: „Ich kann auf Ski laufen", soll Harald Hardrode gesagt haben, König im Norden von 1045 bis 1066.

Einer seiner Nachfolger wurde auf Ski gerettet: Anno 1206 überquerten die Birkebeiner, ein Haufen lokaler Rebellen, auf Ski die Berge bei Lillehammer und retteten so den kleinen Königssohn Håkon Håkonsson vor seinen Verfolgern. Wem der Name bekannt vorkommt: Das Birkebeiner-Rennen ist ein Langlaufrennen über 54 Kilometer, alle Birkebeiner müssen einen dreieinhalb Kilogramm schweren Rucksack tragen, der symbolisiert den kleinen Håkon Håkonsson. Die Strecke muss im klassischen Stil gelaufen werden, Skating ist nicht erlaubt.

So sind auch die Regeln beim 90 Kilometer langen schwedischen Wasalauf in Dalarna. Hierher war wiederum im Jahr 1521 Gustav I. Wasa, schwedischer Adliger und Aufrührer gegen die dänische Okkupation, auf Ski vor dänischen Soldaten geflüchtet. Er kam durch die Ortschaft Mora, wo sich keiner groß um ihn scherte. Also weiter nach Westen!

Kurze Zeit später besann sich der Ort, vielleicht sollte man doch diesen Wasa unterstützen? Zwei Skiläufer wurden losgeschickt, um ihn einzuholen. In Sälen schlossen sie auf, überredeten Wasa; die drei kehrten um, zurück nach Mora. Rasant ging es durch den Schnee, mit einem kurzen Ski am einen Fuß und einem langen am anderen, mit dem einen wurde angeschoben, wie beim Rollerfahren, der andere glitt dahin. Wasa wurde zwei Jahre später König von Schweden. Die Männer aus Mora hatten aufs richtige Pferd gesetzt.

1922 schlug der Zeitungsredakteur Anders Pers vor, mit einem „Vasaloppet" an das historische Ereignis anzuknüpfen. Seither mühen sich jedes Jahr am ersten Märzsonntag 15800 Langlaufbegeisterte 90 Kilometer weit zwischen Sälen und Mora. Wer am Wasalauf teilnehmen möchte, braucht für den Start einen schnellen Zeigefinger: Die Online-Ausschreibung ist jeweils nach wenigen Minuten ausgebucht.

Gemächlicher ließ es der norwegische König Olav angehen. Ein bekanntes Foto von 1973 zeigt den Monarchen im Skianorak, er sitzt in der Holmekollbahn und fährt mit seinen Untertanen zur Skitour. Es war die Zeit der Ölkrise, Autofahren war nicht erlaubt. Skifahren aber musste sein. Und so reckt der König dem Kontrolleur seine Bahnfahrtkarte hin.

*

Um auf Jagd zu gehen oder die im Winter sonst unerreichbaren Nachbarn zu besuchen – dafür dienten Ski jahrtausendelang. Bis zum Jahr 1890. Da erschien ein Buch, das die Winterwelt veränderte. Es beschreibt die Reise von sechs Männern auf Ski, war erst auf Norwegisch erschienen, im Jahr darauf schon auf Deutsch. Den spannenden Bestseller bekam 1893 auch der 19-jährige Fritz Heimhuber aus Sonthofen im Allgäu von seinem Vater zugesteckt.

Er hieß *Mit Schneeschuhen durch Grönland* und war von Fridtjof Nansen verfasst. Nansen und seine Mannen waren 450 Kilometer übers Inlandeis gezogen, das sich nicht wie ein zugefrorener See darbot, sondern als Gletscher, den sie erst einmal erklimmen mussten, da er fast 3000 Meter dick über Grönland lag. Oben erwartete die Männer die Pracht seiner Spalten. Nansen schrieb das Buch gleich vor Ort, denn angekommen an der Westküste, hatte das letzte Schiff des Sommers bereits abgelegt. Für Nansen war es es die Königsdisziplin. Nichts mache „den Sinn so frisch wie das Schneeschuhlaufen." Nansen selbst hatte mit vier Jahren mit dem Skifahren begonnen. Denn mit Schneeschuhlaufen meint Nansen immer Skilaufen, das Buch heißt im Original *På ski over Grønland.*

Der Sonthofener Fritz Heimhuber baute sich solche Ski nach, ein Misthaufen soll seine erste Fahrt gestoppt haben, noch so eine Legende. Im nahen Kempten gebe es auch einen Skifahrer, hörte Heimhuber, dieser besäße echte Norwegerski. Heimhuber kaufte sich ebenfalls welche und derart ausgerüstet erstiegen die beiden als erste das Nebelhorn mit Ski. 1927 wurde eine Seilbahn auf das Nebelhorn gebaut. Ich wurde dort 1969 der zehnmillionste Fahrgast. Na, nicht ganz, aber ich hätte es werden können.

Ich habe mit vier Jahren Skifahren gelernt, Bilder zeigen mich mit meinem Vater. Er hatte ebenfalls als Kind Ski geschenkt bekommen, von „Onkel Charlie", einem angeheirateten Verwandten. Der war ein windiger Bursche, Südtiroler, Skilehrer, geboren 1903, ein Bergkamerad von Luis Trenker. Mit dem zusammen fälschte er – höchstwahrscheinlich – kurz nach dem Zweiten Weltkrieg die Eva-Braun-Tagebücher; genau herausbekommen habe ich das nicht. Onkel Charlie, mein dubioser Urgroßonkel, an den ich mich gut erinnere, schrieb wie Trenker Bücher über Berge und den Winter und ist heute als Autor altbackener Skilehrer-Geschichten nicht unverdient völlig vergessen.

Mein Vater brachte mir die Anfänge des Skifahrens bei. Dafür dabbelten wir hinterm Haus einen Hang hoch, so hatten wir den Schnee schon mal platt getreten, und dann eierte ich runter, mit Holzski, Bambusstöcken und weißer Bommelmütze. Bald waren wir alle im Skiclub, auch meine jüngeren Brüder, nahmen Skiunterricht an den Liften auf der Ostalb. Meine Mutter gab sogar Skikurse für Kinder.

Viele Dörfer hatten damals Skilifte, in meiner Erinnerung fuhren wir jeden Winter Ski. Die detaillierte Website „Winterchronik" liefert die Zahlen zum Gefühl: In den 1960er- und 1970er-Jahren gab es viele sowohl kalte als auch schneereiche Winter. Heute sind die meisten der Schlepper abgebaut und sogar in schneereichen Wintern läuft kaum noch einer.

Ein- oder zweimal im Jahr organisierte der Skiclub eine Skiausfahrt ins Gebirge. Morgens um fünf Uhr fuhr der Bus los. Ich war immer sehr aufgeregt, hatte Reisefieber. Dann stand ich da im Allgäu. In Balderschwang oder Ofterschwang, am Fellhorn und am Nebelhorn. Und bis heute wundere ich mich darüber, dass wir – ich und die anderen Kinder – das durchgezogen haben.

Die Ski hatten keine Stahlkanten, die Pisten waren kaum präpariert und manchmal reine Eisplatten. Die Kleidung war ein Witz, man wurde oft nass bis auf die Haut, die Handschuhe konnte man auswringen, die Lederschuhe waren nicht dicht, die ersten Plastikmodelle eisenhart und drückten grässlich. Es war im Grunde eine Tortur. Aber ich muss es geliebt haben. Ich fuhr jeden Winter Ski. Hut ab vor meinem 8-jährigen Ich.

*

Natürlich ist das kein Vergleich zu den Skipionieren, die sich alles selber beibringen mussten. Die Geschichten gleichen sich: 1892 probierten in Hindelang Luitpold Agerer und Herbert Arnold mit Norwegerski herum. Zum Spott der Nachbarn, die sie „Brettleshupfer" und „Schneeziacher" schimpften. Christoph Iselin, der spätere Gründer des ersten Schweizer Skivereins, testete 1891 seine Ski nachts. Auch er hatte sie nach Fotos von Nansens Brettern gehobelt. In diesen Jahren kurz vor der Jahrhundertwende findet sich überall dieselbe Euphorie.

1891 wurde der „Ski-Club Todtnau" gegründet, der erste Skiverein in Deutschland. Die Todtnauer sagen, ihr Verein gelte als Wiege des organisierten Skilaufs in Mitteleuropa. Allerdings hatten die Münchner schon 1890 einen Skiclub gegründet – der sich jedoch bald wieder auflöste. 1901 gründete Arlberg den ersten österreichischen Skiclub.

Die Zeit war reif für Skifahren, für Wintersport. Für Sport überhaupt. Aber wie kam es zu diesem Sportwesen? Auch das ging von der Insel aus, schwappte aus England auf den Kontinent. Im Laufe der Industrialisierung entstanden neben elitären Sportclubs bald Arbeitervereine, und mit zunehmendem Einfluss der Gewerkschaften, die ersten staatlich anerkannten gab es in Großbritannien 1872, in Deutschland schon 1848, hatten arbeitende Menschen nun ein Recht auf Freizeit – das war revolutionär.

In ihrer freien Zeit drängte es sie an die frische Luft. In die gleiche Zeit fällt das Wiederaufleben der olympischen Idee, 1896 wurden die ersten Olympischen Spiele der Neuzeit abgehalten. Die ersten Olympischen Winterspiele folgten allerdings erst 1924 in Chamonix.

*

Skilifte gab es noch keine, man stapfte den Berg hoch und fuhr hinunter. In dieser frühen Skiepoche galt: Eine Wintersportlandschaft ist diejenige, in der Wintersportler unterwegs sind. Die wenigen Skifahrer nutzten freie Flächen wie Weiden und Almen für ihre Abfahrt. Es war ein romantisches Bild, der einsame Skifahrer inmitten der Schneelandschaft.

Einen Zustand, den wir heute noch suchen, wenn wir aufbrechen in den Winterurlaub, auch wenn sich die Winterlandschaft in den Skigebieten nun so anders darstellt. Damals jedoch galt: Wenn der Schnee taute und die Ski in den Keller wanderten, war nichts mehr zu sehen von der Wintersportlandschaft. Ohne Skifahrer war sie wieder die Jahrhunderte alte Kulturlandschaft.

Eine erste Aufstiegshilfe unterstützte 1908 in Vorarlberg die Skifahrer, es war eine Art Schlitten, der mit einer Seilwinde bergauf gezogen wurde. Im gleichen Jahr baute man im Hochschwarzwald den ersten richtigen Lift, eine spezielle Konstruktion: An ein umlaufendes Seil klemmten sich die Fahrgäste mit einer Art Zange fest. Mir muss man das nicht erklären: Auf der Schwäbischen Alb liftelten wir in den 1960er-Jahren noch so bergauf. Wir fanden das normal. Der erste moderne Schlepplift, wie wir sie heute noch kennen, ging 1934 in Davos in Betrieb.

*

Wie aber kann es sein, dass ein Buch so eine Bewegung auslöst? Ich habe vor meiner Reise ins Villgratental Nansens *Mit Schneeschuhen über Grönland* gelesen. Ich hechelte durch das Buch auf der Suche nach den euphorischen Skistellen.

Ich fand nur wenige Sätze wie diesen: „19 Tage hintereinander gingen wir vom frühen Morgen bis zum späten Abend auf unseren Skiern und legten gegen 50 Meilen auf ihnen zurück" – und war beeindruckt: Das soll den Skiboom in den Alpen ausgelöst haben? Nein: Nansen hatte ausführlich über „Das Schneeschuhlaufen, Entwicklung und Geschichte" geschrieben, dieses Kapitel aber später gestrichen, denn nun wüssten ja schon alle Bescheid. Also setzte ich mich in Berlin in die Amerika-Gedenkbibliothek und studierte im Lesesaal ehrfurchtsvoll die deutsche Langfassung von 1891 – in Frakturschrift.

Nansen schreibt, seine Expedition, also die erste Überquerung des grönländischen Inlandeises, habe ihre Entstehung einzig und allein dem norwegischen Schneeschuhlaufen zu verdanken. Er beschäftigt sich mit verschiedenen Holzarten, besonders glatt sei Ulme, sogar zu glatt, „darauf kann man sich totlaufen." Er empfahl, wenn der Schnee ballte, sich also in Klumpen festsetzte, mit Stearin zu wachsen, „oder mit einem gesalzenen Hering."

Er untersuchte, welche Schneeart sich am besten eignete. Sehr gut sei es, wenn der Schnee erst dem Tauwetter und dann der Kälte ausgesetzt gewesen wäre und sich so eine feste Kruste bilden konnte. Eine „Skibahn ersten Ranges" aber bekomme man, wenn auf die Kruste eine dünne, ungefähr einige Zentimeter dicke Schicht „losen, guten Schnees oder noch besser Reif", falle. „Die Ski gleiten ganz erstaunlich leicht und selbst bei der schwächsten Abschrägung geht es ganz von selber vorwärts."

Am schlimmsten sei hingegen sehr kalter Schnee, sagt Nansen und fügt an: „Solchen Schnee, und zwar von der zähesten Art, hatten wir fast die ganze Zeit hindurch auf dem Inlandseis in Grönland."

Nansen schwärmt vom Aufschwung, den der Sport genommen habe, es sei ein ganz neuer Geist in das norwegische Volk gefahren. Wer sehe, „wie es jetzt im Winter überall von jungen und alten, männlichen und weiblichen Schneeschuhläufern wimmelt, – kann sich nur über dies gesunde, frische Leben freuen."

*

Nansen schrieb so eine erste kulturgeschichtliche Erforschung des Schneeschuhs. Er untersucht sprachwissenschaftlich, wo die ersten Ski erwähnt wurden. Sucht nach dem Wort bei den Lappen, in indogermanischen Sprachen, wandert im Kopf von den Ostseefinnen zu den Wolga-Bulgaren, zu den Karagassen, einem Turkvolk in Sibirien, und kommt zu dem Schluss: Völkerwanderungen haben die Ski verbreitet.

Einen langen Atem bewies Nansen nicht nur bei der Grönlandüberquerung, sondern auch für Schachtelsätze, mit denen er seine Ergebnisse zusammenfasst: „Wir Norweger sind bis dahin sehr geneigt gewesen, unser eigenes Land als Wiege und Heim unseres liebsten Sports, des Schneeschuhlaufens, zu betrachten. Eine mehr wissenschaftliche Untersuchung des Themas, wie sie hier zum ersten Male in größerer Ausdehnung unternommen ist, zwingt uns indessen zu der Annahme der vielleicht nicht willkommenen Thatsache, dass wir zu den jüngeren der zahlreichen Stämme gehören, welche diesen Sport aufgenommen haben und ihn betreiben, und dass wir am äußersten Rande des unermesslichen Stiches liegen, auf welchem die Benutzung der Schneeschuhe sogar noch fast allgemeiner zu sein scheint als bei uns."

Doch die Norweger könnten sich damit trösten, so Nansen, dass sie zwar das Schneeschuhlaufen historisch gesehen erst spät erlernt, doch „diesen Sport zu einer Blüthe gebracht" hätten, „wie kein anderes Volk es vermochte."

Am Ende waren es wohl Sätze wie diese, die die Begeisterung fürs Skilaufen entfachten: „Kann man sich etwas Gesünderes oder Reineres denken, als an einem klaren Wintertag die Schneeschuhe unter die Füße zu schnallen und waldeinwärts zu laufen? Ist es nicht, als wenn das ganze Kulturleben auf einmal aus unseren Gedanken verwischt wird und mit der Stadtluft weit hinter uns zurückbleibt – man verwächst gleichsam mit den Schneeschuhen und der Natur."

*

So ging es bald überall Schlag auf Schlag, 1895 wurde der „Schneeschuhclub Frankfurt/Main" gegründet, vom Schwarzwald ins Mährische, vom Harz bis zu den Vogesen, überall begannen die Menschen, auf Ski Wiesen und Berge runterzurutschen. Und nun wollten alle diese Norwegerski haben – das brachte dem Ursprungsland einen kleinen wirtschaftlichen Aufschwung.

Skibauen wurde ein Zusatzverdienst auf den Höfen. Bauern schlugen möglichst gerade gewachsene Kiefernstämme, lagerten sie ein paar Jahre, hobelten mehr oder weniger kunstfertige Ski heraus und verkauften sie auf dem Markt in der Stadt.

Wie aber wäre es, selbst Ski herzustellen? Vor einigen Jahren habe ich an einem Skiworkshop teilgenommen, natürlich in Norwegen. Per Hansen leitete den

Workshop, er fertigte seine ersten Holzski in den 1970er-Jahren. „Als alle nur noch Kunststoffski fuhren, wollte ich die Tradition bewahren."

Nicht nur handwerkliche Fähigkeiten konnte man im Workshop erproben, auch Geduld. Wo ich das Werkzeug am liebsten nach zwei Minuten in die Ecke geworfen hätte, hobelte er hier Schicht für Schicht und Stunde um Stunde, bis das Brett geschwungene Formen annahm und sich zum „Carving"-Ski formte. In Hansens Hand glitten Zugeisen, Ziehklinge und verschieden geformte Hobel elegant über das Brett. Bei mir hinterließ jedes Werkzeug nur noch mehr Schrunden im Holz, anstatt die Oberfläche zu verfeinern.

Harziger Kiefergeruch durchzog die Gamme, den traditionellen norwegischen Rundbau, das Feuer knisterte und zu allem Überglück fiel draußen Schnee in dicken Flocken. Auf der offenen Kochstelle brutzelte rosafarbener Lachs. Hansen stellte einen Kessel aufs Feuer, der Wasserdampf erhitzte die Spitze des „Holzscheits" – denn das, Scheit, heißt „Ski" – anschließend wurde der Ski in eine Holzklammer eingezwängt.

Über Nacht sollte er sich der Rundung fügen. Am Morgen erlösten wir den Ski aus der Folterkammer, elegant reckte er die Nase nach oben. Holzteer mit dickem Pinsel aufgetragen, imprägnierte den Rohling. Darauf montierte ich ganz klassisch nur Lederriemen. Und damit kann man skifahren?

Vom Hüttendorf tasteten wir uns mit den neuen Ski vorsichtig die beschneite Wiese hinunter. Auf einem zugefrorenen Fluss reihten wir uns ein in den Wintergänsemarsch. Siehe da: Die breiten, leichten Holzski glitten auf Pulverschnee mühelos dahin.

An einem minimalen Abhang wagten wir eine Abfahrt und purzelten in den Schnee, beulten Badewannen in die weiße Decke. „Auch war es ein nicht zu kleiner Spaß für das Publikum, wenn der eine oder andere in voller Fahrt den Hügel hinunter die Balance verlor und seinen müden Leib im kalten Schnee badete."

Wie wahr, wenngleich der Text nicht auf uns gemünzt war. So stand es 1843, anlässlich des ersten öffentlich bekannten Skirennens in der „Tromsø Tidende". „Eine wahre Volksbelustigung" sei es gewesen, schrieb die Zeitung, „da sich der größte Teil der jüngeren und teilweise auch älteren Bewohner der Stadt an dieser schnellen und für die Gesundheit so zuträglichen Leibesübung versuchte."

Auch in Österreich habe ich mir historische Bretter unter die Füße geschnallt. Dafür bin ich nach Mürzzuschlag in der Steiermark gefahren. Die Steirer gelten als Sturköpfe und erzählen gerne, dass sie mitgeholfen haben, den alpinen Skilauf ins Gebirge zu bringen. Darauf pocht Hannes Nothnagl, Kurator des Wintersportmuseums. Immer würde es heißen, der Arlberg sei die Wiege des Wintersports in Mitteleuropa. „Das stimmt nicht!"

Im Grunde sei das ja egal, „aber wenn man darüber redet, muss man bei der Wahrheit bleiben." Und die sieht, nach heimischen Quellen, so aus: Der Mürzzuschlager Gastwirt Toni Schruf rutschte 1890 gemeinsam mit seinem Spezl Max Kleinoscheg, Sektfabrikant aus Graz, mit Holzbrettern auf einer Wiese hinterm Dorf herum.

Auch Kleinoscheg hatte sich in Norwegen Ski bestellt. Damit wagte sich der Grazer an einen Hügel, „bergab fiel ich nach je zwanzig Schritten, bergauf rutschte ich zurück", schrieb Kleinoscheg. Zuschauer lachten ihn aus. Da kam nun das Steirisch-Dickschädelige zum Tragen. Sakradí! Kleinoscheg gab nicht auf, sondern fuhr zu seinem Freund Schruf nach Mürzzuschlag und weihte ihn „verstohlen in die Geheimnisse der Brettel ein."

Man begab sich auf die Wiese hinterm Dorf, und Schruf habe „sofort die Brauchbarkeit erkannt, dass durch sie aus Mürzzuschlag ein Wintersport-Zentrum zu machen sei." Seit 1854 verband die Eisenbahn Mürzzuschlag mit Graz und mit Wien. Dort, in den Städten, lebten Menschen, die Freizeit hatten. Und Geld dazu. Sie galt es, ins Steirische zu locken.

Kleinoscheg und Schruf bestiegen zusammen mit einem weiteren Freund am 13. Februar 1892 das 1782 Meter hohe Stuhleck. Das kann als die erste dokumentierte Skitour Mitteleuropas gelten. Ein Jahr später riefen sie zum ersten alpinen Skirennen. Ein Sonderzug aus Graz dampfte heran, die k.u.k.-Hautevolee erschien. Zwanzig Männer, fünf Frauen und sieben Buben nahmen teil, 600 Meter ging es hinab. Ein Norweger gewann die Herrenabfahrt, bei den Damen siegte Mizzi Angerer aus Wien. Und ein Jahr später organisierten sie eine Wintersportausstellung.

1904 richtete Mürzzuschlag die „Nordischen Spiele" aus. Die Wettkämpfer traten in zahlreichen Disziplinen an, vom Skispringen über Langlauf und Eiskunstlauf bis zu „Snörekjöring" (Skifahrer, die sich von Tieren ziehen lassen) und „Gasselfahren", ein Pferdewettbewerb mit Sulky-Schlitten. Die Sieger bekamen die Nansenmedaille in Gold. Doch zwei Jahre später fehlte es an Schnee, die Spiele fielen aus. Damit war der erste Aufschwung abgebremst und Mürzzuschlag wurde nie mehr so bekannt wie in den ersten Tagen des Skisports.

Das Wintersportmuseum beherbergt eine riesige Sammlung wintersporthistorischer Exponate. Allein 4000 Paar Ski stehen dort. Nothnagl führt zu den Preziosen, etwa dem ältesten Ausstellungsstück, ein „ostsibirischer Nacktski". Was klingt wie eine Tierart ist ein breiter Ski, der ohne Felle, also nackt, bewegt wurde.

Nothnagl hat mit anderen Mürzzuschlagern eine „Nostalski"-Truppe gegründet, das Museum verleiht die Ausrüstung. Überfallhosen, Gamaschen, Lederhosen, Pumphosen. Statt Gore-Tex gibt es kratzende Wolle, statt Skihelmen Bommelmützen und an den Füßen Lederschuhe. So soll die historische Tour aufs Stuhleck nachgefühlt werden.

Die Ski nun: Holzbretter, Kandahar-Bindung mit Kabelzug und echten Robbenfellen, dazu „Tonkin-Stöcke", gefertigt aus einer vietnamesischen Bambusart. Gemeinsam mit dem Nostalski-Team geht es ans Licht, nicht versteckt durch die Nacht wie einst Toni Schruf.

Erst stake ich zaghaft bergauf, purzel auch mal hin, „schlägt unzählige Sterne", wie Kleinoscheg das nannte. Mich erinnert das alles fatal an meine ersten Skiversuche auf der Schwäbischen Alb.

*

Von meinem Schreibtisch in Innervillgraten fällt mein Blick auf sehr viel Schnee. An den ersten Tagen meiner Winterauszeit schneit es pausenlos, die Fernsehberichte dazu wechseln von Euphorie – nach mehreren schneearmen Wintern endlich wieder eine gute Saison – zu Besorgnis: Werden ganze Täler bald abgeschnitten sein? Wegen der Lawinengefahr traue ich mich nicht ins Gelände, ich lese mich weiter durch die Bücherstapel, die ich mitgebracht habe.

Wenn man sich mit der Skihistorie beschäftigt, tauchen immer wieder dieselben Namen auf. Die Skipioniere in Skandinavien und in den Alpen entwickelten unterschiedliche Varianten, die den Sport voran brachten. Früher dran als alle anderen war aber der heute fast vergessene Johann Christoph Friedrich GutsMuths, geboren 1759 in Quedlinburg.

GutsMuths war Pädagoge in Schnepfenthal, ein Vorreiter des Turnsports und schrieb Bücher dazu. Aus seinen Schriften folgt, dass er sich schon 1795 mit dem Skifahren beschäftigte, bei ihm wiederum „Schneelauf" genannt. 1804 publizierte er ein Buch über Gymnastik und darin beschreibt er das Skilaufen, bezeichnenderweise im Kapitel *Die Haltung des Gleichgewichts*.

Dem Anfänger, also allen seinen damaligen Lesern, empfiehlt er, die ersten Versuche in der Ebene auf durch Frost gehärtetem Schnee zu machen, „denn bey ganz lockerm Schnee ist die Uebung, soviel ich weiß, unmöglich." Um voran zu kommen, setze man einen Fuß nach dem anderen vorwärts, neige den Körper nach vorne, „so folgt Gleitung auf Gleitung."

Die forscheren schickt GutsMuths auf „schiefe Schneeflächen", und zwar bergab, „hier werden die Schneeschuhe zu Fittigen, auf denen man fast ohne alle Mühe über die Bahn hinschwebt." GutsMuths war im Thüringer Wald unterwegs, höchstwahrscheinlich auf je einem langen und einem kurzen Ski. Der kurze wurde Andor genannt, zuweilen war seine Unterseite mit Seehundsfell bespannt, damit stieß man sich ab, also in einer Art halbem Schlittschuhschritt.

In Ostdeutschland war der Name GutsMuths noch ein Begriff: Die höchste staatliche Auszeichnung der DDR für wissenschaftliche Leistungen auf dem Gebiet der Sportwissenschaft und Sportmedizin war der GutsMuths-Preis. Heute erinnert der sommerliche GutsMuths-Rennsteiglauf an den deutschen Skipionier.

Ein früher norwegischer Tüftler war der Bauernsohn Sondre Norheim, geboren 1825; er wuchs in der norwegischen Region Telemark auf. Er war einer der besten Abfahrer und Springer seiner Zeit und gilt als der Begründer der Telemark-Technik. Für seinen sportlichen Skistil war ihm die Weidenbindung nicht stabil genug, und er fand die gebräuchlichen Bretter zu lang.

Er entwickelte seine Kurzski, lächerliche 2,40 Meter lang, und bastelte eine Bindung, die auch die Ferse umschloss. Weil mich alle Arten von Skifahren reizen, habe ich das Telemarken einmal ausprobiert. Dafür fuhr ich nach Livigno. Das italienische Dorf an der Grenze zur Schweiz hat sich zum Telemark-Zentrum entwickelt.

Telemarken sei kein Stil, sondern eine Notwendigkeit, sagte mir David Giacomelli und fuhr vor, in eleganten Bögen, immer abwechselnd ein Knie fast bis zum Ski hinuntergebeugt. Eine Notwendigkeit?! Skifahren ohne Sicherheitsbindung und mit freier Ferse – warum sollte man das tun? Aber warum sollte man so fragen? Hieße dies doch, beim Skifahren die Sinnfrage zu stellen; ein an sich schon sinnloser Ansatz.

Giacomelli, ein junger Kerl mit Vollbart, fuhr seit zehn Jahren so. Er sagte: „Du kannst auf Telemark-Ski viel leichter das Gleichgewicht halten, weil Du mit einem Bein in die Knie gehst." Soweit die Theorie.

Beim Telemarken gilt es alles zu vergessen, was der Körper in vielen Jahren Skifahren gelernt hat. Die Bergschulter soll nach hinten, und bei jeder Kurve schiebt sich der Fuß mit dem Talski nach vorne, das Bergknie wird zur Skispitze gedrückt, die Ferse löst sich nach oben. Ein interessantes Gefühl, wieder Skianfänger zu sein.

David erzählte, viele Einheimische würden umsteigen auf Telemark, weil sie so lange Ski gefahren seien und mal wieder etwas Neues ausprobieren wollten. „Und mit Telemark kannst du überall hin, auf die Piste, ins Gelände, mit Fellen dran auch bergauf." Und wenn du es gut kannst, „dann ist es wie tanzen."

Noch einmal erklärte er: Talski nach vorne, Bergbein beugen! Und dann machte es Klick. Im Kopf, nicht in den Gelenken. Es funktionierte, mal das linke Knie nach unten, mal das rechte, gefühlt waren das ein paar sehr schöne Kurven. David wartete geduldig, schaute zu und meinte: „Ja, ich weiß, am Anfang ist es wirklich schwer."

*

Skifahren wurde populärer, großen Anteil daran hatten Mathias Zdarsky und Hannes Schneider. Zdarsky, 1856 geboren, also 30 Jahre später als der Telemark-Tüftler, passte die norwegischen Ski an die Alpen an und ließ sich seine Lilienfelder Stahlsohlenbindung patentieren, darauf bauten in der Folge alle modernen Skibindungen auf. In kostenlosen Massenkursen brachte er Tausenden das Skifahren bei, es soll da sehr streng zugegangen sein. Später unterrichtete er das Heer im Skilauf. Er war als Bergretter tätig und kam dabei 1916 in eine Lawine. Er überlebte, war jedoch völlig zerschunden, hatte 80 Knochenbrüche – rappelte sich wieder auf und fuhr Ski bis ins hohe Alter.

Hannes Schneider, geboren 1890 am Arlberg, war einer der letzten großen Erneuerer des Skisports – wenn man von den Wellenreitern Tom Sims und Jake Burton Carpenter absieht, die in den 1970er-Jahren ihre Surfbretter auf die Pisten schleppten und so das Snowboard erfanden.

Der Bub, also Hannes, war ein Naturtalent. Mit 13 bekam er Ski geschenkt, mit 17 fuhr er sein erstes Rennen in der Schweiz. Und 1907 übte er bereits einen Beruf aus, den es kurz zuvor noch nicht gegeben hatte: Er wurde Skilehrer, in St. Anton.

Damit begann die Zeit, in der nicht mehr einzelne, verrückte Skipioniere einsam die Berge befuhren, sondern der Tourismus in den Bergen an Fahrt aufnahm und das Bild einiger Alpentäler bis heute fundamental veränderte.

*

Bis auf Ausnahmen wie das Villgratental, ein Tal ohne Skizirkus. Wie hat man hier früher im Winter gelebt? Ich leihe mir Langlaufski aus, ziehe einsam die Loipe ins Tal hinein und klopfe bei Josef und Notburga Rainer an, beide sind über 70 Jahre alt. Das Haus ist nicht zu verfehlen, es wird im Ort nur das „Grüß-Gott-Haus“ genannt. Denn so steht es in großen, geschnitzten Buchstaben am Balkon. Was aber weniger einen Beleg katholischen Gehorsams darstellt, sondern im Gegenteil ein renitenter Akt bäuerlichen Aufbegehrens gegen den Nationalsozialismus war.

Vater Rainer wollte sich nicht fügen, als in Österreich der „deutsche Gruß“ Pflicht wurde. Den Hitlergruß sollte es in seinem Haus nicht geben und um das allen zu zeigen, riss er den Balkon ab und baute das Geländer neu. Klar könne er sich daran erinnern, sagt Josef Rainer. „Ich hab doch dem Vater geholfen, die Bretter gehalten, die er geschnitzt hat. Der alte Balkon war nämlich noch nicht kaputt, aber er hat wollen einen neuen haben. Eben mit ‚Grüß Gott‘, gegen den Hitler.“

Bald stand die Gestapo in der Stube. Doch einige im Ort hielten zu Rainer Senior. „Der Vater war der einzige, der die Feuerwehr-Spritze bedienen konnte.“ Der könne nicht nach Dachau, hätten die Nachbarn gesagt. „Sonst wäre es nicht gut ausgegangen.“

Auch jenseits alles Politischen – ein gutes Leben habe es damals nicht gegeben. Rainer schnaubt: „Gute alte Zeit? Naa, des war nix. Wir waren neun Kinder, nie gab es genug zu essen. Und wenn es im Sommer gehagelt hat, war die ganze Ernte kaputt. Dann hatte man noch weniger.“ Und auch lange nach dem Krieg änderte sich wenig. Es gab keinen Tourismus, in den Bauernhäusern konnte man im Winter keine Gäste unterbringen. „Die Zimmer im Haus waren ja nicht zu heizen. Unsere Zimmer oben haben bis heute keine Heizung, warm ist es nur in der Küche und in der Stube.“

Die jungen Männer mussten im Winter zum „Haizoichn“ ausrücken, zum Heuziehen. Im Spätsommer wurde das Heu auf den Hochweiden gemäht und im Winter zu Tal gebracht. Auf Schlitten. Zum Bremsen wurde Reisig unter die Kufen geschoben, wenn es schneller gehen sollte, wurden die Holzkufen mit nassen Fetzen angefeuchtet und so vereist. Eine gefährliche Arbeit, bei der immer wieder Männer zu Tode kamen. Und, wie sich Rainer erinnert: „Wir mussten um vier Uhr morgens aufstehen, den ganzen Tag draußen und immer alles für Gotteslohn. Wenn der Bauer nett war, gab es am Samstag ein Brot als Lohn. Und das hast du dann auch noch zu Hause abgeben müssen."

Hatten Sie denn nie Spaß im Winter, war es nicht auch mal lustig? Notburga Rainer schüttelt den Kopf: „Nein, wirklich nicht. Wir mussten immer eine Stunde zu Fuß in die Schule, auch durch tiefen Schnee, und vorher in den Stall und danach arbeiten. Und es hat uns eigentlich immer gefroren, es war immer kalt. Ich hatte keine Hosen, das gab es für Mädchen nicht, noch lange nach dem Krieg nicht. Und unterm Rock die selber gestrickten Strümpfe, die haben so gebissen, das war furchtbar. Furchtbar!"

Erst Mitte der 1960er-Jahre habe ein Lehrer Ski ins Tal gebracht. „Der hat Skikurse veranstaltet. Das haben die Buben gern gehabt. Danach sind viele Ski gefahren." In den Jahren sei es auch losgegangen mit dem Rodeln von Kalkstein herunter. „Die Straße vom oberen Ortsteil war nicht gesandelt, es fuhren ja keine Autos. Das hat Spaß gemacht. Sonntags halt. Oder bei Vollmond. Da hat man sich heimlich verabredet. Gehst du hin? Ja, da geh ich vielleicht auch hin. Das war richtig lustig. Aber vorher: nie."

Außerdem seien die Leute „gestorben wie nix, an einfachen Krankheiten. Der Arzt bekam eh nur ein paar Eier oder mal Fleisch, es gab einfach kein Geld im Tal. Aber im Winter, auf die Höfe oben, da kam er nicht hin und dann ist man einfach gestorben, an Grippe oder so."

Die Eheleute sitzen in ihrer warmen Stube, auf den Fensterbrettern draußen liegt der Schnee hoch, Notburga Rainer legt bei all den Erzählungen zu den kalten Zeiten früher gleich drei weitere Holzscheite in den Ofen und sagt: „Nein, schön war das früher nicht. Alle haben gleich gelebt, das schon. Aber gut war es nicht."

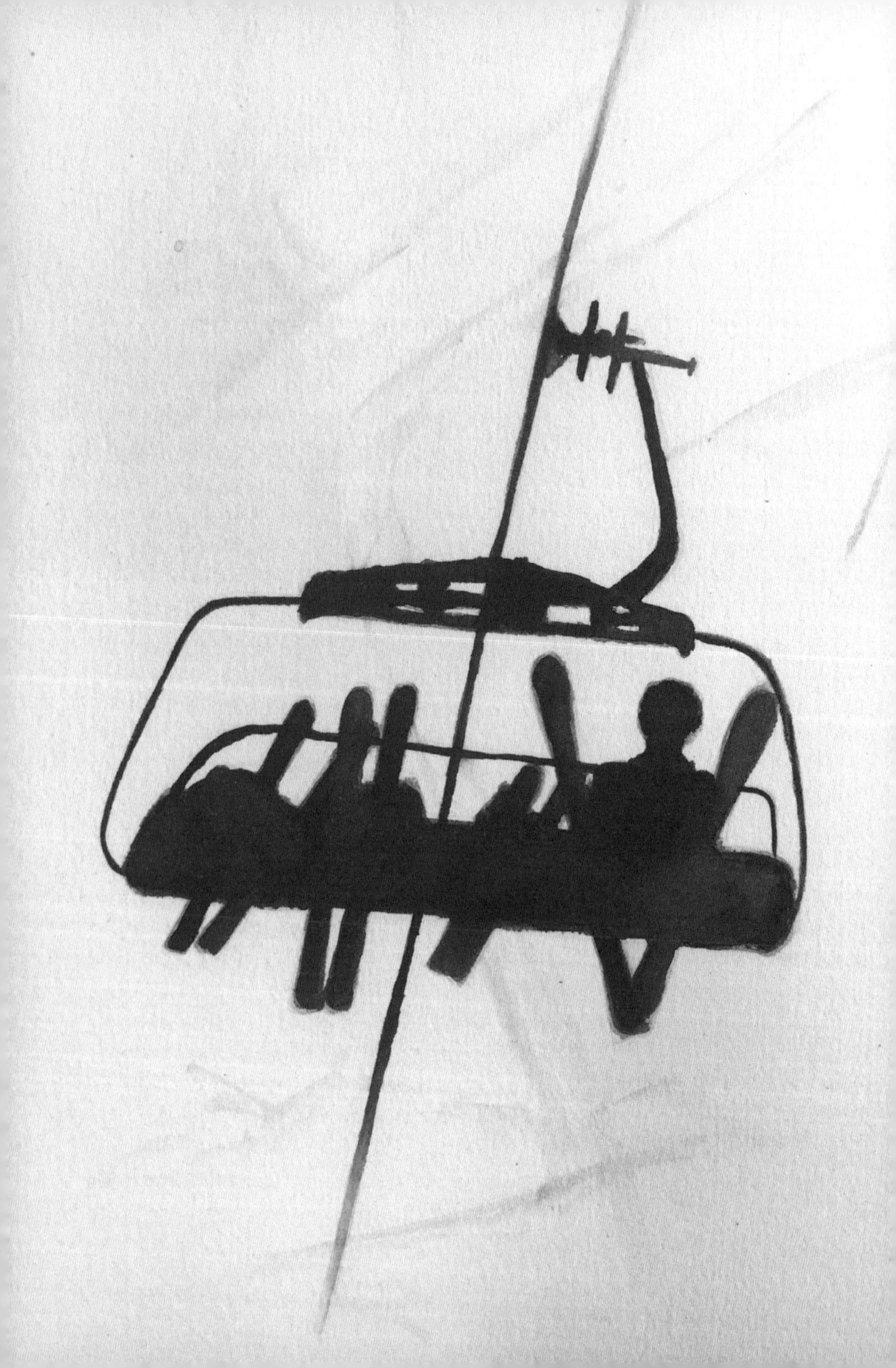

In den Bergen

Skifahren für alle

Hier ein Skispringen, da ein Abfahrtslauf, da eine Dokumentation über Skilegenden – auf nahezu allen österreichischen Fernsehkanälen läuft an einem Wintersonntagnachmittag irgendwas mit Skisport. Ich hole mir in der Bäckerei einen Topfenstrudel und zappe durchs Programm.

*

Alpiner Skisport ist identitätsstiftend in Österreich, man sieht sich als Skination. Österreicher holten sich am häufigsten die „Kristallkugel“, den Pokal des Alpinen Skiweltcups. Auch wer sich wenig für Sport im Fernsehen interessiert, wird die Namen der berühmten Pisten gehört haben, an denen die internationalen Wettrennen gefahren werden, etwa die Lauberhornabfahrt in Wengen, die irrwitzig steile Streif in Kitzbühel, die Kandahar in Garmisch. Und man kennt Sportler wie Toni Sailer, der Rennen mit über sechs Sekunden Vorsprung gewann, den Abfahrtsläufer Franz Klammer und Annemarie Moser-Pröll, Österreichs Sportlerin des Jahrhunderts.

Wie keine andere zeigt jedoch die Biografie von Karl Schranz die Bedeutung des Skisports für die Nation. Schranz, 1938 in St. Anton am Arlberg geboren, wurde dreimal Weltmeister, gewann zweimal den Gesamtweltcup sowie zweimal den Weltcup in der Abfahrt und einmal im Riesenslalom. Das war's. Was bei dieser Aufzählung fehlt ist Olympisches Gold.

Einmal war er verletzt, einmal hatte er Grippe, einmal wurde er – unter dubiosen Umständen – disqualifiziert. Und dann Sapporo, 1972. Ein Sportreporter kommentierte danach, das Leben von Schranz habe alles von einer griechischen Tragödie und sagte zu Schranz: „Millionen Österreicher haben Anteil an Ihrem Schicksal genommen."

Welches grässliche Verhängnis hatte den Mann ereilt? Schranz war wegen der strengen Amateurregel nicht zu den Olympischen Winterspielen zugelassen worden. Dem IOC war ein Foto zugespielt worden, auf dem Schranz ein Trikot mit einem Aufdruck für Kaffeewerbung trägt. Was danach geschah, ist heute nicht mehr vorstellbar, nicht einmal für Österreicher. Die gesamte österreichische Mannschaft war bereits in Sapporo, in Japan, es wurde erwogen, gemeinsam abzureisen. Karl Schranz sollte das entscheiden.

Einen Tag später trat er vors Mikrofon, las stockend von einem Zettel ab, er wisse, wieviel Training hinter der Vorbereitung jedes einzelnen stecke, er wolle das nicht auf sich nehmen, dass nun alle nicht antreten könnten. Schranz reiste alleine ab – und wurde in Wien auf eine Art empfangen, wie es zehn Goldmedaillen nicht hätten erreichen können.

8000 Fans waren zum Flughafen Schwechat gekommen, er fuhr mit dem Wagen des Unterrichtsministers Fred Sinowatz durch Wien, grüßte aus dem offenen Schiebedach, ein Menschenspalier stand dicht an dicht bis ins Zentrum. Er wurde im Bundeskanzleramt empfangen, „Karli, Karli"-Sprechchöre verlangten, ihn auf dem Balkon zu sehen. Kurz trat auch Bundeskanzler Bruno Kreisky zu ihm auf den Balkon, auf Film-Ausschnitten sieht man die jubelnde Menge. Nicht ganz so ekstatisch kreischend wie Beatles-Fans, nicht ganz so fanatisch grölend wie gut 30 Jahre zuvor, als Wien auf dem „Heldenplatz" den Anschluss an Nazideutschland feierte.

Bruno Kreisky jedenfalls war nicht wohl bei der Sache. Der Sozialdemokrat war 1938, im Geburtsjahr von Schranz, nach Schweden emigriert, wurde dort zum lebenslangen Freund von Willy Brandt. Kreisky amtierte gerade zum zweiten Mal als Bundeskanzler und kommentierte den Jubel um Schranz mit den Worten: „Ich kann nur sagen, Gottseidank, dass das alles nur für einen Sportler gemacht wird. Nicht für einen Politiker. Es läuft einem ja der kalte Schauer den Rücken hinunter." Kurz nach seiner Rückkehr aus Japan beendete Schranz seine aktive Karriere.

Nachdem Karl Schranz alles abgeräumt hatte, dauerte es 28 Jahre, bis wieder ein österreichischer Skifahrer den Gesamtweltcup für sich entschied: Hermann Maier. Um in Österreich etwas zu zählen, musste es ein Sieg sein, am besten natürlich der

Gesamtsieg, ein Stockerlplatz läuft schon unter ferner liefen, das bedeutet: Wenn der Platz auf dem Stockerl, auf der Siegertreppe, nur Silber oder Bronze hergibt.

Wie es dazu kam, von den ersten Skikursen in St. Anton bis zum „Weißen Rausch", zur Wintersportbegeisterung in den Alpenländern, darum soll es im Folgenden gehen.

*

Hannes Schneider aus Stuben am Arlberg, der Skilehrer, hatte zunächst das Skifahren neu erfunden. Telemarken ist nun Schnee von gestern. Statt mit einem langen fuhr man nun mit zwei kurzen Stöcken, statt fast aufrecht in der Hocke. Und vor allem: Man fuhr schnell. Zudem stellte Schneider einen Lehrplan auf. In seiner Skischule in St. Anton brachten die Skilehrer ab 1920 in einem einheitlichen System ihren Gästen diese „Arlbergtechnik" bei. Nun lernten viel mehr Menschen Skifahren.

Die Gäste brachten Geld, das war gern gesehen. Nicht so gern sah man das städtische Leben, das sie in die Berge einschleppten. Es drohte der Untergang des Alpenlandes, denn die bäuerlichen Traditionen und die katholischen Normen waren nicht mehr alleinseligmachend.

Und dann auch noch die Frauen! Historische Fotos zeigen überraschend oft Frauen beim Wintersport. Sie stürzten sich – mit eleganten Hüten – auf Skeletons in die Cresta Run, stapften mit ihren unpraktischen langen Röcken im Winter die Berge hinauf, fuhren Ski, Schlitten, waren offensichtlich zügellos unterwegs. Das konnte nicht so hingenommen werden. Die Gebärfähigkeit leide, hieß es, zudem sei es ästhetisch fraglich.

Hosen waren unschicklich und noch 1930 predigte ein Pastor im Sauerland von der Kanzel, er hoffe, zur Weihnachtszeit und zu Neujahr werde kein Schnee fallen, „damit die Weibersleut nicht in Hosen herumlaufen." Als die Frauen doch begannen, Hosen zu tragen, beschwerten sich die Männer, diese entblößten ihre Körperformen. Lange Röcke, Kopftücher, lange Ärmel – das war die europäische Burka der vorigen Jahrhundertwende.

Außer um Zucht und Ordnung ging es aber, wie meistens, um etwas anderes, um sich verändernde Verhältnisse. Da wurde die Befürchtung geäußert, „der Familienkreis werde mit dem Skihang, der Hausschuh mit dem Ski vertauscht und die Frauen neigten nun auch sonst vermehrt dazu, die Führung anzusteuern."

Denn ab 1920 sah man in den Städten die neue Frau mit Bubikopf und Hosen, die rauchte oder Sport trieb, wie es ihr gefiel. So waren auch die Skifahrerinnen Wegbereiterinnen der Emanzipation, erst später wurden sie zum „Skihaserl", zum schmückenden Beiwerk.

*

Schon bald rührte ein neues Medium die Werbetrommel fürs Skifahren: der Film. Das Genre Skifilm verband eine dünne Handlung mit spektakulären Skifahrten, oft grandios gefilmt. Hannes Schneider spielte in 15 solcher Skifilme mit, in der Rolle eines Skilehrers.

Es begann 1920 mit *Das Wunder des Schneeschuhs*, ein Dokumentarfilm mit artistischen Skiabfahrten durch Gletscherbrüche, gedreht von Arnold Fanck. Der legte gut zehn Jahre später *Der weiße Rausch* nach. Die Sprünge von Felsen und Schussabfahrten in steilem Gelände beeindrucken bis heute. Mitfahrerin war Leni Riefenstahl, ihr weiterer Lebenslauf unterschied sich von dem Hannes Schneiders gravierend. Schneider wurde von den Nationalsozialisten verhaftet, da er sich gegen das Hitler-Regime geäußert hatte. Er warf sogar einen Skilehrer wegen Nazipropaganda aus seiner Skischule hinaus.

Schneider wurde freigelassen, durfte aber nicht mehr unterrichten. Er wanderte 1938 mit seiner Familie in die USA aus, übernahm dort eine Skischule – und war im Zweiten Weltkrieg Ausbilder der legendären 10. US-Gebirgsdivison, die in Italien gegen die Deutschen kämpfte. Leni Riefenstahl hingegen, der weibliche Star der Skifilme, profitierte von der Nähe zum Regime.

In den 1930er-Jahren lag der Tourismus in Österreichs Bergen bald brach. Deutschland hatte die „1000-Mark-Sperre" erlassen. Diese besagte, dass ab 1933 jeder Deutsche, der nach Österreich reisen wollte, einen Betrag von 1000 Reichsmark an der Grenze bezahlen musste. So sollte Österreichs Wirtschaftskraft, die bereits stark am Tourismus hing, geschwächt und der Anschluss an Deutschland erzwungen werden. 1942 wurden in Österreich alle Skiausrüstungen für das Heer konfisziert.

*

Das schwarze Gold und das weiße Gold – das eine brachte das andere zum Glänzen. 1938 bohrten US-Amerikaner die ersten großen Ölfelder im arabischen

Raum an. Die unfassbaren Mengen, die aus der Erde sprudelten, ermöglichten in den Nachkriegsjahren die Massenmotorisierung. Und die konnte aus dem Wintersport eine Massenbewegung werden lassen.

Nun wurden Straßen hinein in die Bergtäler gebaut, bis hinauf, wo der Schnee lange lag. So waren mit dem Bau der Flexenstraße die Orte Lech, Zürs und Warth auch in den Wintermonaten erreichbar. Liftstützen wurden in die Berghänge gepflanzt wie Kiefernschonungen.

Nun entstand aus Landschaft ein Wintersportgebiet, aus „landscapes" wurden „sportscapes", wie es der britische Geograf John Bale formulierte. Wälder wurden gerodet, da die Almwiesen nicht mehr ausreichten zum Skifahren. Abhänge wurden planiert, gewaltige Erdmassen verschoben, um passende Hangneigungen zu schaffen.

Das Leben in den Dörfern veränderte sich. „Viele der Bauern vermieteten Fremdenzimmer und aus den meisten Ställen waren die Hühner und Schweine verschwunden. Stattdessen standen jetzt Skier und Stöcke in den Koben und es roch nach Wachs statt nach Hühnerkacke und Schweinemist." So lapidar fasst der Schriftsteller Robert Seethaler in seinem Roman *Ein ganzes Leben* die umwälzenden Veränderungen in den Alpen zusammen, die das Skifahren mit sich brachte.

*

Die Massenmobilisierung der 1960er-Jahre veränderte den Blick auf den Winter in den Bergen. Das Gesellige löste das Romantische ab. Statt des einsamen Skifahrers mitten in weiter Landschaft fuhren nun alle da hin, wo alle hinfahren. „Am Freitag auf d' Nacht, montier i die Schi …" sang Wolfang Ambros 1976 in *Schifoan*.

Ischgl, ein Tiroler Bergdorf, musste noch im 19. Jahrhundert seinen Nachwuchs als „Schwabenkinder" zum Arbeiten in die Fremde wegschicken. Heute hat es 1500 Einwohner, über 10 000 Gästebetten und wirbt als Eventhochburg mit: „Relax. If you can." Wenn dort Andrea Berg die Wintersaison eröffnet und Helene Fischer diese mit einem Konzert auf 2300 Meter Höhe beendet, hüpfen Tausende in ihren Skischuhen im Gleichtakt.

Wer sich für Wintertourismus in den Alpen interessiert, kann von Tirol als Studienobjekt nur begeistert sein. 53 000 Menschen beschäftigt der Tiroler

Tourismus, zählt 25 Millionen Übernachtungen im Winter. Tirol hat 81 Skigebiete und mit 4400 Kilometern Piste die höchste Pistendichte weltweit, sogar in der gesamten Schweiz gibt es nicht einmal doppelt so viele wie allein in diesem österreichischen Bundsland.

Und als Perle in der Auster Tirol liegt Sölden im Ötztal, wobei die Schönheit hier durchaus im Auge des Betrachters liegt. Exemplarisch kann an Sölden der Aufstieg erzählt werden. Um die vorige Jahrhundertwende fanden die ersten „Schiläufer", so die österreichische Schreibweise, den Weg ins Ötztal. Ihnen wurden erste Straßen gebaut, die zu einem Dutzend Gasthöfen führten. 1930 sind es 88 000 Nächtigungen, aber noch fast ausschließlich im Sommer.

1966 führt die erste Seilbahn in Österreich auf einen Dreitausender, 1975 entsteht ein Gletscherskigebiet und 1985 werden von eineinhalb Millionen Nächtigungen bereits weit über die Hälfte im Winter gebucht. 2007 gibt es in Sölden praktisch kein Privathaus ohne Gästezimmer, alle Einwohner verdienen direkt oder indirekt mit dem Tourismus und an den nun zwei Millionen Nächtigungen. Damit ist die Spitze erreicht, es scheint schlicht kein einziges weiteres Gästebett mehr ins Tal zu passen. Jetzt, zehn Jahre später sehen die Zahlen ähnlich aus: Auf gut 3000 Einwohner kommen rund 15 000 Gästebetten, über 80 Prozent der Gäste kommen im Winter.

Um Ski zu fahren. Was nur ist daran so schön? Wer nie Ski gefahren ist – und das sind auch in Europa die allermeisten Menschen, dem ist es nicht so leicht zu vermitteln. Skifahren setzt sich zusammen aus vielen Komponenten, die man alle schon einzeln schrecklich finden kann. Oder liebt.

Da wäre der Teil „Sport an der frischen Luft in der Kälte". Man muss sich auf der Piste nicht auspowern, aber es macht dann mehr Spaß. Weil das typisch für den Winter ist – er verlangt von dir, dass du die Komfortzone verlässt und beschenkt dich dafür. Mit roten Wangen, mit kalten Nasen, mit intensivem Erleben.

Hinzu kommt die Komponente Geschwindigkeit. Gibt dir Beachvolleyball nicht. Dieses Gefühl, wenn die Kanten in der Kurve greifen, wenn es dich in den Hang drückt, bis die Oberschenkel brennen. Was sich bei lausigem Trainingszustand, also etwa am Beginn des Winters nach grauem Herbst, der nicht zum Joggen im Stadtpark einlud, schon nach wenigen Abfahrten einstellt. Ich kenne eine Freizeit-Skifahrerin, eine ohnehin sportliche Frau, die ab November jeden Morgen und jeden Abend auf einem Bein stehend Zähne putzt. In leichter Hocke. Zur Vorbereitung.

Selbstverständlich kann man einen Skiurlaub auch anders gestalten. Mit weniger Ehrgeiz, eher im März als im Januar, mit viel Zeit auf der Hüttenterrasse, in der Sonne, im Liegestuhl. Das soll auch schön sein. Man muss auch nicht bei schlechter Sicht hinaus, aber es kann eine aufregende Erfahrung sein.

Es war am Kasprowy Wierch, einem Berg mit Skilift im polnischen Teil der Hohen Tatra: Die Einheimischen hatten mir vorgeschwärmt von der Aussicht vom Gipfel, die ganze wilde Tatra-Kette entfalte sich von dort, hieß es. Doch der Wintertag war so grimmig, wie man es sich beim Wort Tatra nur vorstellen kann. Auf 1897 Metern, dem höchsten Skigipfel Polens, empfingen mich Sturm und Schnee, der quer daherkam. Und just hier oben gab es als Einstieg gleich eine schwarze Piste. Von der man nichts sah.

Die Piste lag oberhalb der Baumgrenze, unterm Schnee lagen Eisplatten, weil im Nationalpark keine Schneekanonen blasen dürfen; es hatten sich nur wenige Skifahrer nach oben getraut – zusammengenommen bot all das kaum visuelle Anhaltspunkte. Ich eierte im konturenlosen Whiteout umher. Daraus resultierte eine erstaunliche Erfahrung: Man kann beim Skifahren seekrank werden. Mir wurde schlecht.

Aber diesen wilden Tag draußen, in der polnischen Tatra, habe ich nie vergessen. Es ist auch nichts weiter passiert, ich fuhr mehr schlecht als recht zu Tal, und gut war's.

*

Ich habe Menschen getroffen, die von diesem Skifahren einfach nicht genug bekommen konnten. „Ski-bums" (etwa: Skivagabunden) werden sie in den Alpen genannt, damit sind meist junge Leute gemeint, die aus alpenfernen Gegenden stammen, aus Skandinavien oder auch England, aber ihr Leben mehr oder weniger in Skischuhen verbringen. Sie arbeiten im Winter in den Alpen am Skilift, in Bars, beim Skiverleih, bekommen dafür den Saisonliftpass vergünstigt und fahren jede freie Minute Ski oder Snowboard.

Wenn der Winter zu Ende geht, reisen sie nach Australien, Neuseeland oder Südamerika, verbringen den Winter auf der Südhalbkugel, bis in den Alpen die ersten Flocken fallen, genauer gesagt: die Skikanonen angeworfen werden. Ein alter Herr, kein klassischer „Ski-bum" also, sondern ein Skitrainer vom Arlberg, erzählte, er habe 18 Jahre keinen Sommer gesehen. Er trainierte die Damenmannschaft in Argentinien, fuhr in Australien Ski und den europäischen Winter verbrachte man – wo sonst – in den Alpen.

*

Außer Alpinskifahren – also mit Liften und Seilbahnen den Berg hoch und dann auf Pisten wieder runter – gibt es natürlich noch Langlauf. Zwillinge bei der Geburt getrennt. So wie es Skifahrer und Skifahrerinnen gibt, die es gemächlich angehen, gibt es die auch beim Langlauf. Diese vergnügen sich mit Winterwandern mit Ski, einem gemütlichen Dahinziehen in der Landschaft, mit im besten Fall einer Gaststube am Wegesrand.

Aber es geht auch anders: Skater, die mit Doppelstockeinsatz Hügel hinaufspurten, klassische Läufer, die in der Loipe in absurder Geschwindigkeit bergab sausen, im Gottvertrauen – oder Sportvertrauen – darauf, dass die Loipe nicht plötzlich eine gekieste Hofauffahrt kreuzt. Die im Stehen Dampfwolken aufsteigen lassen aus der Hightech-Kleidung. Nicht zu vergessen das Schlittschuhlaufen in allen Varianten, schnell oder elegant, alleine, als Paar oder mit Mannschaft und kleiner schwarzer Scheibe.

So ging das immer weiter, neue Wintersportarten wurden erfunden – umwälzende wie das Snowboarden, weniger weitreichende wie das Skibobfahren, abenteuerliche wie Eisklettern – einiges davon entwickelte sich zu Wettkampfsportarten, alpin oder nordisch.

Andere verschwanden wieder, waren Sackgassen der Wintersportevolution, wie das Skiballett. Wobei man Fuzzy Garhammer, der auf den Ski tanzte und sprang, auch als Vorläufer der heutigen Freestyler werten kann. Garhammer hatte in den 1970er-Jahren das Skifahren zum wilden Spaß gemacht. Die strengen Regeln der Skilehrerschulen brach er auf, seine Trickski-Filme von damals vermitteln noch heute den anarchischen Spaß, den alle hatten. Hippiezeit auf Ski, eine neue Szene, eine neue Ära, das, was zwanzig Jahre später die Snowboarder wieder auflegten.

Das Skifahren hatte sich da schon mehrfach gewandelt. Nach der noch eher wild anmutenden Arlbergtechnik hatte der Münchner Stefan Kruckenhauser das

„Wedeln" erfunden, das jahrzehntelang die Pisten bestimmte. Als wären die Beine zusammengebunden wie bei einer ägyptischen Mumie fuhr man eng, parallel und mit kurzen Schwüngen bergab.

Ich hatte das Pech, in dieser Zeit viel Ski gefahren zu sein. Ich lernte das nie in dieser Perfektion. So schön fahren, so elegant. Wie die Schriftstellerin Antje Rávic Strubel, die Sport studierte und eigentlich Skilehrerin werden wollte, formulierte: „Früher konnte Skifahren, wer Skifahren konnte."

Für mich hingegen war es ein Segen, als endlich die Carvingski erfunden wurden. Den Snowboardern schaute man den Schwung der Bretter ab, sie fuhren, als wäre die Kurve schon eingebaut wie von alleine, die Haltung war auch eher die der jungen Leute, die mit den Hosenboden fast den Schnee streiften. Beine locker etwas breiter, in die Knie gehen, bewegungsbereit fahren. Das lag und liegt mir.

*

In meiner Winterenklave im Villgratental erfreue ich mich am Draußensein, an den vielen Varianten der Winterfreude. Ich ziehe durch die Loipe, spaziere am halb zugefrorenen Bach entlang, stapfe mit Schneeschuhen mutterseelenallein durch den unverspurten Wald, einmal sehe ich ein Reh, einmal drei Gämsen. Einmal fahre ich mit dem Skibus hinaus aus dem Tal zum Thurntaler, dem kleinen Skigebiet von Sillian. Hauptsächlich Kinder und Jugendliche sind unterwegs, ein Kinderrennen wird veranstaltet, Kinder wirken auch als Pistenposten mit.

Sie müssen lange stehen und warten, rammen ihre zwei Ski mit etwas Abstand senkrecht in den Schnee, auf die Bindungen quer ein Skistock, schon haben sie einen Sitz. Andere Kinder toben vor dem Restaurant, spielen in voller Schnee-Montur, kraxeln auf Schneehaufen hinauf, rutschen runter, man sieht, sie wachsen mit und im Schnee auf, Schnee ist ihr natürliches Element.

Im Schlepplift fahre ich mit einem kleinen Mädchen, wirklich klein, es hat noch alle Milchzähne. Ich frage das Kind: „Machst du einen Skikurs?" – „Nein", sagt das Mädchen entrüstet. „Skitraining! Morgen ist ein Rennen."

Noch gibt es also die Ski- und Schneeverrückten, aber wohin wird und soll und kann sich der Wintertourismus in den Alpen entwickeln? Darum dreht sich das nächste Kapitel.

In den Bergen

Quo vadis, Wintersport?

Der Aufstieg der Alpen als Sportgebiet fiel in die Zeit des Wachstums, der allgemeinen Fortschrittsgläubigkeit und des nachlässigen Umgangs mit der Umwelt. Man baute Autobahnen durch Innenstädte, warf alte Reifen und Kühlschränke in den Wald, ließ giftige Abwasser in Flüsse laufen. In den Alpen rodete man Berghänge, planierte Ebenen zu Parkplätzen, rammte Seilbahnstützen auf Gletscherzungen.

Nun ändert sich der Winter in den Alpen, klimatisch, ökologisch, wirtschaftlich. Das alles hat weitreichende Folgen, für die Natur, für die Menschen in den Bergen und für den Wintersport. Wird es in der Zukunft noch Wintersport in den Alpen geben? Um diese Gemengelage soll es hier gehen.

*

Was macht der Klimawandel mit den Bergen, den Gletschern, dem Schneefall? Um das zu ergründen, sitze ich in einem mit vielen Computern bestückten Büro am Flughafen von Innsbruck. Hier, in den Räumen der ZAMG, der staatlichen Zentralanstalt für Meteorologie und Geodynamik, beobachten Meteorologen und Klimaexperten das Klima und das Wetter.

Berühmt wurde die Tiroler Außenstelle der ZAMG für ihre Expeditionswettervorhersagen. Bergsteiger aus aller Welt lassen sich aus Innsbruck per Satellitentelefon durchgeben, wann etwa der Schneesturm am Everest nachlässt. „Wir sehen uns als Welthauptstadt des Bergwetters“, sagt ZAMG-Leiter Manfred Bauer.

Die Frage, die Skifahrer, Skiliftbetreiber, Hotelbesitzer, umtreibt, lautet: Wie wird der Winter? Und wie werden die kommenden Winter?

Bei Vorhersagen ist oft der Wunsch der Vater des Gedankens. Zu den hanebüchenen Varianten gehört die eines bayerischen Blumenfreunds: Der Haslinger Sepp beobachtet seit Jahren die Blüten einer Königskerze in seinem Garten in Benediktbeuren. Sind die Knospen im Herbst geschlossen, kommt kein Schnee, prophezeit der Haslinger Sepp. Viele glauben ihm, obwohl er zuletzt drei Jahre in Serie falsch lag.

In Damüls in Vorarlberg wiederum sagte mir der Tourismuschef am Winteranfang, dieses Mal werde es gut. Denn am 8. August sei es warm gewesen, und das Wetter an diesem Lostag tauge als Vorhersage: „Ist's an Domini sehr heiß, wird der Winter lang und weiß." Wenn der Sommer warm ist, und viel Heu eingebracht werde, sei das ein Zeichen dafür, dass die Kühe es im langen, strengen Winter auch brauchen werden. Auf meine Frage, woher das Heu das im Sommer denn schon wissen soll, antwortete er: „Nun ja, das sind eben diese Bauernregeln."

*

„Das mit den Lostagen funktioniert nicht", sagt Michael Winkler, Klimaexperte der ZAMG. „Die Bauern waren früher so sehr vom Wetter abhängig. Da hat man verständlicherweise versucht, Zusammenhänge herzustellen. Und weil man so katholisch war, hat man es mit Heiligentagen in Verbindung gebracht."

Verlässlich seien hingegen die Eisheiligen, „um diese Zeit herum kommt noch einmal eine Kältewelle." Und auch wenn der Volksmund anderes behauptet: Der Mond habe auf das Wetter keinerlei Einfluss, auch nicht auf den Wetterwechsel. „Es heißt, bei Vollmond werde das Wetter schön. Aber das ist psychologisch zu erklären. Bei schönem Wetter sieht man eben den Vollmond, das merkt man sich. Bei Neumond fällt es keinem auf, deswegen erinnert sich auch niemand daran."

Weniger harmlos sind Vorhersagen, die etwas im Schilde führen. So die Aussage des selbst ernannten Tiroler Skitourismusforschers Günther Aigner in seinem Vortrag zum Winterwetter im Ötztal: Laut Aigner sei in den letzten 30 Jahren dort eine „Abkühlung der Winter erkennbar." Erwärmt hätten sich nur die Bergsommer. Deshalb würden zwar die Gletscher abschmelzen, doch für den alpinen Sommertourismus seien die sonnenreichen und heißen Sommer ein Segen.

„Die Vorteile aus diesem Klima übersteigen die Nachteile wie Gletscherschmelze und Permafrost-Probleme bei weitem“, behauptet Aigner. Um zu dem Fazit zu kommen, nicht der Klimawandel bedrohe den Wintersport, „wohl aber die seit mehr als 25 Jahren andauernden, zum Teil absurden Diskussionen darüber.“

ZAMG-Leiter Manfred Bauer holt tief Luft. Er kennt Aigner und seine Thesen. Die Messdaten, mit denen Aigner arbeitet, hat er von der ZAMG. Bauer kramt Unterlagen hervor, er habe sich schon gedacht, dass diese These wieder auf den Tisch komme. Das Grundproblem daran sei: „30 Jahre sind nicht signifikant. Wenn man etwa die acht Jahre zuvor dazu nimmt, dann hat man sogar das Gegenteil, nämlich einen starken winterlichen Temperaturanstieg! Aber Trends brauchen längere Zeiträume.“

Zum Vergleich zieht er Messungen am Säntis und auf der Zugspitze hinzu, an beiden Punkten wird seit über 90 Jahren geforscht und aufgezeichnet, „und da sieht man, der Trend ist anders: Es wird schleichend wärmer. Pro zehn Jahre 0,25 Grad mehr.“ Auf die Frage, ob der Tiroler Skitourismusforscher das nicht wissen müsste, bekomme ich nur ein Schulterzucken, dazu sagen die Meteorologen lieber nichts.

*

Und wie sind die Aussichten für die Gletscher? Seit dem Ende der letzten kleinen Eiszeit von 1850, das mit dem Beginn der Industrialisierung zusammenfällt, sind die Alpengletscher im Schnitt um die Hälfte geschrumpft. Es geht rasant bergab mit den Gletschern. Eine ganze Kette von Umständen setzt ihnen zu: Wenn es im Winter wenig schneit, fehlt ihnen im Sommer der Schutz des Schnees. Knallt die Sonne ihre Wärme direkt aufs Gletschereis, schmilzt es nur so dahin.

Dramatisch, wenn auf einen schneearmen Winter ein besonders heißer Sommer folgt. So wie im Jahr 2003 und auch wieder 2017. Vom Dezember des Vorjahres bis zum Sommer 2017 haben etwa die Schweizer Gletscher 1500 Millionen Kubikmeter Eis verloren. Das entspricht rund drei Prozent ihres Eisvolumens.

Laut einer verbreiteten These wird es bis zum Jahr 2100 in den Alpen keine Gletscher mehr geben. ZAMG-Leiter Manfred Bauer, der eher vorsichtig mit Antworten hantiert, rückt die Prognose zurecht. „Es ist so: Die Gletscherzungen ziehen durch den Klimawandel in die Höhe.“ Doch an den Nordhängen in Tirol werde es noch lange Gletscher geben, „und in der Schweiz auf jeden Fall! In den Westalpen mit ihren Viertausendern müsste es im Durchschnitt zehn Grad wärmer werden, damit die Gletscher verschwinden."

Für die Zukunft lässt sich Bauer nur zu wenigen Aussagen hinreißen, und auch diese unter Vorbehalt. Es seien alles Szenarien, keine Vorhersagen. „Das heißt: Nur wenn alles so weitergeht wie bislang. Aber wir wissen nicht, was der Mensch alles noch anstellt." So habe ausgerechnet das Ende der Sowjetunion zu einer Klimaerwärmung geführt.

Denn mit dem Untergang der Sowjetunion brach die dortige Schwerindustrie zusammen. Diese Industrieabgase bewirkten jedoch in der Stratosphäre einen kühlenden Effekt, das sogenannte „global dimming", die globale Verdunkelung. Mit dem Wegfall dieses kühlenden Effekts bekam die Klimaerwärmung Vorschub.

Hinzu kommen natürliche Faktoren wie die Vulkanausbrüche von 1814, „das hat eine Klimakatastrophe nach sich gezogen. Das kann man nicht alles vorhersagen, deswegen sprechen wir von Szenarien." Zu den Szenarien gehören im Flachland weiße Weihnachten nur noch selten, doch in Seefeld, einem bei Langläufern beliebten Hochtal in Österreich, wird man an Heilig Abend oft einen Schneemann bauen können.

Die Wahrscheinlichkeit zu warmer Winter sei größer als die von zu kalter, sagt Bauer. Und der Winterniederschlag werde zunehmen. Ob es aber schneien oder regnen wird – um das zu wissen, könnte man genauso gut die Blütenstände vom Haslinger Sepp befragen.

*

Am Ende unseres Gesprächs habe ich noch ein Ass im Ärmel. Ich frage nach dem „Albedo-Effekt" durch beschneite Pisten, ein Argument, das mir Liftbetreiber präsentiert haben. Nun verliert der zurückhaltende Klimaexperte Michael Winkler doch die Contenance und ruft: „Das ist kompletter Schwachsinn!" Ich hatte es mir schon gedacht.

Der „Eis-Albedo-Effekt" ist ein Begriff, der vom vereisten Nordpolarmeer stammt. Er besagt, dass eine gigantische weiße Fläche die Sonnenstrahlen stärker zurückwirft und dadurch die Klimaerwärmung gebremst werden könne.

Doch laut einer Nasa-Studie ist die Dicke des Eises im Nordpolarmeer allein zwischen 2004 und 2008 um 57 Prozent zurückgegangen. „Das beginnt, global eine Rolle zu spielen.“ Doch auch wenn man die gesamten Alpen beschneien würden, „den ganzen Winter lang, hätte das klimatisch keinerlei Einfluss. Die Fläche ist viel zu klein.“

*

Was also tun, wenn Frau Holle ihren Dienst nicht versieht, Goldmarie nicht für natürlichen Reichtum sorgt, die Skilifte aber laufen sollen? Man wirft die Schneekanonen an. Eine kleine Begriffsklärung: Aus den Maschinen kommt kein „Kunstschnee“, wie es früher hieß, sondern eine Mischung aus Wasser, gefrorenem Wasser und Luft. Die Skigebiete beschneien ab November, zu einem Zeitpunkt also, an dem noch nicht klar ist, wie der Winter wird. Beschneit wird der Planbarkeit wegen.

Skigebiete wollen nicht riskieren, dass Skifahrer anreisen und zu wenig Schnee liegt. So entstand in den Wintersportgebieten ein Teufelskreis: Es wird beschneit, aber die Gäste erwarten es auch. Früher hatte man ein paar Gras-und-Stein-Ski im Keller, die wurden rausgeholt, wenn die Pisten abgefahren waren und man Kratzer nur alten Brettern zumuten wollte. Heute werden Ski nicht mehr zerkratzt, die Pisten sind perfekt präpariert. Skigebiete investieren viel Geld in Beschneiungsanlagen, deshalb müssen die Gäste auch sicher kommen, damit das Geld wieder eingespielt wird.

*

Gehen wir nach Damüls, das verbürgt schneereichste Dorf der Welt, dafür gab's sogar mal eine Urkunde für den Bürgermeister. Auch die Damülser befeuern 90 Schneekanonen. „Das Problem ist das Timing: In den Ferien sollen die Pisten perfekt sein, aber wenn Petrus einen anderen Zeitplan hat, sind die Hoteliers und die Gäste nicht glücklich“, sagt Markus Simma, Geschäftsführer der Seilbahnen.

1990 ging es los mit den Kanonen, die waren „umstritten und teuer“. Erst habe man überlegt, dass ein großer Ausfall alle fünf Jahre billiger käme als die Investition. „Aber das ging natürlich nicht, weil das Renommee leidet. Wenn man nichts tut, ist es immer ein Rückschritt.“

Die Ansprüche an Schneelage und die Präparierung der Pisten seien enorm gestiegen, „wie man auch den Badestrand heute glatt und sauber erwartet. Vor einigen Jahren waren die Gäste froh, als sie keine Schlepplifte mehr benützen mussten. Nach den ersten Sesseln kamen kuppelbare Sessellifte, die das Einsteigen bequemer machen. Jetzt haben wir die Sitzheizung."

Ein Kubikmeter Wasser zur Beschneiung kostet drei Euro, „wir brauchen 200 000 Kubikmeter im Jahr, macht 600 000 Euro. Ein Pistengerät kostet in der Stunde 115 Euro. Die sind 9000 Stunden in der Saison im Einsatz." Und deshalb kostet eine Tageskarte 50 Euro.

*

Das Skifahren, das Betreiben von Skigebieten – all das sieht sich der Kritik von Umweltschützern ausgesetzt. Zu Recht: Tirol verbraucht im Winter für die Beschneiung so viel Wasser, wie die Städte Innsbruck, Telfs, Kufstein und Schwaz zusammen in einem Jahr an Trinkwasser benötigen. Und für die Beschneiung wendet das Bundesland pro Winter 90 Gigawattstunden auf, etwa so viel wie alle Tiroler Privathaushalte im Jahr verbrauchen.

Andererseits: Wer im Winter nach Thailand fliegt oder zu einer Kreuzfahrt in die Karibik reist, lässt den ökologischen Fußabdruck des Skifahrers wie die Spuren eines Schneehuhns aussehen.

Seit Jahren befrage ich Menschen, die sich mit Wintersport beschäftigen, zu diesen Themen. Da gibt es Liftbetreiber, die sagen: „Wir haben die Verantwortung für 100 Familien im Tal, weil alle vom Wintersport leben." Das Argument ist stichhaltig – aber es wird anderswo auch für den Braunkohlebergbau angeführt. Einer sagte, es müsse jetzt aufhören, dass die Städter den Menschen in den Alpen vorschreiben, wie sie zu leben hätten. Auch da ist etwas dran.

Doch wem gehören die Alpen? Gehören sie nur denjenigen, die dort wohnen? Gilt es nicht, ein Erbe der Menschheit zu schützen? Wahrscheinlich gäbe es auf der ganzen Welt nicht einen Nationalpark, hätte man immer nur die direkten Anwohner befragt. Es herrscht in dieser Diskussion eine Art Sankt-Florians-Prinzip: Nationalpark – tolle Idee, aber nicht da, wo ich schon mit meiner Großmutter zum Pilzesammeln gegangen bin.

Ein Seilbahnunternehmer sagte mir, die Krux liege darin, dass Skigebiete als Natur angesehen würden, dabei seien diese „touristische Industriegebiete", eben „sportscapes". Sechs Prozent der Alpen sind mit Seilbahnen erschlossen, es mache keinen Sinn, das gleichzustellen mit Natur. Denn dann müsse man auch fragen, wo der Alpenraum aufhöre und ob man im Inntal, das mitten durch die Alpen führt, eine Autobahn bauen dürfe. Schließlich fügte er noch an: „Was machen wir schon? Wir verwenden Wasser und Strom, um Leute Berge runterrutschen zu lassen."

Wasser und Strom: Um beschneien zu können, werden Speicherteiche gebaut. In Tirol allein 200 Stück. Und das Wasser fehle doch nirgends, „es geht ja nicht verloren. Es fließt von den Bergen in den Inn, dann in die Donau und ins Schwarze Meer." So ein weiterer Skiliftbetreiber. Zudem seien die Skipisten im Sommer die grünsten Ecken überhaupt. Was aber gar nichts besagt – oder im Gegenteil nur bestätigt, dass der Bewuchs nicht der natürliche ist.

*

Unterscheidet sich Kunstschnee von Frau Holles Schnee? Natürliche Schneekristalle fallen durch die sechseckige Form luftiger, fluffiger. Aus der Schneekanone düst der Stoff in der Form eines gefrorenen Tropfens. Aufgrund der kompakteren Form ist Kunstschnee viel schwerer, Pulverschnee wiegt etwa 100 Kilogramm pro Kubikmeter, Kunstschnee das Vierfache.

Das störte Michael Bacher. „Sollte es nicht doch möglich sein, natürliche Schneekristalle künstlich herzustellen?", fragte sich der Mitarbeiter der Universität für Bodenkultur Wien. „Hoher Wasserverbrauch, viel Energie: für mich genug Gründe, um Schnee einmal anders herzustellen."

Bacher erfand die Wolke neu. Genauer gesagt eine Wolkenkammer, einen Ballon mit drei Metern Durchmesser. Darin lässt er „Kristalle wachsen. Richtige Schneekristalle, die sich zu größeren Schneeflocken formen und alle Eigenschaften natürlichen Schnees aufweisen."

Und das funktioniert so: „Ein feiner Wassernebel liefert die Feuchtigkeit, um aus winzigen Eisplättchen größere Kristalle zu formen." In etwa so, als ob man im Winter in einem Zelt übernachtet und der Dampf des Nudelwassers und die Atemluftfeuchtigkeit innen an der Zeltwand gefriert – und es dann morgens beim Aufwachen auf den Schlafsack rieselt, wenn man sich bewegt.

Getestet hat Bacher das im Tiroler Ötztal, in Obergurgl. So lassen sich laut Bacher mit einem Kubikmeter Wasser etwa 15 Kubikmeter Schnee produzieren. Das entspricht dem Achtfachen einer konventionellen Schneekanone. Im Labor funktionierte die moderne Fau Holle gut, doch im Skigebiet kam es über die Probephase nicht hinaus. Zu aufwändig, zu teuer.

Jetzt steht die Wolke in einem Schneepark als Spaßkanone. Die Liftbetreiber von Obergurgl haben das Interesse daran verloren. Aber als Bacher Kooperationspartner gesucht hatte seien sie gerne eingestiegen, „wir wollten es ausprobieren. Es hätte ja was sein können." Denn Seilbahngesellschaften schielen eifrig nach besseren Methoden, den technischen Schnee herzustellen: Besser im Sinne von kostengünstiger, – ein Skiort wie Ischgl gibt pro Winter etwa zehn Millionen Euro für die Beschneiung aus. Ein reduzierter Strom- und Wasserverbrauch würde ihre Kosten senken. So wäre dann die ökonomischere Variante auch die ökologisch bessere.

*

Kunstschnee, dem etwas beigemischt wird, rieselt in den Alpen nur in der Schweiz. Die Methode heißt „Snowmax" und kommt aus den USA. Das Eiweiß des abgetöteten Bakteriums Pseudomonas syringae erlaubt Beschneiung auch bei fünf Grad plus. In den USA wird das in Skigebieten eingesetzt, in der Schweiz teilweise, in Deutschland und Österreich ist es verboten.

Weiter geforscht wird auch hier, mit zum Teil kuriosen Ergebnissen: Chemiestudenten der Uni Innsbruck kamen darauf, dass das Eiweiß auch in Johannisbeeren enthalten sein könnte. Sie schütteten Ribiselsaft – so heißt das in Österreich – ins Wasser zum Schneemachen, es funktionierte, das Wasser kristallisierte daran. Bislang wird es noch nicht umfassend verwendet, aber wer weiß. Die benötigte Menge an Saft wäre allerdings so gering, dass man nicht auf rosa Schnee fahren würde.

*

Wie sich die Beschneiung auf die Böden unter der Schneedecke auswirkt, hat Christian Newesely, Ökologe an der Uni Innsbruck, für seine Dissertation untersucht. Newesely fährt selbst Ski, „wenn auch nicht mehr mit derselben Begeisterung wie als Kind." Doch Schnee in seiner natürlichen Form ist für ihn das A und O eines Winters. „Der Reiz einer verschneiten Winterlandschaft ist mit kaum etwas Anderem vergleichbar. Schnee ist etwas Schönes."

Der tropfenförmige, technische Schnee lasse sich zu sehr kompakten Schneedecken verdichten, genau das richtige für Carvingski, die sich von harten Schneedecken nicht abschrecken lassen. „Aber stark verdichtete Schneedecken haben kaum noch Platz für Luftkammern. Die Luft in der Schneedecke ist aber für die Wärmeisolationsfähigkeit verantwortlich." Ohne diese Isolation kühle der Boden stark aus, zudem neige der dichte Schnee zum Vereisen. So werde die Luftdurchlässigkeit der Schneedecke fast völlig unterbunden.

Pflanzen darunter erfrieren oder ersticken, hat Newesely erforscht. „Nicht alle Pflanzenarten reagieren gleich auf diesen Stress, aber die Artenvielfalt wird auf jeden Fall deutlich reduziert." Eine große Biodiversität sei jedoch wegen ihrer unterschiedlichen Durchwurzelungsstrategien für die Stabilität der Böden von großer Bedeutung.

*

Auch Skigebiete beziehen – gegen Geld – die Daten der ZAMG. Wenn die Meteorologen einen Föhnsturm vorhersagen, bringt es nichts, die Schneekanonen einzuschalten, weil am nächsten Tag alles wegschmilzt. Doch trotz aller Forschung: Mit der kostenintensiven Beschneiung wurde die Schmerzgrenze von 50 Euro für eine Tageskarte im Winter 2018 in vielen Skigebieten erreicht, in der Schweiz zahlt man manchmal noch mehr. Wochenpässe oder Saisonkarten für Einheimische sind günstiger, dennoch stellt sich immer öfter die Frage, wer sich Skifahren in Zukunft noch wird leisten können.

Im Laufe eines Skifahrerlebens gibt man laut einer Erhebung der Seilbahnbetreiber etwa 50 000 Euro für sein Hobby aus. Für eine vierköpfige Familie kaum noch zu stemmen, wenn man nicht ohnehin in Eppendorf, im Hochtaunus oder am Starnberger See lebt. Vereinfacht gesagt sieht es so aus: Wer sich früher den Skiurlaub in St. Moritz oder Kitzbühel leisten konnte, fährt da weiter hin. Aber die Arbeiterfamilie aus dem Ruhrpott, die in mittleren Skiorten eine Winterwoche verbrachte, kann das heute kaum noch finanzieren, wenn auch da die Tageskarte 50 Euro kostet. Da ist eine Woche auf den Kanaren billiger zu haben.

*

Und nicht nur die Kosten knabbern an den menschlichen Ressourcen, aus Skigebietssicht gesehen. 1995 wurden in Österreich die verpflichtenden Skikurse an den Schulen abgeschafft, seither herrscht Wahlfreiheit und Kinder können sich auch andere Sportwochen aussuchen. Somit fahren schon seit zwei Generationen Kinder nicht mehr automatisch Ski, nicht einmal in Österreich.

In Europa haben 15 Millionen Menschen Skierfahrung, aber ein Drittel ist mittlerweile über 60 Jahre alt, wie Marktforscher herausfanden. Rund fünf Prozent der Europäer machen Winterurlaub im Schnee – und dreiviertel von ihnen haben keine Kinder, geben also ihre Begeisterung nicht in der Familie weiter.

Die Skifahrenden, die man zur gut situierten Mittelschicht zählen kann, leisten sich zudem Fernreisen, sei es zum Heliskiing nach Kanada oder Kamtschatka oder auch zum Segeln in die Karibik. Doch in den Wintersportgebieten in den Alpen wird weiter auf Wachstum gesetzt, die Tiroler Nachbar-Skiarenen bieten sich absurde Wettbewerbe.

Wer hat die meisten Pistenkilometer, die höchste Aussichtsterrasse? Die heißen dann „Café 3440“ oder „BIG 3“ und schielen neidisch zum Schweizer Jungfraujoch, das halt doch noch höher liegt. Der Verdrängungswettbewerb verführt – oder zwingt – zum steten Wachstum. Und sei es als Zusammenschluss zweier Skigebiete. So kommt es zu gigantischen Skigebieten, mit noch teureren Lifttickets.

Der Zankapfel ist dann jeweils die Begrifflichkeit. Handelt es sich um eine Neuerschließung, die fast nirgends mehr genehmigt wird? Oder bloß um den einen Lift, der noch benötigt wird, um das große Ding zu rocken. So ein Streitfall ist derzeit der geplante Zusammenschluss zwischen dem Pitztal und dem Ötztal. Die eine Seite – die Liftbetreiber – sagen, da müsse nur ein einziger Verbindungslift gebaut werden, neue Pisten würden nicht erschlossen, versprochen. Die Gegenseite – Umweltschützer – befürchtet mehrere Lifte und Pisten auf bislang unberührtem Terrain.

Es ist nicht einfach, eine sachliche Diskussion zu den Themen Wintersport und Beschneiung zu führen, weil so viele Interessen daran hängen. Jeder 14. Arbeitsplatz in Österreich ist direkt oder indirekt vom Wintersport abhängig. Über 200 000 Menschen machen Betten und Frühstück in Hotels, stehen am Lift, bauen Eventbühnen auf, verkaufen Energiedrinks im Dorfladen. Winterurlauber geben gut zehn Milliarden Euro in ihrem Urlaub aus und fast die Hälfte aller Wintersportler macht in Österreich Urlaub in Tirol.

Tirol leistet sich – wie alle österreichischen Bundesländer – den Posten eines Landesumweltanwalts, „zur Vertretung der Interessen der Tiroler Natur und Umwelt“. Man kann sich gut vorstellen, dass das kein leichter Job ist; als Verhinderer wird Johannes Kostenzer, Biologe und derzeitiger Umweltanwalt, oft bezeichnet.

Wir treffen uns – auf der Skipiste in Kühtai, ein beliebtes Skigebiet der Innsbrucker. Kostenzer sagt: „Warum soll der Mensch nicht skifahren? Das ist nicht die Frage, kann er ja. Nur ob er überall skifahren muss? Die Skigebiete gibt es jetzt halt. Aber heute weiß man mehr als damals, als man sie gebaut hat.“

Er sehe den Menschen als Teil der Natur, nicht ihr konfrontativ gegenüber gestellt. „Die Alpen haben mehr Wert als nur den wirtschaftlichen“, sagt der Tiroler. Und erzählt von einem Skitag mit einem Liftbetreiber. Der habe mit dem Skistock in die Landschaft gezeigt, auf steile Hänge, und immer nur fantasiert: Da könnte man noch einen Lift bauen, da ginge noch eine Piste.

Der Mann kam aus dem Paznauntal und Kostenzer sagt, er konnte ihn verstehen. „Dessen Eltern haben noch gehungert, die Tiroler waren so arm. Die wussten nicht, wie sie durch den Winter kommen sollten.“ Daher rühre wohl oft das sture Festhalten am Wachstum der Wintersportgebiete, auch wenn das heute so nicht mehr denkbar sei. „Ötztal-Porno“ nennt der Tiroler Volkskundler Hans Haid diesen bedingungslosen Winterirrsinn.

Aber wohin kann es gehen? Kostenzer sagt, die Beschneiung effektiver zu machen, sei natürlich sinnvoll, aber man müsse verstärkt über alternative Angebote nachdenken. Es gibt Täler, die auf ein Wintererleben jenseits des Pistenzirkus setzten, mit Winterwandern, Schneeschuhtouren, Wildbeobachtungen.

*

Wie das Villgratental, das ich mir für diesen Winter ausgesucht habe, weil es zu den österreichischen Bergsteigerdörfern gehört. Als Stimmen laut wurden, die gegen das Dogma des Wachstums protestierten und Fragen stellten, die manche Hoteliers und Liftbetreiber als ketzerisch empfanden – „Wann ist genug genug? Gibt es ein Zuviel an Gästen?“ – da gründete der Österreichische Alpenverein die Initiative der Bergsteigerdörfer, um sich für einen anderen Tourismus stark zu machen und kleine Gemeinden zu fördern.

Die Dörfer mit weniger als 2500 Einwohnern sollen „eine gewisse Kleinheit und Ruhe ausstrahlen.“ Im Dorf soll es eine Wirtschaft und einen Laden geben, keine riesigen Hotels, aber auf den Bergen bewirtschaftete Hütten. Bisher schafften zweiund zwanzig österreichische Dörfer und vier aus Deutschland die Aufnahme. Als gute Nachricht darf gelten, dass sie einmal ein Dorf wieder rausgeworfen haben aus dem Verbund. Der Alpenverein meint es ernst damit.

Ausgerechnet der Alpenverein? Außenstehende mag es überraschen: Der Alpenverein ist in den Alpen nicht sonderlich beliebt. Zwar hatte der Alpenverein überhaupt erst mit der Erschließung der Berge begonnen, doch nach gut 100 Jahren bemüht man sich, den Deckel wieder auf die Büchse der Pandora zu bekommen. Der ÖAV, wie auch der Deutsche Alpenverein, sperrt sich gegen weitere Skigebiete und Beschneiung, setzt auf Wintersport ohne Lifte. Dabei wollen auch diese Dörfer nicht ohne Urlauber leben – aber doch mit einem andern, hausgemachten Tourismus punkten. Mancher aus diesen Dörfern ist jahrelang als Ewiggestriger verhöhnt worden. Wer nicht mittat bei Liftausbau und Hotelisierung, sich gar aktiv dagegen stemmte, wurde angefeindet. Doch das Blatt scheint sich zu wenden. Je schneller sich das Liftkarussell dreht, je mehr Orte bei der rasanten Fahrt rauszufliegen drohen, desto entspannter schauen die Rückständigen in die Zukunft.

Was also soll man vom Skifahren halten und welche Haltung habe ich dazu? Es ist, wie alles in der Welt, kompliziert. Rein ökologisch betrachtet lautet die klare Antwort: Skifahren ist schlecht für die Umwelt. So wie der Urlaub auf Mallorca, der Import von Bananen, von Tomaten aus Spanien, aber auch der Anbau von Tomaten in Gewächshäusern in Deutschland. Wie das Autofahren, das Kaufen von Klamotten, das Aufheizen der Atmosphäre mit Google-Anfragen. Wie sogar das Zugfahren in Deutschland an einem regnerischen, windstillen Tag, weil dies die Atomkraftindustrie in Frankreich unterstützt, da aus Deutschland nicht genügend Strom eingespeist werden kann.

Aber wenn alles schädlich ist, ist es dann nicht schon wieder egal? Natürlich nicht. Für mich stellt es sich so dar: Skigebiete gibt es, also könnte man diese weiterführen. Ohne das größer, weiter, höher. Das erfordert ein Umdenken, denn eine auf Wachstum ausgerichtete Industrie sieht Stillstand als Rückschritt. Ob die kleineren, sogenannten Bürgermeisterlifte weiterlaufen sollen oder können, das liegt im Ermessen der Gemeinden. So wie in Großstädten Kinderspielplätze subventioniert werden, ist das wohl die Aufgabe der Orte am Rand der Berge. Es ist die Kinderstube einer skifahrenden Gesellschaft, dort können Kinder aus der Haustüre raus und lifteln. Wenn es das nicht mehr gibt, wird die Zahl der Skifahrer weiter abnehmen.

*

Mir brummt der Schädel von diesen komplizierten Fragen. Um den Kopf frei zu bekommen, treffe ich Hannes Grüner. Wir gehen auf Skitour im Villgratental, da muss ich mir die Atemluft einteilen und werde nicht viel reden. Glücklicherweise hat der Bergführer genug zu erzählen. Auch von der Idee, ein Tal so ursprünglich zu belassen, ohne Skilift. Wobei das Lift-Thema noch immer die Runde macht.

Man könnte doch, so sagen manche, von diesem Skigebiet, zu dem ich mit dem Skibus rausgefahren war, obenherum eine Verbindung machen. Keinen Lift, heißt es. Nur eine Piste, heißt es. Hannes Grüner sagt: „Eine Abfahrt ist doch nur der erste Schritt. Dann kommt ein Lift, dann kommt eine Schirmbar, dann kommt Remmidemmi, dann sind wir so wie alle Täler. Nur so wie es jetzt ist, ist es einzigartig.“ Ich kann Einheimische verstehen, die mehr Tourismus wollen als so ein paar Tourengeher wie mich. Aber dieser Tag hier ist großartig.

Es sind wenig Menschen unterwegs, wir schrauben uns in Serpentinen höher und höher. Wir gehen langsam, weil ich nicht schneller kann. Bei jeder Spitzkehre tauchen mehr Berge auf. Schon sieht man drüben in Südtirol die Drei Zinnen und weitere felsige Dolomitzacken, weiter westlich höhere, verschneite Gipfel, „bis zum Ortler“, sagt Grüner.

Während wir so hochgehen, der Gipfel der gut 2600 Meter hohen Kreuzspitze ist endlich in Sicht, nestelt Grüner an seinen Schuhen rum. Ich frage ihn, ob das dieses RECCO-Lawinensystem ist. Er sagt: „Nein, das sind heizbare Socken. Anders geht es nicht bei mir.“ Betroffen frage ich ihn, ob er sich mal die Zehen erfroren habe? „Nein“, hüstelt der Bergführer, und sagt: „Ich krieg eiskalte Zehen, wenn ich so langsam gehe. Da kommt mein Kreislauf überhaupt nicht in Schwung.“ Ich glaube, wenn ich nicht ohnehin schon schlapp wäre, würde ich jetzt vor Lachen umfallen. Ich „derschnauf es kaum“, wie man hier sagt und der Grüner Hannes erfriert im Gehen.

Nach der Gipfelpause muss er mich sicher wieder den Berg hinunter lotsen. Der Schnee ist harschig, hart zu fahren. An einer Stelle sagt der Bergführer, ich solle warten. Er fahre zuerst, auch wegen der Lawinengefahr, und ich solle erst folgen, wenn er unten winke. Da stehe ich nun und habe Angst. Es ist steil, ich bin erschöpft, mir fehlt die Kraft, die dieser Schnee fordert, und ich trau mich einfach nicht, loszufahren. Aber weil deshalb wohl kaum der Rettungshubschrauber losfliegen würde, der Grüner Hannes auch nicht wieder herauflaufen wird, um auf mich einzureden, mir also einfach nichts anderes übrigbleibt, ermanne ich mich, denke an Fridtjof Nansen und fahre los.

Nansen, der Kluge, hatte geschrieben: „Dass ein kühner Schneeschuhläufer bei Ausübung seiner Kunst stets ein wenig wagt, das macht diesen Sport nur um so anziehender, es erhöht die Spannung und trägt dazu bei, den Willen zu stählen und die männliche Kraft zu entwickeln." Die weibliche Kraft sei da mal mitgemeint.

Und es war wieder, trotz der Schinderei, ein großartiger Tag. Der mir lange im Gedächtnis bleiben wird, was sich bei Pistentagen zumindest bei mir nicht einstellt.

*

Die Internet-Satireseite *Der Postillon* verkündete 2018, immer mehr italienische Speisekarten würden anstelle der beliebten Pizza Quattro Stagioni nur noch Pizza Tre Stagioni anbieten. Schuld sei der Klimawandel. Inzwischen könne eine Pizza Vier Jahreszeiten nur noch in den Alpen bestellt werden, „wo es noch einen richtigen Winter gibt." Ganz so düster sehen es nicht einmal die Meteorologen der ZAMG. Sie prognostizieren, es werde zwar oft Winter geben mit Regen und zu warm, um zu beschneien. Aber auch immer wieder Winter mit viel Schnee.

Wenn aber dann Schnee fällt, lange und anhaltend und viel zu viel, dann findet der Winter zu seinem archaischen Schrecken zurück. Mehr dazu in einem späteren Kapitel.

In den Bergen

Der erfrorene Frosch

Was machen Murmeltiere zu Beginn des Winters? Die Frage des Biologen klang harmlos. Vor einigen Jahren habe ich mich zur Tiroler Bergwanderführerin ausbilden lassen; wir waren zwanzig Erwachsene, saßen im Seminarraum eines Alpenhotels, draußen schneite es. Na, was sollen die Murmeltiere schon machen? Sich kuschlig einrichten für den Winterschlaf, nochmal ordentlich futtern, die Höhle mit Laub auspolstern.

Mehr als die Murmeltiere beschäftigten mich Fragen nach sicheren Schneeschuhtouren und warmen Fingern. Bis der Biologe sagte: „Die Murmeltiere, die wir alle so knuffig finden, werfen zu Beginn des Winter ihre alten und kranken Verwandten raus in die Kälte, damit sie da sterben.“ Und warum das wohl so sei? Weil ein in der Höhle gestorbenes und verwesendes Tier alle anderen gefährden würde und das Überleben des Clans wichtiger sei als ein Individuum. Murmeltiere, Waldfrösche, Eisschwalben, Christrosen, Nadelbäume und die menschliche Haut – die Evolution hat der Natur einiges beigebracht, um in der Kälte zu überstehen.

Vor der Theoriestunde waren wir draußen im Schnee herumgestapft und sollten Tierspuren identifizieren. Die markanten Hasenspuren ähneln einem Ypsilon oder einem großen „T“. Doch bei der Frage, in welche Richtung der Hase davongehoppelt war, musste ich passen. Die Lösung: In die Richtung der beiden parallelen Pfoten. Diese sind zwar die Hinterpfoten, aber mit diesen überholt der Hase sich selbst bzw. seine Vorderpfoten, die er hintereinander aufsetzt.

Das ist ja auch einer der Vorteile von Schnee: Man entdeckt die Spuren der heimischen Arten, auch wenn die Tiere selbst sich gut verstecken. Außer eben diejenigen, die ohnehin Winterschlaf halten, wie bei uns Murmeltiere, Igel, Fledermäuse und Siebenschläfer.

In der sogenannten Hibernation nehmen Tiere keine Nahrung auf, die Energie für sämtliche Stoffwechselaktivität stammt aus dem während des Sommers angefressenen Fett. Dann wird der ganze Motor runtergefahren. Der Herzschlag verlangsamt sich, er senkt sich etwa beim Igel von 200 auf gerade noch fünf Mal pro Minute. Geatmet wird nur noch zweimal in der Minute.

Tatsächlich ist es aber kein Schlaf, eher ein Zustand der Lethargie, ein sehr gedimmtes Wachsein. Etwa alle zwei Wochen kommen die Tiere zu sich, sie fressen nichts, entleeren aber den Darm. Vermutlich müssen sie in regelmäßigen Abständen ihr Immunsystem anwerfen, um Infektionen abzuwehren. Und möglicherweise – so genau weiß man es noch nicht – nutzen sie dieses Aufwachen auch, um endlich mal richtig zu schlafen.

Bemerkenswertes Detail: Um Energie zu sparen, sinken nicht nur Körpertemperatur, Atmung und Herzschlag – manche Tiere schrumpfen ihre Organe. Beim Murmeltiere werden Darm und Magen um die Hälfte verkleinert.

Der Biologe präsentierte uns einen weiteren Fun-Fact: Frösche erfrieren im Winter. Das allein wäre nicht so bemerkenswert – aber sie tauen im Frühjahr wieder auf und leben einfach weiter. Der Frosch ist wechselwarm, er passt sich an die Umgebungstemperatur an. Wenn Frost einsetzt, gefriert Amphibien buchstäblich das Blut in den Adern.

Erstaunlicherweise nehmen sie dabei keinen Schaden. Der Trick, den die Natur anwendet, heißt Zucker. Frösche, Unken, Kröten lagern Glukose in ihren Zellen ein. Ein Forscher aus Alaska, Don Larson, untersuchte diese Techniken anhand des kleinen nordamerikanischen Waldfrosches. Sein Trivialname lautet Eisfrosch, zu Recht; seine Körpertemperatur sinkt auf bis zu minus 18 Grad und der Winzling verharrt so bis zu sieben Monate lang.

Die Frösche atmen nicht mehr und haben keinen Herzschlag. Dank des körpereigenen Frostschutzmittels gefrieren die Zellen nicht, nur die Zellzwischenräume. Ein Großteil des Wassers im Froschkörper ist nun Eis. Zuckereis. Frosch-Sorbet. Und doch lebt er weiter. Faszinierend. Könnte man also auch tiefgefrorene Menschen wiederbeleben? Ein gruseliger Gedanke.

„Winterstarre" wird diese Überlebensstrategie genannt, aber die Natur hat noch mehr Tricks drauf. Praktischerweise beeinflusst die Temperatur die Dichte des Wassers. Kaltes Wasser ist leichter, wärmeres sinkt in Seen und Flüssen zum Boden. Die Wasseroberfläche gefriert und hält so das tiefe Wasser vergleichsweise warm, wenn man plus vier Grad als warm bezeichnen möchte. Fische finden das mollig.

*

Vögel hingegen plustern sich auf im Winter. Das hat noch nichts mit der Balz zu tun, die kommt erst später. Vögel sind wie auch alle Säugetiere Warmblüter. Sie sorgen selbst für eine gleichbleibende Körpertemperatur. Was im Winter Arbeit macht. Zum einen wächst dem Vogel im Winter ein dickes Fell – das Federkleid wird dichter, im Frühling in der Mauser befreit er sich davon wieder. Wenn sich der Vogel zudem bei einsetzender Kälte klein hinkauert und sein Federkleid um sich aufplustert, hat er die maximale winterharte Form erreicht: Das dicke Luftpolster umgibt ihn fast wie eine Kugel. Wird ihm doch kalt, fängt er an zu zittern wie der Mensch, dazu später.

Richtig dicke kommt es beim Pinguin, er kann es brauchen. Unter seinem Federkleid ist er fett, diese Schicht schützt schon gut vor polaren Luftströmungen. Zudem liegen seine Federn so dicht und fest aufeinander, dass die Wärme drinnen bleibt wie bei einem gut isolierten Dach: Hier wie da bleibt Schnee darauf liegen und taut nicht. Bis zu minus 70 Grad können die Watschelvögel überstehen. Das Schwimmen und Tauchen im Meer muss sich für sie geradezu wie ein Thermalbad anfühlen, verglichen mit den Außentemperaturen.

Und was passiert im Winter mit den Enten im Stadtpark? Eine Frage von literarischer Dimension. Mit dieser Überlegung nervt Holden Caulfield, J. D. Salingers jugendlicher Held in *Der Fänger im Roggen* (1951), einen Taxifahrer in New York. Holden fragt, ob die Enten im Winter wohl fortflögen oder ob sie jemand mit dem Wagen abhole. Der aufbrausende Taxifahrer blafft ihn an, die Fische kämen nirgends hin, die blieben in dem „verdammten See“ im Central Park. Und für Fische sei es schließlich noch viel schlimmer als für Enten.

Aber Holden lässt nicht locker, weil er im Winter nie die Enten sieht. Sie könnten doch das Eis nicht einfach ignorieren, beharrt er. Worauf der Taxifahrer in dieser wundervoll absurden Szene explodiert: „Sie leben einfach in dem verdammten Eis. Das ist ihre Natur, verflucht nochmal, sie frieren einfach den ganzen Winter lang in einer Stellung fest.“ Und Nahrung bekämen sie durch

„den gottverfluchten Seetang“ und alles, was im Eis ist. „Sie haben die ganze Zeit die Poren offen.“

Das stimmt natürlich nicht. Enten halten sich schlicht dort auf, wo das Wasser offen ist. Zur Not tragen sie mit ihren Schwimmbewegungen auch dazu bei. Hilft alles nichts und ein Teich oder See friert komplett zu, gehen sie einfach an Land. Auf dem Eis festzufrieren, kann ihnen auch gar nicht passieren: Ihre Füße sind schon an sich so kalt, gerade mal sechs Grad warm, dass sie die Kälte nicht spüren und auch nicht mit ihrer Körperwärme das Eis antauen können. Dann nämlich bestünde die Gefahr, am wieder gefrierenden Schmelzwasser festzufrieren.

All den Aufwand ersparen sich viele Vögel – sie hauen einfach ab. Zugvögel reisen dem schönen Wetter hinterher oder dem, was sie als schönes Wetter empfinden. Rekordhalter ist die Küstenseeschwalbe, sie brütet in der Nordpolarregion und überwintert an den Gefilden des Südpols, während des antarktischen Sommers. Sie mag's halt gern sonnig.

*

„Eisbär – Eisbär/ kaltes Eis/ kaltes Eis.“ Legendäre Liedzeilen, jedenfalls wenn man zur Generation „Neue Deutsche Welle“ gehört. Eiskalter Synthie-Pop. „Eisbär'n müssen nie weinen“, heißt es am Ende in einer Dauerschleife. Ob's stimmt? Das Lebensumfeld der Eisbären jedenfalls gibt Grund zum Weinen, die Arktis schmilzt.

Eisbären leben rund um den Nordpol und gelten als das größte an Land lebende Raubtier der Erde. Interessanterweise rechnen die Inuit sie zu den Meeressäugern, da sie mehr Zeit im Wasser als an Land verbringen. Einige Eisbär-Populationen schrumpfen, andererseits legen andere Populationen zu, etwa die auf Spitzbergen. Nach Auskunft des norwegischen Polarinstituts ist die Zahl innerhalb der letzten 15 Jahre sogar um fast die Hälfte gestiegen. Auf Spitzbergen ist man gut beraten, die Stadt Longyearbyen niemals ohne großkalibriges Gewehr zu verlassen.

Bei meinem letzten Besuch in Ostgrönland im April 2018 erzählten mir Einheimische, dass auch sie mehr Polarbären sehen als früher. 25 Abschüsse im Jahr, das ist die Quote für Ostgrönland, im April hingen schon 19 abgeschabte Eisbärfelle in Häusern an der Küste. Alle paar Tage hieß es, man habe wieder einen gesehen, mal in Tinitequilaaq, mal in Isertoq.

So kam es, dass auch ich, als ich eines Nachmittags mit Schneeschuhen von Tasiilaq ins Blomsterdalen loszog, mir eine Büchse auf den Rucksack schnallte. Das hat sich nicht gut angefühlt. Ich bin nicht lange geblieben und habe gottlob keinen Bären gesehen. Eisbären halten jedenfalls keinen Winterschlaf, futtern fette Robben und sind optimal an die Kälte angepasst. Eisbären müssen jedenfalls nie frieren. Die Haare ihres Fells sind hohl und isolieren gut. Die dicke Speckschicht unter ihrer Haut wärmt zusätzlich, außerdem ist die Haut an sich schwarz und kann so Wärme speichern.

*

Der Mensch hat es da schwerer. Der Mensch friert. Weil das nicht schön ist, hat er aus Knochen Nadeln gebastelt, die Technik des Nähens entwickelt, sich die Felle der gejagten Tiere als Kleidung umgehängt und Häuser gebaut. Doch wie kalt jemandem ist, dieses Empfinden ist sowohl individuell als auch temporär unterschiedlich.

Wenn sich bei uns im Dezember das erste Mal leichte Minusgrade einstellen, holt man Fäustlinge, Strickschals und Mützen aus dem Schrank und geht dick verpackt aus dem Haus. Und friert doch. Wenn aber am Ende einer kalten Periode die Temperaturen wieder leichte Minusgrade erreichen, von unten her, dann fühlt sich das schon fast frühlingshaft an. Manche Menschen sind wahre Frostbeulen, sie können Kälte nicht gut aushalten und mögen sie auch nicht. Und anderen Menschen ist alles über 20 Grad Celsius einfach zu heiß.

Frauen frieren schneller als Männer. Das wollte ich lange nicht glauben, scheint aber es zu stimmen, zumindest wenn man von größeren Männern und kleineren Frauen ausgeht. Denn ein großer Körper verliert über seine (in Bezug auf sein Volumen relativ geringe) Oberfläche weniger Wärme als ein kleiner.

Bestens bekannt ist das „Handschuh-Problem“. Viele Frauen haben im Winter einfach immer eiskalte Hände. Etwas gemein von der Natur ist es, dass Frauen auch eine dünnere Haut haben. Ein Skihandschuhhersteller bestätigte, dass Damenhandschuhe zum vergleichbaren Herrenmodell deutlich wärmer gefüttert sind. Zudem werden eigens „Extra-Warm“-Modelle und vermehrt Fäustlinge fabriziert.

Aber was passiert, wenn man sich Gliedmaßen erfriert, wie etwa Reinhold Messner, der am Nanga Parbat sieben Zehen verlor? Erfrierungen beginnen eher harmlos. Wenn ich bei kalten Temperaturen mit Freunden im Schnee unterwegs bin, schauen wir uns immer mal wieder tief in die Augen. Genauer gesagt auf Nasen und Wangen. Wenn sich dort weiße Flecken zeigen, droht Gefahr. Noch schlimmer ist es bei Wind.

Angewärmte Hände auf die Stellen zu legen, kann helfen. Aber auch Schmerzen verursachen. Ich erinnere mich gut daran, wie wir als Kinder ohne Handschuhe Schneebälle warfen oder eiskalte, nasse Füße hatten. Wie das schmerzte und kribbelte, wenn man in die warme Wohnung zurückkam! Am besten lässt man erst einmal fast kaltes Wasser darüber laufen, um die Körperteile allmählich aufzuwärmen. So ein Erfrierungsschaden ersten Grades ist ungefährlich.

Beim nächsten Grad wirft die Haut Blasen, wie bei einem schlimmen Sonnenbrand, aber auch das geht wieder weg. Beim dritten Grad aber entstehen schwarze Zehen und Fingerkuppen, dann muss meist amputiert werden.

Aber was genau geschieht da in den Fingern und Zehen? Durch die Kälte verengen sich die Gefäße, das ist noch ein Schutzmechanismus. Doch dadurch werden bereits Zellen geschädigt. Wärmen wir die Hände wieder auf, werden sie verstärkt durchblutet und deshalb gerötet.

Insgesamt verliert die geschädigte Zelle ihre Integrität, wird durchlässig und lässt Flüssigkeit aus den Zellen austreten. Außerdem hebt sich die oberste Hautschicht von den darunterliegenden Schichten, da der Zellzusammenhalt zerstört wurde – es entstehen Blasen. Die Flüssigkeit darin ist freigesetzte Gewebsflüssigkeit, die in jeder Zelle und den Gefäßen vorhanden ist.

Blau und Schwarz wird das Gewebe, weil es abgestorben und irreversibel geschädigt ist. Bei größerer Kälte friert das Wasser in den Zellen regelrecht ein, es bilden sich Eiskristalle, diese zerstören die Zellen.

Schlimm genug. Aber weit dramatischer verläuft eine allgemeine Unterkühlung, die sogenannte Hypothermie. Eine lebensgefährliche Unterkühlung kann eintreten, wenn Schlittschuhläufer ins Eis einbrechen, Skifahrer von einer Lawine verschüttet werden oder ein Bergsteiger in eine Gletscherspalte stürzt. Unser Notfallprogramm fährt hoch, wir beginnen zu zittern. Die Muskelarbeit erwärmt den Körper. Zusätzlich bekommen wir eine Gänsehaut und stellen so eine isolierende Schicht her, die nur ein mickriger Rest unserer urzeitlichen Fellbehaarung ist. Dieses wärmende Mikroklima liefert übrigens auch der Pelzkragen an einer Kapuze: Rund ums Gesicht entsteht so ein wärmeres Umfeld.

Dann wird die Durchblutung von Armen und Beinen zurückgefahren, dafür rauscht mehr Blut in den Körper und in die lebenswichtigen Organe.

Erst vor kurzem wurde eine weitere Art „innerer Heizung“ entdeckt: das braune Fettgewebe. Neugeborene haben viel davon, Erwachsene nur noch einen Bruchteil, der sitzt vorrangig entlang der Wirbelsäule und in der Nähe des Schlüsselbeins. Dieses braune Fett kann durch Oxidation Wärme erzeugen.

*

Aber was, wenn die ganze Körperarbeit nicht mehr weiterhilft? Fällt die Körpertemperatur unter 28 Grad Celsius, ist kaum noch zu beurteilen, ob der Mensch noch lebt. Nun ist es zu spät. Zumindest dachte man dies lange. Aber es gibt erstaunliche Ausnahmen, dann wird von Scheintod gesprochen.

Etwa Baby Erika aus Kanada: 13 Monate alt, bekleidet mit einer Windel und einem T-Shirt. Mama schläft und Erika entdeckt die Welt. Sie krabbelt zur Hintertüre hinaus in den Garten, bei – 24 Grad Minus. Als ihre Mutter sie ein paar Stunden später findet, hat Erikas Herz aufgehört zu schlagen und ihre Körpertemperatur beträgt 16,1 Grad Celsius. Aber Erika überlebte und trug keine Schäden davon.

Es geht noch kälter: 1999 brach eine Schwedin beim Skifahren kopfüber in einen Bach ein, über eine Stunde später wurde sie aus dem Eiswasser geborgen. 13,7 Grad kalt war ihr Körper. Ihre Pupillen waren starr, es waren weder Herztätigkeit noch Hirnströme feststellbar. Aber heute arbeitet die Schwedin wieder als Ärztin.

Mehrere Faktoren trugen zu ihrer Rettung bei. Die hochprofessionelle, intensivmedizinische Betreuung ging methodisch vor, das Blut der Verunglückten wurde aus dem Körper ausgeleitet und außerhalb erwärmt und mit Sauerstoff angereichert. Die sehr schnelle Abkühlung des Gehirns bei noch intaktem Kreislauf hat ebenso eine Rolle gespielt wie die sehr langsame Erwärmung danach.

Heißt es doch in der Rettungsmedizin: „Du bist nicht tot, solange du nicht warm und tot bist.“ Der sogenannte Bergungstod bei Unterkühlung kann eintreten, wenn das eiskalte Blut aus Armen und Beinen durch zu schnelle Erwärmung – oder Bewegung beim Transport – zum Herzen hin schießt. Dadurch kühlt der Körper schlagartig noch mehr aus, Herzrhythmusstörungen und schließlich der Tod sind die Folge.

Doch Menschen sind in hohem Grad anpassungsfähig und können das Leben in der Kälte lernen und trainieren. Anders hätte sich wohl niemand in Oimjakon niedergelassen. Das Dorf in Jakutien ist der kälteste bewohnte Ort der Erde: minus 67,8 Grad wurden dort im Februar 1933 gemessen. Minus 41 Grad gelten dort als mild, dann gehen die Einheimischen auch ohne Handschuhe raus, um sich um die Kühe zu kümmern.

Wenn es kälter wird als minus 52 Grad, holen Eltern ihre Kinder vom Spielplatz rein. Aber nur die kleinen, die großen dürfen bis minus 56 Grad draußen spielen. Und die jakutischen Kleinpferde bleiben sogar den ganzen Winter draußen auf der Weide. Wer Milch auf dem Markt kauft, bekommt diese in Kilobrocken, wie auch Eis, das am Stück aus dem See gehauen wird.

*

Kälte kann aber auch eine Wohltat sein, und diese wird medizinisch eingesetzt. Man kennt es als Hausmittel, legt Eiswürfel auf eine Beule, kühlt einen Insektenstich. Als Behandlungsform wird die Kryotherapie etwa bei Rheuma und Arthrose angewandt.

Eine ganz spezielle Art der Kältetherapie hat die Finnin Johanna Nordblad für sich gefunden: Apnoe-Eistauchen. Nach einem Fahrradunfall wurde sie mit Kältetherapie behandelt und fand allmählich Gefallen daran. Ein Kurzfilm zeigt atemberaubende Szenen der Frau, die in tiefstem Winter ein Loch in einen zugefrorenen See sägt und sich dann in die Tiefe fallen lässt und unter dem Eis entlangtaucht. Nichts für Klaustrophobiker.

Einen anderen Weg geht Wim Hof, er vermarktet sich als „The Iceman“. Der niederländische Extremsportler hält verschiedene Rekorde, so stand er über eine Stunde bis zum Hals in Eiswasser und lief in Badehose auf den Kilimandscharo. Mir war auf dem höchsten Gipfel Afrikas so entsetzlich kalt, dass mir die Guides noch zwei ihrer Jacken gaben. Hof hingegen rannte in Shorts nördlich des Polarkreises einen Marathon. Der Niederländer führt seine Erfolge auf eine tibetanische Atemtechnik zurück.

Auch Pflanzen haben Strategien entwickelt, mit Frost klar zu kommen. Wenn auch nicht alle, wie im nächsten Kapitel zu sehen sein wird.

*

Geranienmatsch. Damit empfängt mich alljährlich mein Balkon im Frühjahr. Ganz offensichtlich sind Geranien nicht winterhart. Nach dem ersten Frost machen sie schlapp, hängen tot aus dem Blumenkasten. Geranien zählen zu den Pelargonien und stammen aus dem südlichen Afrika, Frost kennen sie nicht.

Pflanzen aus anderen Regionen der Erde mussten sich etwas einfallen lassen, um zu überstehen. So können Moose in der Antarktis bis zu minus 80 Grad aushalten. Sie und andere kälteresistente Pflanzen wenden denselben Trick an wie die Frösche: Sie bilden ein eigenes Frostschutzmittel aus Aminosäuren und Zucker. So gefriert das Wasser in ihnen nicht. Das nämlich zerstört die Zellen und lässt alles absterben, siehe Geranien.

Ein weiterer Schutz ist Schnee: Schnee isoliert den Boden, darum überleben dort etwa die Zwiebeln von Krokussen, die uns früh im Frühjahr erfreuen. Ein Herkules unter den Pflanzen ist das zarte Schneeglöckchen. Es schiebt tatsächlich seine grünen Spitzen erst durch den gefrorenen Boden und dann durch den Schnee, hinauf zu den Strahlen der Wintersonne. Auch die Schneerose blüht zur Winterszeit, hat allerdings immergrüne Blätter. Die auch Christrose genannte Blume wurde schon früh so gezüchtet, dass sie zur Weihnachtszeit blüht.

Laubbäume fahren ein umfangreiches Schutzprogramm. Mit der Herbstfärbung ziehen sie Stoffe aus den Blättern in Stamm und Wurzeln zurück, die sie im Frühling für den Neuaustrieb benötigen. Die nutzlos gewordenen Blätter werfen sie ab. Die würden ohnehin im Winter austrocknen, da die Wurzeln keinen Nachschub an Wasser liefern.

Bäume im Winter nur als „kahl“ zu bezeichnen, wird ihnen nicht gerecht. Kahl weist auf das Fehlen von etwas hin, auf das Blattlose. Dabei strahlen Winterbäume eine eigene Schönheit aus, minimalistisch, grafisch. Und wenn an kalten Tagen Raureif Bäume und Büsche überzieht wie mit weißen Blüten – „wie ein ganzer Wald von weißen Korallen“, schrieb H. C. Andersen – wer vermisst da Blätter?

Nadelbäume müssen nicht so viel Aufwand betreiben. „Du blühst nicht nur zur Sommerszeit, nein, auch im Winter, wenn es schneit…“: Die Nadeln immergrüner Bäume lassen mit ihrer festen Oberhaut das Wasser nicht so leicht verdampfen. Heimische Bäume arbeiten im Winter ebenfalls mit eingelagertem Zucker.

Die ganze Winternatur sieht nicht nur aus wie mit Puderzucker bestreut, sie scheint ein einziges Naschwerk zu sein!

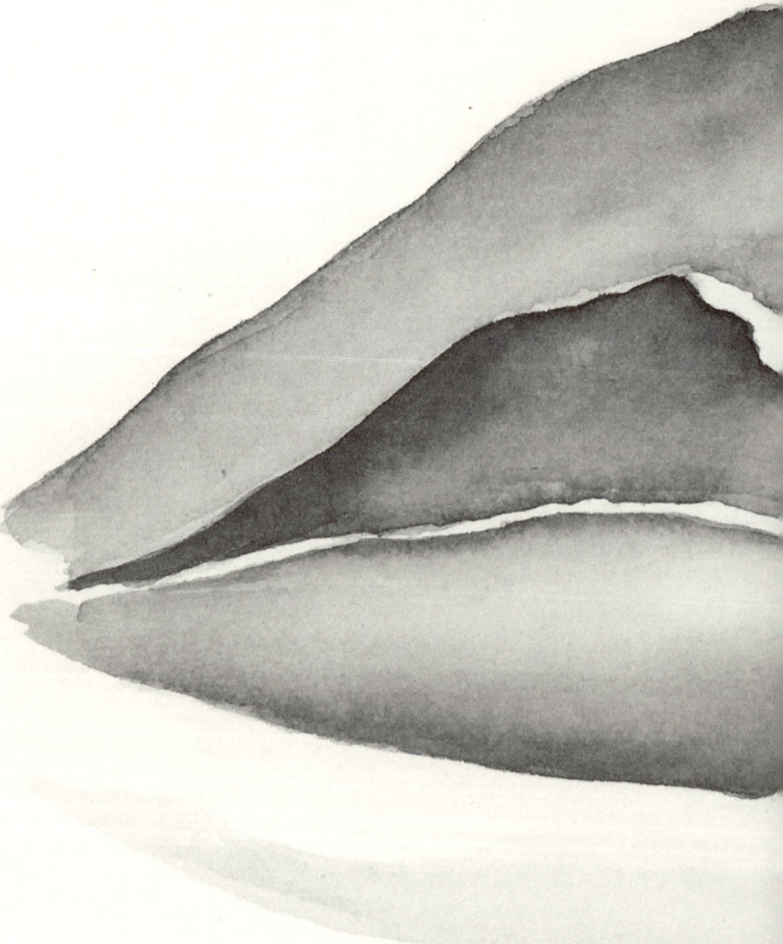

In den Bergen

Lawinen: Zuviel des Guten

Morgens liegt eine dicke Haube Neuschnee auf der spätbarocken Kirchturmspitze von Innervillgraten. Und es schneit und schneit. Am Ende des Tages sind 60 Zentimeter Neuschnee gefallen. Der Lawinenwarndienst Tirol meldet Warnstufe vier, also „groß“, da sollte man über eine Tour im Schnee nicht einmal nachdenken.

Der Pensionswirt stöhnt. Seit Stunden schippt er Schnee. Auf der Straße fährt der Räumdienst pausenlos talauf, talab. Als Spaziergängerin ist es einfach nur schön. Dicke Flocken hüllen die Dorfstraße, die Dächer, die Bäume ein. Der Schnee dämpft, es ist noch ruhiger als sonst. Der Schnee schluckt alles.

Zwei Männer stehen in einem Laden, einer verabschiedet sich abrupt, sagt: „Wenn ich jetzt nicht losfahre, komme ich nicht mehr nach Hause.“ Er wohnt oben am Berg, wegen der Lawinengefahr wird die Straße bald gesperrt. Am Bach entlang stehen links und rechts Häuser, eine junge Frau schippt Schnee; hat sie die Garageneinfahrt gerade freigeschaufelt, liegen vor dem Haus schon wieder einige Zentimeter.

Vielleicht war Sisyphos eigentlich Tiroler, der Schnee schippen musste bis ans Ende seiner Tage. Sie schwitzt schon von der Mühe und meint: „Immer noch besser als Regen, aber der Schnee ist pappig und schwer. Wie Beton.“

Wie Beton. In der Bemerkung steckt die Dramatik der Lawinengefahr. Wie einzementiert liegen die Opfer oft unter dem Schnee, ohne jede Chance. Das eben ist das Problem: Schnee soll bittschön fallen. Die letzten beiden Winter habe man „überhaupt keine Saison gehabt“, klagt eine Gastwirtin. Das heißt: Es gab so gut wie keinen Schnee, die Gäste blieben aus. Aber zu viel Schnee vor allem in zu kurzer Zeit führt immer wieder zu Tragödien.

Darüber wissen sie viel in Damüls in Vorarlberg, dem „weltweit schneereichsten, dauerhaft bewohnten Dorf". Im Mittel waren fünf Jahre lang weit über neun Meter Neuschnee pro Saison gefallen. Was nicht bedeutet, dass über neun Meter Schnee lagen, doch es wurde jeden Tag gemessen, wie viel Schnee fiel.

Dazu stapft ein Einheimischer jeden Morgen um sieben Uhr zu einer waagerechten Metallplatte, misst den Schneefall seit dem letzten Morgen, schreibt es auf und wischt den ganzen Schnee herunter. Warum schneit es so viel hier? Damüls liegt nicht sehr hoch, aber in Vorarlberg, was bedeutet: vor dem Arlberg und somit in einer Nordwest-Staulage. Wolken kommen von Westen herangesegelt und treffen hier auf ein erstes Hindernis und lassen einfach los. Den Schnee.

In manchen Jahren war noch viel mehr als die neun Meter Schnee gefallen: „Einmal waren es siebzehn und einen halben Meter!", Kurt Schäfer ist seit über 50 Jahren Skilehrer, er hat viel Schnee gesehen in seinem Leben. Um 1970 herum „waren wir tageweise abgeschnitten!" Schäfer bestellt sich ein Glas Roten und redet mit viel Skilehrerschmäh über die Winter von früher. Leise wird er, wenn er vom Januar 1954 erzählt.

Ein schrecklicher Winter. Noch im Dezember lag kein Schnee, die Krokusse lugten schon heraus. Dann ging es los. Am 8. Januar schneite es ohne Unterlass, es fielen zwei Meter Neuschnee an einem Tag, der konnte sich nirgends mehr halten. An den Bergen und Hängen im Bregenzerwald rutschte er zu Tal, eine Lawinenkatastrophe folgte der nächsten, wer eine davon überlebt hatte, war noch lange nicht in Sicherheit.

Binnen weniger Tage starben 125 Menschen, 500 Stück Vieh fanden den Tod. Allein in der Gemeinde Blons im Großen Walsertal zerstörten zwei Lawinen ein Drittel der Häuser und töteten 57 Menschen. Und der Ort war abgeschnitten von der Umwelt, Schwerverletzte mussten zwei Tage lang auf Hilfe warten. Über das Drama in Blons schrieb Reinhold Bilgeri einen Roman und drehte auch einen Spielfilm. *Der Atem des Himmels* heißt der Film, dabei hätte *Hauch der Hölle* viel besser gepasst.

Ich finde ihn in der ORF-Mediathek. Auch wenn der Film reichlich an eine Heimatschnulze erinnert, die Filmlawinen beeindrucken. Faszinierend ist vor allem eine Szene, in der ein junger Einheimischer von den Lawinen erzählt. „Der Schnee ist ein Hund", sagt er, und die Lawinen hätten einen Namen, „und eine Seele haben sie auch. Auch ohne den Schnee sind sie schon da, hocken herum und lauern." Man schläft danach unruhig, wenn es wie jetzt draußen immer weiter schneit.

Früher fürchteten sich die Menschen vor dem Gebirge. Das hatte viel mit Unkenntnis zu tun, man glaubte an Geister und Hexen, die auf Gipfeln und in Gletschern lebten. Aber es hatte auch mit Wissen und Erfahrung zu tun. Lawinen waren eine reale Gefahr, auch wenn ihnen manch mythischer Name angedichtet wurde. In einigen Tälern hießen sie „Die weiße Frau" und manchmal wurde Hexen, also Frauen, die Schuld an den „Lahnen" geben, wie Lawinen in Österreich genannt werden.

Im Jahre 218 vor Christus büßte Hannibal bei seinem Zug über die Alpen die Hälfte seiner 38 000 Soldaten ein. „Losgelöster Schnee zog sie in den Abgrund, und Schnee, der von den hohen Gipfeln stürzte, verschlang die lebende Mannschaft", schrieb der Chronist Silius Italicus.

Auch schon im Theuerdank wurde eine Lawine beschrieben und gezeichnet. Der Theuerdank war ein hochmodernes Druckwerk, Kaiser Maximilian I. von Tirol gab es in Auftrag, als der Buchdruck gerade erfunden war. Wahrscheinlich erzählt es von der Reise zu seiner Braut im Jahre 1478. Darin löst ein Unfall mit Pferden eine Lawine aus.

Nur ein paar Jahre später berichtet der Mönch Felix Fabir von seiner Winterreise über den Brenner: „Vor allem zur Zeit der Schneeschmelze" sei der Übergang sehr gefährlich, „weil von den höhern Bergen die Schneemassen losbrechen und im Abstürzen zu ungeheuren Lawinen wachsen, die mit solcher Kraft und solchem Getöse zu Tal gehen, als würden die Berge mit Gewalt auseinander gerissen."

Wie leicht Lawinen ausgelöst werden können, berichtet auch ein österreichischer Jurist am Anfang des 17. Jahrhunderts. Die größte Gefahr herrsche im Frühling, wenn der Schnee nass sei und durch „wildvegel beriert oder durch Wint, auch etwan durch einen Widerhall bewegt wierdt."

Schallwellen können tatsächlich Lawinen auslösen, das weiß auch die Bergrettung. Denn fatalerweise kann die Helikopterbergung zu weiteren Lawinenabgängen führen. Und sogar der Lärm, den eine Lawine macht, kann weitere Lawinen auslösen. Aus demselben Grund wurden früher im Winter Transport-Pferden an heiklen Passagen die Glocken abgenommen.

Zu einer entsetzlichen Lawinenkatastrophe kam es 1916 an einem einzigen Dezembertag im Ersten Weltkrieg. Tagelang war in den Bergen von Trentino-Südtirol ununterbrochen Schnee gefallen. Am 13. Dezember regnete es in die meterhohen Schneemassen hinein, unzählige Lawine gingen ab, verschütteten ganze Kompanien. Vermutlich kamen über 5000 Soldaten dabei ums Leben, ohne Rücksicht auf das jeweilige Vaterland. An der Marmolata starben allein über 300 Männer in einer einzigen Lawine.

*

Morgens melden die Nachrichten, dass Zermatt von der Umwelt abgeschnitten sei. Die Sonne geht über dem Villgratental auf, kein Schneefall, ein fantastischer Wintertag, eine tief verschneite Landschaft, alle Bäume weiß bepudert. Man darf sich nicht kirre machen lassen. Ich ziehe mit Langlaufski los. Die Loipe ist noch nicht gespurt, die Verantwortlichen sind wohl noch mit Schneeräumen beschäftigt. Die Landschaft gehört nur mir.

Bis ein Rattern den Himmel durchfährt, ein Helikopter fliegt. Mir wird flau. Sind doch Skitourengeher unterwegs, ist an der Kreuzspitze etwas passiert? Der Helikopter kreist um den Berg, was mich beruhigt. Er würde ja zielstrebig an einen Unglücksort fliegen, wenn es einen gäbe. Als ich von der Loipe zurückkomme, landet der Polizei-Hubschrauber neben der Kirche. Er sei im Auftrag der Lawinenkommission unterwegs, sagt der Pilot und lässt den Bürgermeister aus dem Heli aussteigen.

Im Büro des Bürgermeisters hängt ein großes Satellitenbild von Innervillgraten, versehen mit pinkfarbenen und gelben Schraffierungen, den potentiellen Lawinenstrichen. Etwa fünf- bis zehnmal im Winter würden Straßen gesperrt, „aber in manchen Wintern gar nicht. Man kann es nicht vorhersagen", sagt Bürgermeister Josef Lusser, seit über zwanzig Jahren im Amt und Leiter der Lawinenkommission.

Auf der Karte tragen alle Lawinen Namen. „Die hießen immer schon so", erklärt Lusser. Es sind keine mythischen Namen, sondern ganz reelle. Da gibt es die Bodenbachlawine, sie kommt von der Kreuzspitze, „die Hell-Leiten-Lawine von Kalkstein, die Großebach-Lawine geht auf die Landesstraße, die Hanslern-Innerwalder-Lawine bedroht die Häuser von Fürat."

Die acht Mitglieder der Lawinenkommission leben verstreut in den verschiedenen Weilern. „Die Männer sind viel im Gelände, und wenn die Straßen gesperrt sind, sieht der eine diesen Hang, der andere den Gegenhang, so kann man sich unterrichten, auch wenn der Hubschrauber nicht fliegen kann." Wie reagiert das Dorf, wenn Straßen gesperrt werden, murrt da auch mal jemand? „Zu 98 Prozent sehen sie es ein, aber es gibt die immergleichen Uneinsichtigen."

Da heiße es dann: Diese Lawine sei doch noch nie gekommen! „Und wenn sie kommt, dann hat es jeder gewusst."

Man muss bei Lawinenunfällen zweierlei unterscheiden: Das eine sind die Katastrophen, in denen ganze Dörfer verheert werden, das andere sind Lawinen, die Wintersportler in den Bergen auslösen. Und es gibt vier Arten von Lawinen, definiert nach ihrer Anbruchstelle: Schneebretter, Nassschnee-, Gleitschnee- und Lockerschnee-Lawinen.

Lusser sagt: „Was die Skitourengeher machen, geht mich nichts an. Wir sind zuständig für den besiedelten Raum." Auf der linken Talseite klaffen große Schneemünder, der Schnee ist regelrecht abgerissen, darunter schaut das braune Gras heraus. Lusser winkt ab, das sei die Südseite, „die kommt eh früh, das ist nicht gefährlich. Das ist so steil, da hält sich der Schnee nie lange. Gefährlich sind die großen Lawinen."

Die Mitterwurzer Lawine ist seit Menschengedenken nicht abgegangen, schreibt ein Chronist von Innervillgraten. 1986 dann aber doch. „Lawinen hocken da oben wie gespannte Mausefallen", sagte mir der Bergführer Hannes Grüner.

Auf Hängen, die weniger als 28 Grad Gefälle aufweisen, kommt Schnee nicht ins Rutschen, bei über 50 Grad wiederum fällt Schnee sofort wieder ab, was man an steilen Felsflanken ja auch sieht: die sind schneefrei. Ist der Bürgermeister selbst schon in Gefahr geraten wegen einer Lawine? „Naa! I ned. I geh net so weit hin!", sagt Lusser.

*

Auch das Villgratental hat schlimme Lawinenwinter durchlitten. Die Berichte geben Einblick in die Lebensverhältnisse damals. So heißt es in der Ortschronik: „Am 20. Februar 1931 um 8 Uhr früh zerstörte eine Windlawine das Haus beim Stuner in Innervillgraten und tötete den Vater und sieben der Kinder, allein die schwer verletzte Mutter konnte gerettet werden."

Zum Glück waren zwei Söhne und vier Töchter als Dienstboten außer Haus. Von einem Haus wird berichtet, „da gehen die Lahnen bis in den Mohnstampf und in die Schmalzpfanne", weil eine Lawine zum Küchenfenster hineinkam.

In der Wallfahrtskirche Maria Schnee im Ortsteil Kalkstein hängen an der Rückwand etliche Votivbilder, auf vielen steht – gestickt, gemalt oder gedruckt der Satz: „Maria hat geholfen." Der Kirchenname „Maria Schnee" jedoch hat mit dem winterlichen Ort nichts zu tun. „Sancta Maria ad Nives" ist ein katholischer Gedenktag am 5. August, an diesem Tag soll es in Rom geschneit haben, was den Bau der Kirche Santa Maria Maggiore nach sich zog.

Manche der Ex Voto sind versehen mit einer Jahreszahl, eines sticht hervor: In einem silbernen Bilderrahmen umrahmt ein Passepartout mit Enzian, Edelweiß und Alpenrose ein Blatt Papier mit dem Satz: „Dank der lb. Gottes Mutter für den wunderbaren Schutz im großen Lawinenjahr 1950 – 1951."

Das Villgratental kam damals relativ ungeschoren davon, eine Lawine rauschte im Ortsteil Kalkstein das Roßtal herunter, Kirche und Pfarrhof wurden schwer beschädigt. In Innervillgraten wurden 1800 Festmeter Holz als Schaden verzeichnet und noch im August danach lagen meterhohe Lawinenreste.

Zita Senfter aus Innervillgraten erinnert sich gut an den Lawinenwinter 1951: „Es hatte schon sieben Meter Neuschnee und es hörte einfach nicht auf zu schneien. Wir waren neun Kinder, wir mussten die ganze Familie zu Nachbarn, weil über uns die Bergletttal-Lawine drohte. Da haben wir zwischen den Tischen am Boden geschlafen. Die Lawine kam dann, aber hat die Häuser nicht betroffen."

In jenem Winter war im November viel Schnee gefallen, in manchen Alpenecken schon mehr als 200 Prozent der üblichen Menge, darauf legten sich im Januar Tonnen von Neuschnee. Und Mitte Januar schneite es wieder, bis zu 15 Zentimeter – in der Stunde! Zahlreiche Lawinen gingen ab, doch dann beruhigte sich das Wetter. Vorerst. Bis der Föhn anhub. Und es schneite und schneite und schneite.

Und wieder gingen Lawinen ab. Der *Spiegel* berichtete: „In zwei Tagen war über eine Milliarde Tonnen Regen und Schnee auf die 12 645 Tiroler Quadratkilometer gefallen. Das ist das Doppelte des Monatsdurchschnitts. Diese eine Milliarde Tonnen raste dann eine Woche lang in Form von ungezählten Lawinen zu Tal."

Ischgl wurde von 18 Lawinen zugedeckt und, so der *Spiegel* weiter: „Das Dorf Spieß wurde von so hohen Schneemassen zugeschüttet, dass ein Schweizer Rettungsflugzeug den Ort drei Tage lange vergeblich suchte." Die Gewalt der Schneemassen war erdrückend. So wird berichtet, dass bei Nauders Lawinenhütten aus Eisenbeton wie Streichhölzer zerbrochen und Eisenbahnschienen, als Lawinenschutz in den Boden gegraben und bergseitig doppelt verankert, S-förmig verbogen wurden.

Trotz dieser Beispiele liefert der *Spiegel*-Artikel am Ende Tipps zum Verhalten bei Lawinen, dazu auch diese Regel für Skiläufer: „Widerstand leisten, Skier in den Schnee rammen, sich daran festhalten und die Lawine an sich vorbeiströmen lassen." Ein völlig absurder Ratschlag.

265 Menschen starben in den ersten zwei Wintermonaten des Jahres 1951 in Lawinen. Als Folge wurde der Ausbau von Lawinenverbauungen vehement vorangetrieben.

Doch die Gefahr war nicht gebannt, vielleicht wird das auch nie der Fall sein, solange Menschen in Alpentälern leben. 1999 kam ein weiterer Lawinenwinter, diesmal traf es Galtür. Vier Meter Neuschnee waren gefallen und unglückseligerweise liegen geblieben, auch an extrem steilen Hängen. Am 23. Februar explodierte die Schneemenge geradezu, riss zahlreiche Häuser mit sich und 38 Menschen in den Tod.

„Die weiße Sintflut" titelte der *Spiegel* und stellte die Frage, ob etwa nicht nur das Wetter an solchen Katastrophen Schuld sei, sondern auch der Mensch. Weil Schutzwald gerodet werde, weil Häuser und Hotels an gefährlichen Stellen stünden. Zitiert wird ein Sprecher des BUND, der sagte, die Menschen hätten verlernt, „mit den Gefahren in den Bergen zu rechnen."

*

Knapp zehn Jahre später veröffentlichte der Tiroler Volkskundler Hans Haid mit *Mythos Lawine* eine umfassende Kulturgeschichte. Haid hat akribisch die Lawinenunfälle in den Alpen notiert und katalogisiert. Zu St. Anton schreibt er etwa, der Ort fühle sich sicher, seit mit gigantischem Aufwand Lawinenschutzverbauungen errichtet wurden, und setzt nach: „Was ist SICHERHEIT?" Haid belegt aber auch, dass das durchaus kein modernes Problem ist.

Das Roden der Schutzwälder habe sich fast überall in den Alpen auf schlimmste Weise gerächt, „insbesondere dort, wo sich im Mittelalter die Walser in den höchsten Bergbauernzonen angesidelt haben." Die Walser stammten aus dem Oberwallis und verbreiteten sich in den Alpen auf der Suche nach besseren Lebensbedingungen. Frühe Wirtschaftsflüchtlinge, sozusagen. Haid belegt seine These damit, dass die Walsersiedlungen keine romanischen Flurnamen aufwiesen, frühere Kolonisten diese Hänge also noch gemieden hätten.

Haids Buch zeigt Fotos der Katastrophen, worauf die Dörfer aussehen wie nach einem Bombenattentat. Die Zerstörungskraft von Lawinen ist fast nicht vorstellbar. Haid lässt auch zahlreiche Augenzeugen erzählen, berichtet von

Menschen, die in der Stube saßen, als der Ansturm der Lawine sie überrollte. Erzählt von den Druckwellen, die mit 300 Stundenkilometern den Staublawinen vorauseilen. Von Menschen, die überleben und nach der Familie brüllen, in die Schneemassen hinein.

Schweizer Lawinenforscher haben die Gewalt der Schneemassen einmal wie folgt berechnet: Es komme zu Druckkräften von 50 Tonnen – das entspreche einem Gewicht von zwanzig Elefanten – auf den Quadratmeter!

Die Schweizer forschen seit Jahrzehnten zu dem Thema. 1936 wurde in Davos das Eidgenössische Institut für Schnee- und Lawinenforschung gegründet. Untersucht wird die Schneedecke, ihr Aufbau und wie die Zusammensetzung sich auf die Lawinengefahr auswirkt. Ein Stichwort, das dabei immer wieder auftaucht, ist die „Metamorphose" der Schneedecke.

Schnee ändert seine Form oft, wenn er erst einmal liegt, dabei entstehen verschiedene kristalline Formen, auch die gefürchteten „Becherkristalle" – auf ihnen hält die nächste Schicht gar nicht mehr, sie wirken wie Rollsplitt.

Einer der Forscher, er trägt den hübschen Namen Martin Schneebeli, nutzt sogar ein Verfahren, das er der Medizin abgeschaut hat: Er untersucht Schneedecken mittels Computertomographie.

*

Ich spaziere am Villgraten-Bach entlang, werfe mit Schneebällen auf Bäume, denen der Schnee die Äste bis auf die Erde biegt. Wenn ich treffe, explodieren die unter Spannung stehenden Zweige und schleudern den Schnee von sich.

Auf einem Hausdach stehen zwei Männer und schieben den Schnee in den Garten. „Jetzt hätt mer dann genug Schnee", sagt einer. Und fragt mich, ob ich zum Skitourengehen da sei. Heute solle ich unten im Tal bleiben, „'s isch brandgefährlich." An den Hängen rundum haben sich spontan viele kleine Lawinen gelöst. „Spontan", das heißt: Die Schneedecke bricht auf und rutscht den Hang hinunter, auch ohne Fremdeinwirkung.

Wer auf Skitour gehen möchte, muss darauf immer ein Auge haben. Außerdem informieren sich Tourengeher vorher umfassend, jedenfalls sollte man das tun. Aufschluss bietet die Aussage der bereits vorgestellten ZAMG, der Wettergöttin für Alpinisten. Aktuell meldet sie abschwächenden Föhn im Norden und weniger Niederschlag im Süden, es wird also nicht mehr weiter schneien. Die Abgangsbereitschaft spontaner Lawinen werde zurückgehen.

Außerdem schaut man sich den fünfstufigen Lawinenlagebericht an, der täglich aktualisiert wird. Experten raten, schon ab Stufe vier solle man im Bett bleiben. Stufe drei bedeutet „erhebliche Gefahr", wird aber unglücklicherweise meist als „mittlere Gefahr" gelesen. Da passieren statistisch die meisten Unfälle.

Der Schweizer Lawinenforscher Werner Munter prägte in diesem Zusammenhang den Ausdruck „todgeiler Dreier": Das bedeutet, bei Lawinenwarnstufe drei, die bereits von einer erheblichen Gefahr ausgeht, einen potentiell gefährlichen Nordhang mit mehr als 35 Grad Neigung zu befahren, einer Hangneigung, bei der Schnee bei entsprechenden Bedingungen leicht ins Rutschen kommen kann.

Ich komme – unbeschadet – zurück in meine Unterkunft in Innervillgraten. Ich schäle mich aus der Jacke, den Stiefeln, der wind- und wasserdichten Überhose, hänge die vom Schneeballwerfen nassen Handschuhe über die Heizung. Meine Wangen sind rot, das Blut pulsiert, und das nach einem bloßen Spaziergang im Schnee. Wie nicht den Winter, das Draußensein lieben?

*

Erst in den 1990er-Jahren ging die Zahl der in Lawinen verunglückten Skifahrer drastisch zurück, zumindest in der Schweiz, und das ist das Verdienst des eben erwähnten Mannes: Werner Munter. Er entwickelte einfache Verhaltensregeln für Skitourengeher. Munter, selbst Bergführer, wertete Tausende von Statistiken aus und kam zu der ernüchternden Feststellung, dass der Zufall die größte Rolle bei Lawinenabgängen spielt.

Es gilt deshalb, das Risiko, in eine Lawine zu kommen, zu reduzieren. Entscheidende Faktoren sind dabei die Hangneigung – je steiler, desto größer die Lawinengefahr, die Exposition – je nach Himmelsrichtung ist die Lawinengefahr unterschiedlich groß, sowie der Schneedeckenaufbau – die „Schichttorte" am Hang.

Munter entwickelte eine Reduktionsmethode, bei der diese Faktoren und der Faktor Mensch mit einer Checkliste untersucht werden. Seine Forschungen führten zu einem grundlegend neuen Denken. Der Schweizer Bergführer mit dem Alm-Öhi-Bart wurde ausgelacht, angefeindet, und doch trug seine Methode dazu bei, dass die Zahl der in Lawinen verunglückten Wintersportler um die Hälfte sank. Bis heute gilt seine „3x3-Methode" als Grundlage für die Gefahrenbeurteilung in den Bergen.

Vereinfacht gesprochen analysiert diese Entscheidungsstrategie auf drei Ebenen in drei Schritten die Situation. Es geht um Faktoren wie den allgemeinen Lawinenlagebericht, die Schneelage vor Ort, und die Schneeverhältnisse entlang der Tour. Das wird abgeglichen mit Geländekenntnis, Orientierung und weiter mit dem Faktor Mensch: Wer leitet die Gruppe, wie sind Kondition, Erfahrung, Kompetenz der Tourengeher. Klingt kompliziert, rettet aber Leben.

*

Wer zu wenig Erfahrung hat, der kann mit einem Bergführer aufbrechen. Ich schaue mir Broschüren und Karten an, ein Buch beschreibt Touren über die Jöcher, hinüber nach Südtirol, und plötzlich begreife ich: Ich war schon mal hier! Jedenfalls auf einem Joch, von dem man ins Villgratental runterschauen kann. Es war im Winter und ich war von Südtirol aus mit Tourenski aufgestiegen. Gsiestal heißt das Tal, aber weil auf allen Karten der Name nur auf Italienisch stand, als Valle di Casies, hatte ich es nicht kapiert. Außerdem ist es etwa 30 Jahre her.

Zum Studium war ich nach München gekommen, endlich waren die Berge nah. Nur: Zum Skifahren ging ich jahrelang nicht. Noch im Nachhinein kann ich es kaum begreifen. Skifahren war ökologisch nicht tragbar und teuer außerdem. Hauptsächlich lag es aber daran, dass ich keine Skifahrer kennenlernte.

Ich studierte Geisteswissenschaften, Theaterwissenschaft, Kunstgeschichte, Neuere Deutsche Literaturwissenschaft, Komparatistik. Da saß man bis nachts in der Bibliothek, oder genauer: in Kneipen. In der Fakultät nebenan, bei den Ingenieuren, saßen die Sportskanonen. Aber da kannte ich niemanden.

Immerhin meldete ich mich für einen Skitourenkurs an. Wir fuhren mit einem jungen Bergführer ins Gsiestal. Und mir ist vor allem ein Moment in Erinnerung geblieben: Wir standen auf einem Gipfel, erschöpft, glücklich, und Matthias – den Nachnamen habe ich schon lange vergessen – breitete die Arme aus und sagte: „Mei schian!“ Was übersetzt etwa heißt: „Jesus, Maria und Josef, ist das schön hier!“

Und er fügte noch an: „Die Berge sind im Winter nochmal viel schöner als im Sommer. Dieses Weiß, diese Stille.“ Erstaunt blickte ich mich um und dachte: Er hat recht. Und natürlich erinnere ich mich an den Blick vom Jöchl ins Villgratental. Nicht, weil ich vom Villgratental schon je etwas gehört hatte, sondern weil mich das immer fasziniert: Irgendwo anzukommen, in diesem Fall oben, und etwas Neues zu sehen. Einen weiteren Weg, ein weiteres Tal, eine neue Welt.

Den Kurs hatte ich zusammen mit meiner Studienfreundin Katja belegt, wir sind danach gut zwanzig Jahre lang zusammen Skitouren gegangen. Mit Unterbrechungen, mit wechselnden Bergführern. Wir erlebten Momente großen, reinen Glücks.

Das endete, als Katja vor nun zehn Jahren bei einer Skitour am Hohen Dachstein abstürzte. Ihr Tod erschütterte mein Leben. Ich musste mich neu zurechtfinden. Um die Trauer zuzulassen aber dennoch irgendwie zu ertragen, bin ich zu Fuß aufgebrochen, bin von Berlin zum Hohen Dachstein gegangen und habe das in einem Buch aufgeschrieben. Dennoch konnte ich nach diesem entsetzlichen Unglück einige Jahre lang nicht mehr auf Skitour gehen, es machte mich viel zu traurig. Ich musste es mir erst wieder neu zu eigen machen.

Besonders im Gedächtnis geblieben sind mir unsere Touren im Vinschgau, in Südtirol. „Lawinenwarnstufe Drei" hatte die morgendliche Abfrage des Südtiroler Lawinenwarndienstes ergeben, und deshalb trafen wir an diesem Tag am Äußeren Nockenkopf viele andere Skitourengeher. Was absurd klingt, erklärt sich leicht: Bei Warnstufe Drei gilt es auszuwählen, welcher Hang begangen werden kann. Da scheiden viele Berge aus, der Nockenkopf aber gilt meist als sicher.

Somit starteten viele Tourengeher im winzigen Weiler Rojen, nestelten an Rucksäcken herum, spannten Klebefelle auf die Ski, lösten die Fersenarretierung der Bindungen und zogen los.

Wir folgten unserem Bergführer Kuno Kaserer. An einem von der Sonne schwarz gebrannten Stadel vorbei, eine Bergflanke aufwärts. „Wummm", rülpste die Schneedecke. Mit jedem Schritt von Kuno sackte der Schnee zusammen, gerade so wie sich ein Knödelklumpen im Magen nach einem Schnaps setzt. Wumm.

Wenn die Winternatur sich so gebärdet, wirkt das unheimlich und bedrohlich. Das „Wumm-Geräusch", so lautet tatsächlich der Fachausdruck, bedeutet, dass die Schneedecke unter Spannung stand, nun war sie gerissen. So entstehen Lawinen.

Aber Kuno ging unbekümmert weiter bergauf. Also schnürten wir zwei skifahrenden Freundinnen hinterher, auch wenn wir zusammenzuckten, wenn die Natur so zu uns sprach. Kuno hatte uns am Abend ausführlich erklärt, wie man Risiken am Berg vermeidet. Bald schon philosophierten wir: Wer die Berge im Sommer liebt, kann ihnen im Winter verfallen. Die großartige, weiße Einsamkeit zieht sich im Sonnengleiß endlos dahin, die Natur schüttet verschwenderisch ihre Lichttherapie aus, da bleibt kein Raum für Winterblues.

Jedenfalls theoretisch. „Es reißt sicher bald auf", sagte Kuno, als wir am Morgen im diesigen Nebel losgingen. Knietief lag der Schnee, weit vor uns zog eine andere Gruppe bereits eine Spur den Berg hinauf. „Wie findet ihr diese Serpentinen?“, fragte Kuno. Denn wir sollten nicht einfach hinterhergehen, sondern im Gehen lernen, wie man geht und wo man geht. Wer nur hinterhertrottet, bekommt von den Spannungen des Schnees nichts mit.

Kuno zog seine eigene Spur den Berg hinauf, tief durch den Neuschnee und als es wummte, lachte er. Da sei Leben drin im Schnee, „wie im Wald, wenn die Wölfe heulen.“ Trotz des unheimlichen Geräuschs seien wir sicher, beruhigte uns Kuno, der Hang sei nicht steil genug für große Lawinen. Doch nur, wer seine eigene Spur in den Schnee tritt, hört, was die Natur zu sagen hat.

Die kalte Winterluft presste sich in unsere Lungen, der Weindunst vom Vorabend flüchtete aus allen Poren. Mit jedem Schritt besserte sich das Wetter, mit jedem Schritt schauten uns mehr Berge und mehr Gipfel zu. Aber bald fuhr uns ein eisiger Wind durch Mark und Bein und Gore-Tex. „Am Gipfelhang haben wir heute nichts verloren“, erklärte Kuno, der letzte Abschnitt warf sich über 35 Grad steil talwärts, zu steil und zu gefährlich.

Wir verzichteten auf den Gipfel, zogen die Felle ab und ließen die Bindungen einrasten. Der Neuschnee servierte uns sahnige Pulverschneehänge. Und perfekt muss das Abfahren nicht aussehen, um unbändigen Spaß zu machen.

Die Proteste der Schneedecke auf unserer Tour, ihre garstigen Wumm-Geräusche beschäftigten uns abends noch, wir befragten Kuno nach der Verantwortung als Bergführer. „Eine absolute Sicherheit gibt es nicht“, sagt Kuno, „auch mit Bergführer musst du dir darüber im Klaren sein, dass dir etwas passieren kann.“

Am Parkplatz gibt es keine Ampeln, die grünes Licht für Touren geben. Doch glücklicherweise verbieten auch keine roten Ampeln den Zugang zum Berg. Wer sich auskennt, findet auch bei Lawinenwarnstufe Drei sichere Hänge.

*

Das Skitourengehen wird immer populärer, Schätzungen gehen von einer halben Million Anhänger dieses Sports allein in Österreich aus. Sie sind nicht die einzigen, die im Tiefschnee fahren. Zu den Skibergsteigern, die mit Fellen die Berge hinaufgehen, um sich so ihre einsame Tiefschneeabfahrt zu verdienen, im Kopf noch das romantische Bild des einsamen Skifahrers aus den Anfangszeiten des Wintersports, kommen die meist jungen Freerider, die auf solchen Ethos und die Schinderei pfeifen, mit der Seilbahn hinauffahren und dann im Tiefschnee abseits der Piste abfahren.

Skitourengeher kommen vom Alpinismus her, üben ihren Sport oft schon lange aus, kennen die Lawinenstufen und binden sich den Lawinenpiepser um. Das Kästchen sendet – unhörbare – Signale, die können aufgespürt werden, sollte jemand verschüttet werden. Mit dem „Piepser" kann man nicht nur senden, sondern auch suchen. Immer mehr haben nun auch den Airbag dabei. Das ist ein riesiger roter Luftballon, der zusammengefaltet im Rucksack schlummert, bei Gefahr mittels einer Kartusche wie ein Airbag schlagartig gefüllt wird und im besten Fall den Skifahrer an der Oberfläche der Lawine hält.

Freerider hingegen kennen die Videos auf YouTube, die mega-geile Abfahrten durch mega-geile Hänge zeigen. Die Kenntnisse von Hangneigung und Schneedeckenaufbau haben sie sich eher nicht angeeignet. Die Schlauen haben dennoch den Airbag und vielleicht den Piepser dabei.

Von all dem technischen Fortschritt im winterlichen Alpinsport ist der Lawinenpapst Munter wenig begeistert. Airbag und Piepser und Schaufel und Helme – für Munter ist das alles ein Zeichen dafür, dass die Menschen hundertprozentige Sicherheit möchten und meinten, man könne sie kaufen. In Interviews, etwa im *Schweizer Tagesanzeiger*, streitet er zwar nicht ab, dass so ein Airbag die Chance erhöht, einen Lawinenabgang zu überleben.

Doch der „Ballon" verführe dazu, höhere Risiken einzugehen. Ein sicher streitbarer Ansatz, denn Autofahrer wurden auch nicht automatisch zu Verkehrsrowdies, als Sicherheitsgurte eingeführt wurden. Munter nennt das Bedürfnis nach immer mehr Ausrüstung „Risikokompensation" und plädiert im Gegenzug dafür, zu lernen, mit möglichen Risiken umzugehen.

Risiko sei ein Menschenrecht und im Prinzip dazu da, dass der Mensch seine Fähigkeiten überhaupt entwickeln könne. Und er rät: zu Verzicht. Nicht generell, aber je nach Situation. Wir sollten frei entscheiden, aber damit auch die Verantwortung für unser Tun tragen.

*

Wenn ein Unfall passiert in den Bergen, wird oftschnell ein Urteil gefällt. Jugendlicher Übermut, riskanter Hang. Ich habe in all den Jahren erfahren, dass Bergretter und andere, die sich gut auskennen, selten etwas Direktes sagen. Leider passieren Unfälle. Und sie passieren auch Männern, die sich ihr Leben lang mit Lawinenkunde beschäftigen.

Tatsächlich sind es im allermeisten Fall Männer: In der Fachzeitschrift *Bergundsteigen*, die akribisch Unfälle im Gebirge untersucht und sich mit Risikomanagement beschäftigt, war rückblickend über eine Wintersaison zu lesen: „Dass der Lawinenunfall ‚männlich' ist, bestätigte sich auch im Beobachtungszeitraum, da über 88 Prozent der betroffenen Personen Männer waren. Auch wenn davon ausgegangen werden kann, dass sich mehr Männer im freien Gelände aufhalten als Frauen, so liegt dieser Wert trotzdem noch einmal über der tatsächlichen Verteilung von Männern und Frauen bei der Sportausübung."

Dennoch ist es natürlich nicht Todessehnsucht, was Menschen im Winter in die Berge treibt. Eher ein wilder Hunger nach Leben. Die Stunden und Tage, die ich im Winter in den Bergen verbringe, sind von großer Intensität. Aber natürlich können in den Bergen nur diejenigen ums Leben kommen, die in die Berge fahren. Was tun, um in den Bergen möglichst nicht zu sterben?

Ich persönlich gehe Skitouren nur mit Bergführer. Ich beschäftige mich zwar viel mit Lawinen, muss aber sagen: Ich kenne mich nicht gut aus. Aber auch Bergführer können Fehler machen oder in ein Unglück laufen. Die Crux an der Sache hat Michael Larcher, Bergführer, Gerichtssachverständiger, Lawinenexperte und Leiter der Bergsportabteilung im Österreichischen Alpenverein, gut zusammengefasst: „Tourengehen und Freeriden haben viel mit dem Freiheitsbedürfnis zu tun. Endlich wohin zu kommen, wo keine Regeln gelten. Besonders dort muss man aber Regeln, die man gelernt hat, einhalten. Diese psychologische Schwelle zu vermitteln, bedarf einiges an pädagogischem Geschick."

*

Die Abendnachrichten in meinem Zimmer im Villgratental berichten weiter vom gewaltigen Schneefall, fragen und munkeln, ob das ein Jahrhundertwinter werde, einer mit so viel Schnee und so viel Skitagen, wie man es schon gar nicht mehr zu hoffen wagte.

Und die Frage taucht auf, ob es auch jetzt, im Januar 2018, zu fatalen Lawinen kommen wird. Tatsächlich bleibt das aus. Ob die Lawinenverbauungen heute so gut und sicher sind oder ob das einfach Glück war, ist schwer zu sagen.

5
Vom Eise befreit

Winterende

Zum Ende dieses Winters, als könnte ich einfach gar nicht genug davon bekommen, bin ich noch einmal nach Ostgrönland geflogen, ein Vierteljahrhundert nach meiner ersten Reise. In Berlin machte sich schon der Frühling breit, ich war hin- und hergerissen: echt jetzt, nochmal in die Kälte?

Aber es war dann wie immer: Als die Propellermaschine von Island aus über den Nordatlantik flog, sah ich hinaus, sah Packeis und Eisberge und freute mich. So konnte ich im April noch einmal durch Schnee stapfen, während die Tage nun schon lange hell waren. Ich wohnte im gleichen Haus wie damals und wieder betörte mich der Blick aus dem Fenster mit den schwarzen Granitriesen über dem zugefrorenen Fjord. Ich genoss diese perfekte Verlängerung des Winters und verschwendete keinen Gedanken an den Frühling in Deutschland.

*

Dann der Kontrast: Als ich zurückkomme nach Berlin, wirft sich mir die Stadt in vollem Grün zu Füßen. Als ich aus der U-Bahn aussteige, haut mich ein Geruch um: Flieder! Es riecht hier nach Flieder! Vor allem aber: Es riecht, der Winter ist geruchlos.

Werde ich jetzt abtrünnig? Nein. Den Winter zu lieben, heißt nicht, die anderen Jahreszeiten nicht zu mögen. Das Ineinandergreifen, überhaupt der Ablauf der Jahreszeiten, das macht es aus.

*

Ich bin überzeugt, wir verlieren etwas, wenn die Winter weniger werden. Wir verlieren Wissen, auch wenn da unnützes Wissen darunter ist, wie die Fun-Facts, die wir uns als Kinder zuriefen: Wenn die Nase beim Atmen zusammenklebt, dann ist es kälter als minus 15 Grad!

Es gibt ja schon keine Eisblumen mehr. In meiner ersten Berliner Wohnung blühten sie im Winter in ihrer zarten, verzweigten Schönheit. Nun sind sie ausgestorben, was daran liegt, dass wir nun in Wohnungen mit doppelt verglasten Fenstern leben, in denen der Frost nicht mehr an die Scheibe klopft. Was natürlich gut ist.

Wir verlieren aber auch etwas vom Lebendigen, vom Lebendigsein, das der Winter uns spüren lässt. Mit roten Wangen, mit dem Knirschen beim Gehen auf Schnee, mit Atemwölkchen.

*

Nur eine Seite des Winters mag ich nicht so gern. Es ist nicht die Kälte, natürlich nicht. Aber er hat manchmal etwas so calvinistisch-protestantisches an sich. Behauptet, man müsse sich die Freude verdienen, sich schinden, um es schön zu haben.

Aber nicht doch: Was heißt denn sich schinden? Eine anstrengende Skitour ist doch keine Schinderei und ein Spaziergang im verschneiten Wald auch nicht und eine Reise in den Norden schon gar nicht.

Winter ist kraftvoll und klar. Von kristalliner Reinheit, nicht gefällig. Winter hat keine melancholische Seite. Melancholisch macht mich nur sein Verschwinden. Weniger das jahreszeitlich bedingte, sondern die Aussicht auf eine Zukunft mit kaum noch Winter, kaum noch Schnee. Und kaum noch Gletscher.

Seit Mitte des 19. Jahrhunderts hat sich die Gletscherfläche in der Schweiz halbiert. Im Hochgebirge erwärmt sich die Luft doppelt so schnell wie im Flachland, der Klimawandel tobt sich dort aus wie sonst nur in den Polregionen, in der Arktis und der Antarktis.

Laut offizieller Zählungen des Deutschen Wetterdienstes schrumpft der Winter. Genaue Parameter legen die phänologischen Jahreszeiten fest. Der Frühsommer beginnt mit dem Blühen des Schwarzen Holunders, Vollherbst ist, wenn die Stiel-Eiche ihre Früchte trägt, und der Winter ist da, wenn die Eiche ohne Blätter dasteht. Das war 1981 an 110 Tagen der Fall, im Jahr 2018 nur an 81 Tagen.

Und das hat dramatische Folgen, nicht nur für Winterverliebte wie mich. Im US-Bundesstaat Colorado residiert in der Geisterstadt Gothic seit fast hundert

Jahren das Rocky Mountain Biological Laboratory. Abgelegen, im Winter kaum erreichbar, können Forscher dort fast wie im Labor die Natur beobachten.

Kurz zusammengefasst erklärte mir dort eine Biologin die Auswirkungen des Klimawandels so: Der Schnee schmilzt früher, weil es weniger schneit. Dadurch blühen Blumen und Gräser früher – aber die Befruchter fliegen noch nicht. Und wenn die Bienen kommen, sind die Blumen schon verblüht.

So sprechen also auch die Fakten aus der Natur für den Winter. Auch wenn ich natürlich zugebe: Viel an meiner Winterliebe ist romantische Schwärmerei, Liebe eben, unlogisch, reine Vernarrtheit, nicht für alle nachvollziehbar, warum denn grad der?

Diejenigen, die der Kälte und den Wintermonaten einfach nichts abgewinnen können, loben immerhin das Gemütliche an der Jahreszeit. Der Winter, der alte Schlaumeier, hat für jeden etwas im Sack: Die einen rücken drinnen zusammen, die anderen zieht es nach draußen.

*

Es kitzelt wie ein Wimpernschlag auf der Haut. Ein zärtliches Gefühl. Flocken fallen wie kaum ein Hauch auf die Wangen, auf die Nase, auf die Wimpern, lassen uns blinzeln. Den Kopf in den Nacken legen und Mund auf: Geschmack von Schnee, der auf der Zunge schmilzt.

Bibliographie

Schnee und Eis

Bernd Brunner: Als die Winter noch Winter waren. Geschichte einer Jahreszeit. *Berlin: Galiani Berlin 2016*

Charlie English: Das Buch vom Schnee. *Berlin: Rogner & Bernhard 2009*

Christine Reinke-Kunze: Die Packeiswaffel. Von Gletschern, Schnee und Speiseeis. *Basel Boston Berlin: Birkhäuser 1996*

Sylvia Strasser, Wolfgang Würker: Schnee & Eis. Entdeckungsreise im Reich der Kälte. *München: Heyne Verlag 1998*

W.A.Bentley, W.J. Humphreys: Snow Crystals. *New York: Dover o.J.*

Nordwärts

Walter Bauer: Polflug. *München: Bertelsmann 1952*

Tor Bomannn-Larsen: Amundsen. Bezwinger beider Pole. *Hamburg: mare Verlag 2011*

Cornelia Gerlach: Pionierin der Arktis. Josephine Pearys Reisen ins ewige Eis. *Hamburg: Kindler 2012*

Sten Nadolny: Die Entdeckung der Langsamkeit. *München: Serie Piper 1987*

Fridtjof Nansen: På ski over Grønland – Auf Schneeschuhen durch Grönland. *Berlin: Safari bei Ullstein 1951 (gekürzte Fassung)*

Boris Pasternak: Doktor Shiwago. *Frankfurt: Fischer Verlag 2014*

Laline Paull: Das Eis. *Stuttgart: Tropen 2018*

Christoph Ransmayr: Die Schrecken des Eises und der Finsternis. *Frankfurt: Fischer Verlag 1987*

Robert E. Peary: Schlittenreise zum Nordpol. Klassische Reisen. *Leipzig DDR: VEB Brockhaus 1985*

Christiane Ritter: Eine Frau erlebt die Polarnacht. *Berlin: Ullstein, 12. Auflage 1994*

Monika Sobiesiak, Susanne Korhammer (Hrsg.): Neun Forscherinnen im ewigen Eis. Die erste Antarktisüberwinterung eines Frauenteams. *Basel Boston Berlin: Birkhäuser Verlag 1994*

Per Olof Sundman: Ingenieur Andrées Luftfahrt. *Berlin: Volk und Welt 1967*

Tina Uebel: Nordwestpassage für dreizehn Arglose und einen Joghurt. *München: C.H.Beck 2013.*

Grönland

Michael Köhlmeier: Spielplatz der Helden. *München: Hanser Verlag 2013*

Birgit Lutz: Quer durch Grönland. Auf Skiern über die größte Insel der Welt. *München: btb 2015*

Stephan Orth: Opas Eisberg. *München: Malik Piper Verlag 2013*

Robert Peroni: Kälte, Wind und Freiheit. Wie die Inuit mich den Sinn des Lebens lehrten. *München: Malik Piper Verlag 2016*

Robert Peroni: Der weiße Horizont. Drei Männer durchqueren Grönlands unerforschte Eiswüste. *Frankfurt: Ullstein 1987*

Russland

Alexander Puschkin: Der Schneesturm. in: Winter. Texte aus der Weltliteratur. *Manesse im dtv 1995*

Vladimir Sorokin: Der Schneesturm. Aus dem Russischen von Andreas Tretner. *Köln: Kiepenheuer & Witsch 2010*

Alexander Solschenizyn: Ein Tag im Leben des Iwan Denissowitsch. *München: Knaur 1999*

Lew Tolstoi: Der Schneesturm. in: Winter-Lesebuch, *Hamburg: Atlantik Verlag 2014*

Der Winter in der Literatur

Winterwandern. Geschichten von Schnee und Eis. Hrsg. Emil Zopfi. *Zürich: Unionsverlag 2011*

Winter. Texte aus der Weltliteratur. *München: Manesse im dtv 1995*

Winter. Lesebuch. Ausgewählt von Daniel Kampa. *Hamburg: Atlantik 2014*

Hans Christian Andersen: Über das kleine Mädchen mit den Schwefelhölzern, *antiquarisch*

Georg Büchner: Lenz. In: Werke. *Wiesbaden: Tempel-Klassiker, o.J.*

Gunnar Gunnarsson: Advent im Hochgebirge. *Stuttgart: Reclam 2006*

Ernest Hemingway: Schnee auf dem Kilimandscharo. *Hamburg: rororo Taschenbuch 1961*

Peter Høeg: Fräulein Smillas Gespür für Schnee. *München: Hanser 1994*

Gerhard Jäger: Der Schnee, das Feuer, die Schuld und der Tod. *München: Blessing-Verlag 2016*

Tove Johansson: Das Winterbuch. Köln: *Bastei Lübbe 2017*

Kästner im Schnee. Geschichten, Gedichte, Briefe von Erich Kästner Hrsg. v. Sylvia List. *München: dtv 2013*

Sarah Kirsch: Hundert Gedichte. *Ebenhausen: Langenwiesche-Brandt 1985*

Karl Ove Knausgård: Im Winter: Mit Bilder von Lars Lerin. *München: Luchterhand 2017*

Astrid Lindgren: Pippi lernt Plutimikation, antiquarisch.

Astrid Lindgren: Tomte Tummetott. Mit Bildern von Kitty Crowther. *Hamburg: Oettinger Verlag 2014*

Siegfried Lenz: Eine Art Bescherung. Weihnachts- und Wintergeschichten. *Hamburg: Atlantik 2017*

Thomas Mann: Der Zauberberg. *München: Fischer Taschenbuch, 21. Auflage 2017*

Mikael Niemi: Populärmusik aus Vittula. *München: btb 2004*

Orhan Pamuk: Schnee, *München: Hanser 2005*

J. D. Salinger: Der Fänger im Roggen. *Hamburg: rororo 1966*

Roland Schimmelpfennig: An einem klaren, eiskalten Januarmorgen zu Beginn des 21. Jahrhunderts. *Frankfurt: Fischer Verlag 2016*

Robert Seethaler: Ein ganzes Leben. *München: Goldmann Verlag 2016*
Mary Shelley: Frankenstein. *Köln: Anaconda Verlag 2009*
Adalbert Stifter: Bergkristall, *antiquarisch*
Karl August Tavaststjerna: Harte Zeiten. *München: dtv 2014*
Thomas Willmann: Das finstere Tal. *München: Ullstein 2011*

Schnee in Öl und Aquarell

Petra Pettersen, Katalog zu Edvard Munch Winterbilder „Fornemmelser for snø – Gespür für Schnee", *Oslo Munch-Museum*
Katalog zur Ausstellung „Schnee. Rohstoff der Kunst" im Vorarlberger Landesmuseum, von Tobias Natter, gebunden. *Bregenz: 2009*
Eberhard Roters: Jenseits von Arkadien. Die romantische Landschaft. *Köln: Dumont 1995*
Lichtgestöber. Der Winter im Impressionismus. Hrsg. Oliver Kornhoff. Kuratiert von Susanne Blöckler. *Bielefeld/Berlin: Kerber Verlag 2013*
Wintermärchen, Winter-Darstellungen in der europäischen Kunst von Bruegel bis Beuys. *Hrsg. von Sabine Haag, Kunsthistorisches Museum Wien, Ronald de Leeuw, Amsterdam, Christoph Becker, Kunsthaus Zürich: Dumont Verlag 2011*

In den Bergen

Robert Groß: Wie das 1950er Syndrom in die Täler kam. Umwelthistorische Überlegungen zur Konstruktion von Wintersportlandschaften am Beispiel Damüls in Vorarlberg *(Institut für sozialwissenschaftliche Regionalforschung. Veröffentlichungen; 10), Regensburg: Roderer Verlag 2012*
„Schnee, Sonne und Stars. Wie der Wintertourismus von St. Moritz aus die Alpen erobert hat" von Michael Lütscher (Autor). Mit Beiträgen von weiteren Autorinnen und Autoren. *Zürich: Verlag Neue Zürcher Zeitung 2014*
Richtung Lillehammer. Redakteur: Knut Ramberg. *Stenersens Forlag. Oslo: 1990.*
Anton Draxl: Villgraten. Heimat in den Tiroler Bergen. *Hrsg. vom Villgrater Heimatpflegeverein*
Charly Ladurner: Sepp, Ski und Liebe. *Stuttgart: Eulenhaus Verlag 1951*
Reto Robbi: Die Wiege des Wintersports. *St. Moritz: Engadin Press Verlag o.J.*
Barbara Schaefer: Das Mädchen, das gehen wollte: Von Berlin zu Fuß in die Alpen. *München: Diana Verlag 2009*
Johannes Schweikle: Schneegeschichten. Unterwegs zum vergänglichen Glück. *Tübingen: Klöpfer & Meyer 2015*
GutsMuths, zitiert nach: Falkner, Gerd (2009): Zum 250. Geburtstag … *In: FdSnow 27 (2009) 34, S. 4–11*
Antje Rávic Strubel: Gebrauchsanweisung fürs Skifahren. *München: Piper 2016*
Gartenlust im Winter, von Johannes Roth, mit Fotografien von Marion Nickig. *Berlin: Insel Verlag 2012*

Lawine

Hans Haid: Mythos Lawine. Eine Kulturgeschichte. *Innsbruck, Wien, Bozen: StudienVerlag 2007*
Lawine. Die 10 entscheidenden Gefahrenmuster erkennen. Praxis-Handbuch von Rudi Mair

und Patrick Nairz. *Innsbruck-Wien: Tyrolia 2012*

Endlich Winter! Abenteuer in der Kälte. *Berlin: gestalten Verlag 2017*

Filme

„Das Wunder des Schneeschuhs“ von Arnold Fanck – *1920*

„Der weiße Rausch“ von Arnold Fanck – *1931*

„Feuer und Eis“ von Willy Bogner Jun. – *1986*

„Leichen pflastern seinen Weg“ von Sergio Corbucci – *1968*

„The Hateful 8” von Quentin Tarantino – *2016*

„The Revenant“ von Alejandro González Iñárritu – *2015*

„Die Eiskönigin – Völlig unverfroren“ Disney-Verfilmung – *2013*

James Bond-Reihe, von „Im Geheimdienst Ihrer Majestät“ bis „Spectre“

Soundtrack zum Winter

Die folgenden Titel und viele weitere zum Nachhören in der Spotify-Playlist *winter.liebe:*

Frank Sinatra: Let it Snow

Franz Schubert: Winterreise. Dietrich Fischer-Dieskau, am Klavier Alfred Brendel

Simon & Garfunkel: I am a Rock

Kate Bush: 50 Words for Snow

Andreyev Balalaika Ensemble: Lara's Theme

The Bangles: Hazy Shade of Winter

Wolfgang Ambros: Schifoan

Antonio Vivaldi: The Four Seasons, Concerto Köln

Nachtrag:

Einige Reisereportagen sind vorab in der Frankfurter Allgemeinen Zeitung, in der Frankfurter Allgemeinen Sonntagszeitung und in der taz erschienen.

Register

Danke

Ich danke…

- meinen Eltern. Meinem Vater, der mich mit vier Jahren auf Ski stellte, meiner Mutter, die uns Kindern nächtelang warme Winterkleidung nähte – sogar meinen ersten Skianzug.
- meinen Brüdern für Schneeballschlachten und Schlittenfahrten.

- Susan Binderman (†), die an die Idee meines Winterbuches glaubte. Maria Antes und Kristine Listau, die dran blieben.
- Katja Trippel, der Netzwerkerin.
- Katja Pichler (†), die mich zu meiner ersten Skitour überredete und für viele wundervolle Winterwochen.
- Maribel Königer aus Wien für Schokolade und die Hinweise zu Pieter Bruegel.

- VisitNorway, der Osttirol Werbung und Hauser-Exkursionen für die Unterstützung bei Recherchereisen.

- vielen Bergführern, die mich im Winter sicher hinauf auf die Berge und auch wieder runter brachten, stellvertretend Dank an Kuno Kaserer aus Südtirol und Hannes Grüner aus Osttirol.

Außerdem vielen Menschen, die mir ihre Wintergeschichten erzählten und mich mit Winterdetails versorgten: Nida Afsar (Berlin), Birgit Albrecht (Berlin), Kristiane Bajare (Tasiilaq), Martin Eisemann (Tromsø), Nina Genböck und Susanne Strätz (Berlin), Johannes Kostenzer (Innsbruck), Vidar Løkeng (Norwegen), Steffen Lehmann (Norwegen), Andreas Lesti (Berlin), Robert Peroni (Tasiilaq), Petra Pettersen (Oslo), Notburga und Josef Rainer (Innervillgraten), Gloria Rech (Italien), Kai Weller (Berlin). Und Frau Holle.

Und meinem Bruder Jürgen Schaefer fürs Lesen, für viel Kritik und noch mehr Ansporn.

Barbara Schaefer, geboren 1961, reist und schreibt. Die Journalistin, Autorin und Bergwanderführerin verfasst Reisereportagen für die Frankfurter Allgemeine Sonntagszeitung, GEO-Special, BRIGITTE und die Frankfurter Allgemeine Zeitung sowie Reise- und Sachbücher, u.a. *Das Mädchen, das gehen wollte* und *Stadtlust*. Das erste Kinderlied, an das sich Barbara Schaefer erinnert, sang ihr ihre Großmutter vor: Es schneielet, es beielet, es goht a kalter Wind … Sie freut sich bis heute, wann immer es schneit. Auch in Berlin, wo sie jetzt lebt. Wenn sie nicht gerade verreist, mit Vorliebe in kalte Regionen. www.barbaraschaefer1.wordpress.com

Gloria Rech versteht ihre Arbeit als Beitrag im Kampf gegen den Klimawandel. Ihr Motto: „Wir wollen diejenigen sein, an deren Verhalten die nächsten Generationen nichts auszusetzen haben." Gloria Rech lebt in Trentino, Italien. www.gloriarech.com

In den Bergen